Projekte in Schule und Hochschule

v|rg

Projekte in Schule und Hochschule

Das Beispiel Geschichte

Herausgegeben von
Thomas Hill
und
Karl Heinrich Pohl

Verlag für Regionalgeschichte
Bielefeld 2002

Der Druck dieses Bandes wurde gefördert von der
Sparkassenstiftung Schleswig-Holstein.

Bibliographische Information Der Deutschen Bibliothek

Die Deutsche Bibliothek verzeichnet diese Publikation in der
Deutschen Nationalbibliographie;
detaillierte bibliographische Daten sind im Internet über
http://dnb.ddb.de abrufbar.

© Verlag für Regionalgeschichte
Alle Rechte vorbehalten
ISBN 3-89534-433-8

Satz: Myron Wojtowytsch, Göttingen
Druck und Bindung: WB-Druck, Rieden am Forggensee
Gedruckt auf alterungsbeständigem Papier nach ISO 9706
Printed in Germany

Inhalt

Vorwort 7

Karl Heinrich Pohl
Projekte in der Hochschule heute. Einführende Bemerkungen 11

Klaus Bergmann
Das Projekt in der Geschichtswissenschaft. Didaktisch-theoretische
Grundlagen 23

Detlef Siegfried
Lernziel Irritation. Möglichkeiten und Grenzen der Projektarbeit
im Schülerwettbewerb Deutsche Geschichte 34

Erhard Dorn
Vom Nutzen einer pädagogischen Lernform. Das Projektlernen
in den Lehrplänen für die gymnasiale Oberstufe 53

Dietmar von Reeken
Projekte im Geschichtsunterricht. Lernchancen angesichts
aktueller Herausforderungen? 66

Wolfgang Emer
Das Projekt als „geschichtsdidaktische Normalität". Theorie und
Praxis historischer Projektarbeit am Oberstufen-Kolleg in Bielefeld . 74

Thomas Hill
Erfahrungen mit Projekten im Studium. Das Beispiel HIP
(Historiker in der Praxis) 92

Juliet Ingram
Projektmanagement und Projektarbeit in studentischen
Organisationen. Kooperationsprojekte von HIP mit
außeruniversitären Partnern 111

Uwe Danker
„Projektunterricht" oder „Forschungen im Team"? Erfahrungen
aus dem IZRG 139

Rolf Schulte
Geschichtsprojekte in Leistungskursen des Gymnasiums 160

Olaf Hartung
Außerschulische Projektarbeit im Museum. Die
Mitmachausstellung „Was die Welt zusammenhält . . ." 179

Uwe Horst
Projekte zwischen Reformanspruch und Alltagsrealität 196

Auswahlbibliographie 216

Autorin und Autoren 221

Vorwort

Publikationen oder wissenschaftliche Tagungen, die sich mit Projekten, ihren theoretischen Grundlagen, ihren praktischen Auswirkungen und darüber hinaus sogar noch mit ihrer gegenwärtigen Bedeutung in der pädagogischen Praxis beschäftigen, hat es bislang nicht häufig gegeben. Das gilt, obwohl Projektunterricht in der didaktischen Theorie hoch gelobt und häufig empfohlen wird. Publikationen, in denen das Thema „Projekt" im Mittelpunkt steht, und die sich dann zugleich auch noch mit der akademischen Lehre beschäftigen, sind allerdings noch erheblich rarer gesät. Publikationen zur Projektform schließlich, die dabei das Fach Geschichte und dann auch noch zusätzlich die Praxis in Schule und Hochschule in den Mittelpunkt stellen, sind unseres Wissens – mit einer löblichen Ausnahme[1] – in den letzten Jahren überhaupt nicht erschienen; selbst Tagungen mit diesem Thema haben bisher praktisch nicht stattgefunden.

Unter diesen Gesichtspunkten stellt dieser Sammelband mit dem Thema „Projekte in Schule und Hochschule. Das Beispiel Geschichte" fast eine Novität dar. Er enthält die Referate und Kommentare (sowie zwei zusätzliche Beiträge), die auf einer Tagung im Historischen Seminar der Christian-Albrechts-Universität zu Kiel am 28. Januar 2002 gehalten wurden. Die Beiträge stellen noch keine fertigen Antworten auf die vielen offenen Fragen dar, die dort diskutiert wurden, sondern sie versuchen nur in einem ersten Schritt, das Terrain ein wenig auszuloten, neue Anstöße zu geben und das Thema verstärkt in die wissenschaftliche Diskussion einzubringen.

Ausgelöst wurde diese Aktivität allerdings nicht durch das Bedürfnis von Schulen und Hochschulen, sondern vor allem durch eine neue Prüfungsordnung des zuständigen Ministeriums, nach der sich die Universitäten des

---

[1] Wolfgang EMER/Uwe HORST/Karl Peter OHLY (Hg.): Wie im richtigen Leben... – Projektunterricht für die Sekundarstufe II, Bielefeld ²1994. In diesem Sammelband spielt der Geschichtsunterricht eine wesentliche Rolle. Sehr anregend auch Wolfgang EMER/Uwe HORST (Hg.): Praxis eines demokratischen Geschichtsunterrichts. Perspektiven – Lernorte – Methoden, Bielefeld 1995. Fast alle dort behandelten Fallbeispiele sind praktizierter Projektunterricht.

Landes Schleswig-Holstein seit kurzer Zeit zu richten haben. In dieser neuen Prüfungsordnung wird erstmalig und verbindlich die Durchführung von universitären Projekten in den Lehramtsstudiengängen der Universitäten vorgeschrieben.[2] Dies gilt selbstverständlich auch – aber nicht allein – für das Fach Geschichte. Das Historische Seminar der Universität Kiel hat diesen Tatsachen sehr bald Rechnung getragen und Projekte in seiner neuen Studienordnung aus dem Jahre 2001 berücksichtigt, ohne bis dahin allerdings Klarheit über die eigentliche Projektarbeit gewonnen zu haben.

Andere betroffene Fächer haben die Problematik, die auf sie mit dieser neuen Anforderung zukommt, offensichtlich noch nicht in ihrer ganzen Schärfe erkannt, obwohl sie für alle Fächer und alle Hochschulen in Schleswig Holstein sehr brisant werden wird: Verbindlich soll von den meisten Fächern ab sofort eine Lehrform regelmäßig angeboten werden, die sie bislang eher sporadisch oder aufgrund von Interessen einzelner Dozenten angeboten haben, die aber insgesamt an den Universitäten bisher weder erprobt noch von der Mehrheit der Lehrenden angenommen worden war. Ihre inhaltliche und formale Gestaltung erscheint bislang noch völlig ungeklärt. Zudem kennen die meisten Lehrenden das Arbeiten mit und in Projekten noch nicht aus eigenen Erfahrungen, stehen dieser neuen Lern- und Lehrform also im besten Falle hilflos gegenüber.

Das Fach Geschichte wollte nun – zugleich als ein Pilotprojekt für andere Fächer – mit dieser Tagung einen Anfang machen und ein erstes Zeichen setzen. Es wollte verhindern, dass die neue Lehrform „Projekt" in Zukunft „irgendwie" im „pädagogischen Wildwuchs" ohne inhaltliche und formale Auseinandersetzungen in die universitäre Lehre aufgenommen werden würde, als eine zu „erduldende" und nicht mehr zu beeinflussende Größe, ohne ein eigenes Profil, ohne ein besonderes Gewicht. Mit dieser Tagung sollten Projekte als eine Chance für die akademische Lehre angenommen werden, als eine Chance, die von den Universitäten bewusst und offensiv ergriffen werden sollte, um neuen Schwung in die akademische Lehre zu bringen. Dass in diesem Bereich erheblicher Innovations- und Reformbedarf besteht, wird wohl keiner verneinen können, der an den Universitäten lehrt oder studiert.

Die Tatsache nun, dass gerade das Fach Geschichte diesen Anstoß so frühzeitig aufgenommen hat, ist kein Zufall. Am Historischen Seminar der

---

[2] Nachrichtenblatt des Ministeriums für Bildung, Wissenschaft, Forschung und Kultur des Landes Schleswig-Holstein vom 4.2.2000.

Universität Kiel besteht – wie in einigen anderen Universitäten in Deutschland auch – seit mehreren Jahren ein Studienreformprojekt, das in Kiel „HIP" („Historiker in der Praxis")[3] heißt. Diese Einrichtung hat sich zum Ziel gesetzt, die akademische Lehre zu „modernisieren", um Studium und Beruf, Theorie und Praxis stärker miteinander zu verknüpfen. Der Grund dafür liegt nicht zuletzt darin, dass die Universitäten vor der Herausforderung stehen, Studierende nicht mehr nur rein wissenschaftlich auf das Examen vorzubereiten, sondern ihnen möglichst auch den Weg in einen zukünftigen Beruf zu erleichtern. Die Hochschulen sollten – so die Überzeugung von HIP – eigene Institutionen schaffen, die sich – wie in anderen Ländern in Europa und Übersee längst geschehen – professionell darum kümmern, dass ihren Absolventen ein erfolgreicher Start ins Berufsleben glückt. HIP geht auf diesem Wege erste Schritte und versucht mit sehr bescheidenen Mitteln, den Studierenden in Kiel bei der Berufsfindung und dem Berufseinstieg zu helfen.[4]

Zu diesem Zweck hat HIP bislang vor allem Projekte angeregt und durchgeführt. Daher war es fast selbstverständlich, dass HIP diese Tagung ins Leben gerufen sowie auch inhaltlich und organisatorisch betreut hat. Die Herausgeber dieses Sammelbandes, beide als Hochschullehrer HIP eng verbunden, freuen sich, auf diese Weise die Aktivität und Produktivität dieses Kieler Studienreformprojektes unter Beweis stellen zu können.

Wenngleich also die direkten Anstrengungen für diese Tagung bei HIP lagen, haben die Herausgeber doch vielen zu danken, die mitgeholfen haben, dass dieser Sammelband erscheinen konnte. Zum einen sind die Referenten zu nennen, die sich zum Teil ganz kurzfristig dazu bereit fanden, an der Tagung in Kiel teilzunehmen. Zum anderen sei auf das Historische Seminar verwiesen, das sich der Problematik von Projektunterricht mit Interesse geöffnet hat. Insbesondere sei dabei dem Dekan der Philosophischen Fakultät, Prof. Dr. Gerhard Fouquet, gedankt, der diese Tagung eröffnet und in seinem engagierten Einleitungsstatement betont hat, welch hoher Stellenwert der Didaktik jetzt und in Zukunft in Kiel einzuräumen ist. Schließlich – und vor allem – sind Alexander Patt und Olaf Hartung zu nennen, die das Ent-

---

[3] Zu HIP siehe die Beiträge von Thomas Hill und Juliet Ingram in diesem Band; Informationen zu HIP findet man im Internet unter: www.uni-kiel.de/hip.

[4] Sicherlich dürfte es langfristig sinnvoll sein, ein solches Projekt nicht nur als Pilotprojekt zu betreiben, sondern es als Clearing-Stelle zwischen Theorie und Praxis auch langfristig an die jeweiligen Fakultäten anzubinden.

stehen des Buches „aktiv begleitet", das Manuskript mehrfach redigiert und auch das Literaturverzeichnis erstellt haben.

Gedankt sei aber auch dem Ministerium, nicht nur weil es indirekt den Anstoß zu dieser Tagung gegeben hat und sich im Historischen Seminar der Diskussion stellte, sondern auch, weil es durch die Abnahme eines kleinen Teils der Auflage dieses Sammelbandes das Erscheinen gefördert hat. Entscheidend für die Realisierung des Bandes aber war – und dies nicht zum ersten Mal – die Unterstützung durch die Sparkassenstiftung des Landes Schleswig-Holstein. Ihr finanzieller Beitrag hat den Sammelband letztlich erst ermöglicht.

Die Kooperation mit dem Verlag für Regionalgeschichte in Bielefeld hat bereits eine lange Tradition. Bei diesem Sammelband aber handelt es sich um eine Novität. Mit ihm, der ein rein didaktisches Thema zum Inhalt hat, haben beide – Verleger und Herausgeber – Neuland betreten. Durch die unbürokratische und unkomplizierte Arbeit des Verlages konnte der Sammelband bereits wenige Monate nach Beendigung der Tagung erscheinen. Dafür gebührt dem Verlag und Olaf Eimer ein besonderes Lob. Wenn der Sammelband schließlich auch noch bei den Interessenten an Schulen und Hochschulen positiv aufgenommen und lebhaft diskutiert werden würde, wären auch die Wünsche der Herausgeber erfüllt, die der festen Überzeugung sind, dass dies wichtige Thema einer weiteren Diskussion wert ist und von Schulen und Hochschulen unbedingt auch in Zukunft weiter intensiv behandelt werden sollte.

Kiel, im Juli 2002

Thomas Hill und Karl Heinrich Pohl

Projekte in der Hochschule heute

Einführende Bemerkungen

Von Karl Heinrich Pohl

Theorie und Praxis historischer Projektarbeit in der Hochschullehre und im Schulunterricht haben in den letzten Jahren mehr und mehr an Bedeutung gewonnen. Dies hängt mit praktischen, mit (hochschul)didaktischen, mit allgemein pädagogischen, aber auch und vor allem mit neueren hochschulpolitischen Entwicklungen zusammen. Diese zunehmende Bedeutung von Projektarbeit ist allerdings in vielen Fächern der Universität noch längst nicht bemerkt, geschweige denn berücksichtigt und praktisch umgesetzt worden. Damit bestätigt sich das Vorurteil, dass Universitäts*lehre* sich in der Regel – rühmliche Ausnahmen bestätigen dies – nicht gerade durch Innovationsfreudigkeit auszeichnet. Und in der Tat: Wer auch nur ein einziges Mal in einer Berufungskommission gesessen hat weiß, dass zwar von allen ihren Mitgliedern die Bedeutung der Lehre vollmundig betont und beschworen, und dies auch von allen Kandidaten nahezu unisono akzeptiert und beteuert wird, dass aber praktisch mit diesem gemeinsamen Ritual dem Kapitel „Lehre an der Universität" Genüge getan ist. Bei der tatsächlichen Berufung und der späteren beruflichen Praxis spielt die Lehre dann leider oft nur noch eine sehr untergeordnete Rolle.

Angesichts dieses Zustandes ist von den Universitäten kaum zu erwarten, dass sie sich aus eigenem Willen und eigener Kraft dieses „ungeliebten" Themas annehmen. Dies gilt um so mehr, als sich häufig auch die zuständigen Didaktiker in dieser Frage eher „bedeckt" halten. Der Anlass für eine Reflexion über die gegenwärtige und zukünftige Bedeutung von Projekten an Hochschulen und Schulen im Fach Geschichte kam daher auch in diesem Falle nicht von „innen", sondern von „außen". Es war letztlich die neue Prüfungsordnung des Landes Schleswig-Holstein[1] für das Studium des

---

[1] Nachrichtenblatt des Ministeriums für Bildung, Wissenschaft, Forschung und Kultur des Landes Schleswig-Holstein vom 4.2.2000.

Lehramtes an den Universitäten des Landes, die dieses Interesse gewissermaßen erzwungen und damit den vorliegenden Sammelband bewirkt hat. Diese neue Ordnung – lange schon überfällig – wurde schließlich rasant, mit sich geradezu überschlagender Geschwindigkeit in Angriff genommen: Sie fordert unter anderem, dass Geschichtsstudierende, die das Lehramt anstreben, im Verlaufe ihres Studiums mindestens an einem Projekt teilnehmen müssen. In die Studienordnung des Faches Geschichte an der Christian-Albrechts-Universität zu Kiel ist diese Bestimmung inzwischen aufgenommen worden, mit allen Konsequenzen, die das für die akademische Lehre in Zukunft hat.

Diese ministerielle Hervorhebung der Projektarbeit an der Universität ist – wie auch an den Schulen des Landes [2] – sicherlich pädagogisch sinnvoll. Sie zwingt die Historiker an den Universitäten endlich dazu, sich grundsätzlich mit der Problematik dieser Lernform auseinander zu setzen. Eine solche weiterführende Reflexion ist vor allem auch deswegen notwendig, weil vom Ministerium nicht detailliert vorgegeben worden ist, was unter Projekten zu verstehen ist, welchen Stellenwert sie im zukünftigen Lehrbetrieb einnehmen und wie sie konkret verlaufen sollen, außer dass sie nicht länger als zwei Semester dauern dürfen und möglichst interdisziplinär angelegt sein sollen.[3] Was auf den ersten Blick als ein Mangel erscheinen könnte, ist allerdings für die Hochschulen ein großer Vorteil. Die Offenheit lässt den Universitäten und den Schulen alle Freiheiten der theoretischen Reflexion und des praktischen Experiments. Beides sollte nun aber auch möglichst umgehend erfolgen.

Vielleicht war es sogar ganz gut, dass die Historiker der Christian-Albrechts-Universität vom schleswig-holsteinischen Kultusministerium zu den Vorberatungen zu diesem Themenkreis nicht hinzugezogen wurden. Die Vorstellungen über das Arbeiten in und mit Projekten waren dort nämlich noch nicht sehr weit gediehen. Möglicherweise wäre daher bei gemeinsamen Beratungen schon frühzeitig ein gewisses Zögern zu verspüren gewesen. Das Ministerium hat mit seinen „vollendeten Tatsachen" erreicht, dass sich Schule und Hochschule in dieser Frage zusammensetzen, intensiv mit-

---

[2] Auch in den Lehrplänen des zuständigen schleswig-holsteinischen Ministeriums spielt die Projektarbeit eine zentrale Rolle. Vgl. dazu Karl Heinrich POHL: Geschichtsunterricht aus der Sicht eines Ministeriums: Der Lehrplan Geschichte für die Sekundarstufe I in Schleswig-Holstein. In: GWU 48 (1997), S. 550-554.
[3] Nachrichtenblatt (wie Anm. 1).

einander diskutieren und gemeinsam tragfähige Perspektiven entwickeln müssen. Alles dieses ändert freilich nichts daran, dass man diesen Alleingang, bei dem die Betroffenen einfach ausgeschaltet wurden, kritisieren muss. Zur Klimaverbesserung zwischen Politik und Hochschule hat das sicherlich nicht beigetragen.

Die Forderung nach Projekten stellt sich nun in Kiel in besonderer Schärfe und in einem besonderen Kontext: Die Philosophische Fakultät – und damit auch das Historische Seminar – ist nämlich durch die im Jahre 2001 durchgeführte Integration von Teilen der Erziehungswissenschaftlichen Fakultät sowie durch die neue Prüfungsordnung in relativ kurzer Zeit nicht nur mit der Forderung nach der Einführung von Projekten, sondern zugleich auch mit einer Vielzahl von weiteren didaktischen Vorgaben des Ministeriums „überzogen" worden. Diese Vorgaben schreiben ihr vor, wie in Zukunft eine sinnvolle Lehrerausbildung aussehen soll und welche neuen didaktischen Elemente in die Studiengänge einzufließen haben. Dass auch bei diesen weitgehenden konzeptionellen Überlegungen des Ministeriums die didaktische Kompetenz der Universität nicht berücksichtigt wurde, überrascht kaum noch – ist aber auch in diesem Fall nicht zu billigen. Die Kritik muss allerdings in erster Linie dem Verfahren, weniger der Sache selber gelten. Denn die im Ministerium erarbeiteten Vorgaben zur Lehrerbildung kann man – selbst wenn man ihnen nicht in allen Einzelheiten zustimmen mag – prinzipiell durchaus begrüßen. Sie stellen einen erheblichen Fortschritt gegenüber den früheren Regelungen dar.

Die neuen didaktischen Vorgaben trafen nun auf ein eher noch unbestelltes universitäres Feld. Das gilt um so mehr, als die Erziehungswissenschaftliche Fakultät der Universität Kiel, die über einen reichen Erfahrungsschatz verfügte, gerade zu dem Zeitpunkt abgewickelt wurde, als der Ruf nach mehr Didaktik ertönte. Es ist daher zu befürchten, dass die verstärkte Implantation von fachdidaktischen Veranstaltungen in das Lehramtsstudium bei vielen Kollegen der Philosophischen Fakultät, die zudem durch das Vorgehen des Ministeriums befremdet waren, als „didaktische Infiltration" abgelehnt wird, als ein Firlefanz, der ein richtiges, das heißt ein fachwissenschaftliches Studieren behindere. Hier hätte eine Kooperation zwischen Ministerium und Universität sicherlich nicht schaden und vor allem mögliche Irritationen beseitigen können.

In diesem (negativen) Kontext der Zunahme von Didaktiklehrveranstaltungen innerhalb des Pflichtstudiums ist nun auch die Einführung von Projekten zu sehen. Dadurch könnten diese – gewissermaßen als ein Agent ministerieller „Didaktologie" – von vornherein in einen schlechten Ruf gelangen, könnten als ein überflüssiger Neuzugang gelten, der die fachliche Arbeit behindert oder sogar ihren Stellenwert verringert. Und in der Tat: Alle didaktischen Innovationen – einschließlich der Projekte als Pflichtveranstaltungen – werden fortab dem bestehenden Pensum der Studierenden (und der Universität) neu hinzugefügt, was zweifellos auf Kosten der bisherigen Veranstaltungen gehen muss. Die Studierenden sind nicht beliebig belastbar, und die Studiendauer soll nicht verlängert werden. Das effektive und schnelle Studium wird also auf den ersten Blick durch die Neuerungen nicht gerade gestärkt.

Auch aus dieser Perspektive kann daher eine Auseinandersetzung mit dem Problem der „Lehrform Projekt" nur nutzen. Sie ermöglicht eine interne Aufklärungsarbeit und hilft, Vorbehalte oder sogar mögliche Ängste abzubauen. Nur auf einer solchen Basis kann schließlich eine vernünftige Etablierung der Projektarbeit in der Philosophischen Fakultät zustande kommen. Nur eine solche Diskussion wiederum ermöglicht eine generelle Standortbestimmung und eine grundsätzliche Positionierung der Didaktik innerhalb des Geschichtsstudiums.

Nicht zuletzt fordert auch die Sache selber – die Projektarbeit – zur wissenschaftlichen Auseinandersetzung auf. Projekte sind nämlich auch bei Didaktikern und denjenigen, die sich professionell mit Geschichte und ihrer Vermittlung beschäftigen, eine eher umstrittene Lehrform.[4] Für die einen gehören Projekte zu denjenigen pädagogischen Instrumentarien, die besonders positiv zu beurteilen sind und deren Verbreitung intensiv gefördert werden muss. Für die anderen – oftmals die Praktiker – sind Projekte eher ausufernde Ideen von berufsfernen Theoretikern, die man zwar durchaus als Idealisten sehen und deren wohlmeinende Ansichten man anerkennen kann, die aber eben Theoretiker sind, die von der Praxis der Schule wenig verstehen und ihr mit Projekten zusätzliche Lasten aufbürden wollen. Projekte hörten sich zwar gut an, seien aber im gegenwärtigen pädagogischen System praktisch nicht durchführbar – so diese Argumentation. Und im Übrigen: Ob sie in dem Maße motivierend wirkten, wie oft behauptet würde, sei noch längst nicht bewiesen.

---

4 Kurz und präzise den gegenwärtigen Stand der Diskussion zusammenfassend Bodo von BORRIES: Historische Projektarbeit: „Größenwahn" oder „Königsweg"? In: Lothar DITTMER/Detlef SIEGFRIED (Hg.): Spurensucher. Ein Praxisbuch für historische Projektarbeit, Weinheim/Basel 1997, S. 243-252; danach auch die folgenden Gedanken.

Auch deswegen scheint es daher von Nutzen zu sein, Praktiker und Theoretiker gemeinsam zu Worte kommen zu lassen, um die Problematik, die sich mit der Projektarbeit verbindet, wenigstens ansatzweise auszuleuchten. Dabei muss allerdings fairer Weise zugestanden werden, dass die in diesem Sammelband vertretenen Praktiker alle in irgendeiner Weise bereits theoretisch „belastet" sind, also keine idealtypischen Praktiker darstellen.

I

Einige Bemerkungen zur Projektarbeit selber:[5] Keine Form der Lehre scheint pädagogisch so nützlich interessant und ergiebig zu sein, zugleich aber auch so arbeitsaufwändig wie ein gut vorbereitetes Projekt. Keine Form kann allerdings auch so leicht in oberflächliche, in scheinbare „Freiheit" abgleiten wie ein schlecht geplantes und durchgeführtes Projekt. Projekte können daher wohl einen Schlüssel zum selbstständigen und selbstverantworteten historischen Arbeiten, Lernen und partiell auch Forschen darstellen, dies allerdings nur dann, wenn vernünftig mit dieser Lern- und Lehrform umgegangen und wenn nicht zuviel von ihr verlangt wird. Genau das Gegenteil wird aber eintreten, wenn das Projekt als eine arbeitsintensive Lernform nicht ernst genommen wird. Und vor allem: Wenn die Studierenden in Projekten leisten sollen, was sie in anderen akademischen Veranstaltungen oft nicht von selber und freiwillig machen, ist ein hohes Maß an Motivationsarbeit gefordert, die immer wieder neu geweckt, in Gang gehalten und durchgehend praktiziert werden muss.

Einige Bemerkungen zum Problemkomplex „Universität und Projekte": Alles, was wir von einem zukünftigen Pädagogen, aber auch von allen ande-

---

[5] Diese Überlegungen beruhen auf Diskussionen, die ich mit den Kollegen des Oberstufen-Kollegs in Bielefeld seit mehreren Jahren geführt habe und die von ihnen auch an verschiedener Stelle dokumentiert worden sind. Vgl. dazu nur Wolfgang EMER/Uwe HORST/Karl Peter OHLY (Hg.): Wie im richtigen Leben ... – Projektunterricht für die Sekundarstufe II, Bielefeld ²1994; Heidi CLAUSNITZER (Hg.): Demokratischer Geschichtsunterricht – eine uneingelöste Forderung historisch-politischer Bildung? Bielefeld 1991; Wolfgang EMER/Uwe HORST (Hg.): Praxis eines demokratischen Geschichtsunterrichts. Perspektiven – Lernorte – Methoden, Bielefeld 1995 und Ludwig HUBER u. a. (Hg.): Lernen über das Abitur hinaus. Erfahrungen und Anregungen aus dem Oberstufen-Kolleg Bielefeld, Seelze 1999. Vgl. ansatzweise auch Karl Heinrich POHL, „HIP" – Historiker in der Praxis. Ein Studienreformprojekt an der Christian-Albrechts-Universität zu Kiel. In: Demokratische Geschichte 13 (2000), S. 345-358.

ren Berufen, die mit Kommunikation zu tun haben, erwarten, kann ein Studierender bei einem Projekt sicherlich lernen – mit den genannten Vorbehalten. Zu den allgemeinen Vorteilen und definitorischen Bestimmungselementen des Projektes nur einige wenige Bemerkungen – in Anlehnung an die Konzeption des Oberstufen-Kollegs in Bielefeld:[6] Projekte haben Gesellschaftsbezug, knüpfen an die eigene Betroffenheit der Studierenden (oder Schülerinnen und Schüler) an. Sie haben Lebensbezug und orientieren sich dementsprechend an den Lebens- und Lerninteressen der Studierenden. Sie führen hin zu selbstbestimmtem Lernen, obwohl gerade dieser Aspekt immer wieder kritisch gesehen werden muss. Denn: Wie weit steht der scheinbaren Selbstbestimmung der „Lernenden" latente und versteckte Steuerung entgegen? Wie und wodurch wird sie begrenzt? Welchen versteckten Einfluss hat der Lehrer, Hochschullehrer oder Moderator? Welche Sicherungen gegen Missbrauch können eingebaut werden? Auf welche Leitungsfunktionen und Inhalte kann jeweils nicht verzichtet werden? Und schließlich: Warum sollte ein Studierender, der sonst auch nicht dazu neigt, sein Inneres nach außen zu kehren, seine eigene Betroffenheit auf einmal gern und dann auch noch pädagogisch „fruchtbar" offenbaren – und dies auch noch vor der breiten Öffentlichkeit der Teilnehmer eines Projektes, die ihn eventuell ein Jahr lang begleiten werden und vor denen er sich dann genieren könnte?

Die Möglichkeit, in einem Projekt ganzheitlich und fächerübergreifend lernen zu können, sollte in ihrer positiven Wirkung ebenfalls nicht unterschätzt werden. Was sich alle Pädagogen – und jetzt auch das Ministerium in Kiel – wünschen: Interdisziplinäres Lernen ist bei der Projektmethode ein geradezu unverzichtbarer und wesentlicher Bestandteil. Allerdings: Welcher Aufwand ist damit verbunden, welch hohe Reibungsverluste sind einzukalkulieren und welch langer Atem wird von allen benötigt, um nicht bei den ersten Schwierigkeiten aufzugeben? Und welche Kollegen sind ehrlich bereit, so viel zusätzliche Arbeit langfristig auf sich zu nehmen? Im Übrigen: Studierende länger als ein Semester für ein Projekt zu begeistern, ist auch nicht immer einfach.

Schließlich sei noch auf einen weiteren Aspekt hingewiesen: Bei der Projektarbeit steht produktorientiertes Lernen mit im Mittelpunkt. Gerade die Erstellung von konkreten Produkten und die Darstellung der Produktions-

---

[6] Vgl. dazu den „Projektanschlag" des Oberstufen-Kollegs zu Bielefeld, mit den „goldenen Regeln" für ein gutes Projekt. Arbeitsmaterial des Oberstufen-Kollegs in Bielefeld, o.O. o.J.

Projekte in der Hochschule heute 17

leistung auch nach außen hin – also die Organisation von Ausstellungen, das Verfassen von Readern und Büchern oder Ähnliches – ist ein Faktor, der erfahrungsgemäß – da werden auch die „reinen" Praktiker nicht widersprechen können – viele positive Folgen nach sich ziehen kann. Aber auch hier wird von allen viel gefordert, und manchmal wird dem Projektleiter erst im Laufe der Zeit klar, welche elementaren Grundfertigkeiten den Teilnehmern noch fehlen, die dann „irgendwie" und „nebenbei" zusätzlich erarbeitet werden müssen. Das wiederum sind dann zusätzliche Belastungen, die aufgefangen werden müssen.

Projekte können also Veranstaltungen sein, in denen studentische Selbstständigkeit, Handlungsorientierung, kooperatives Gestalten, demokratische Arbeits- und Umgangsformen im Mittelpunkt stehen. Wohl gemerkt: Es kann so sein. Im Projekt kann – wie selten bei anderen Lernformen – Lernen als Prozess des Suchens, Entdeckens und Forschens erscheinen. In Projekten können sinnliche Erfahrungen ebenso eingebracht werden wie konkretes Handeln und Agieren. Probleme werden gemeinsam gefunden und bearbeitet, gemeinsame Problemlösungsstrategien werden entwickelt. So das Ideal.

Trotz alledem kann man dort sogar auch noch etwas „Klassisches" lernen, dies zur Beruhigung aller derjenigen, die zu wenig Arbeit und zu viel Spaß bei Projekten vermuten. Allerdings: Dass Lernen keinen Spaß machen darf, steht nirgendwo geschrieben. Freude an der Arbeit heißt allerdings noch lange nicht, dass auf Lernen generell in Projekten verzichtet werden kann. Das bemerken alle Beteiligten nur zu rasch. Ohne intensive Arbeit kommt auch ein „wunderbares Projekt" zu keinem vernünftigen Ergebnis und muss letztendlich scheitern.

Soweit einige – sicherlich wohl zu euphorisch gesehene – kurze Bemerkungen zum Projekt und vor allem zu seinen Vorzügen. Wenn diese positiven Vorstellungen jedoch nur zum Teil zutreffen sollten, hätte dies wiederum weitgehende Konsequenzen, Konsequenzen, die nicht nur das Lernen und Lehren an der Universität betreffen, sondern auch eine gewisse hochschulpolitische, ja sogar gesellschaftliche Relevanz erlangen könnten. Das scheint mir ein zusätzlicher Faktor bei der Diskussion dieses Themas zu sein, der bislang noch wenig beachtet und diskutiert wurde. Ich meine damit die Betrachtung der (eher schlechten) beruflichen Perspektiven der Studierenden des Faches Geschichte und den bescheidenen positiven Beitrag, den Projektarbeit hierbei möglicherweise leisten könnte.

Bislang hat es auf die relativ hohe Perspektivlosigkeit in der beruflichen Zukunft von Historikern, auf die – auch dadurch mitbedingte – verlängerte

Studiendauer, hohe Abbrecherquote und oftmals große Unzufriedenheit im und mit dem Studium nur wenig inneruniversitäre Reaktionen gegeben. Es wurden in den Universitäten nur wenige didaktische Innovationen erprobt, die die Motivation der Studierenden erhöht, das Ausbildungs- und Bildungsklima verbessert und zugleich die frustrierten Studierenden bei der Stange gehalten oder sogar noch zu erhöhten Leistungen ermuntert hätten.

In diesem größeren Zusammenhang – und das soll an dieser Stelle nur als eine ganz vorläufige Überlegung skizziert werden – könnten Projekte mithelfen, verbesserte Rahmenbedingungen einzuführen. Damit soll die Leistungsfähigkeit von Projekten keinesfalls überstrapaziert werden, aber gewisse Chancen bieten sie in diesem Zusammenhang ganz zweifellos. Sie können mit dazu beitragen, die Zufriedenheit der Studierenden im Studium zu erhöhen und ihre Leistungsbereitschaft zu stärken. Projektlernen und -lehren könnte – weil es einfach Spaß macht – die Lern- und Lehrsituation entscheidend verbessern, mit allen daraus folgenden positiven Konsequenzen. Beispiele dafür gibt es genug.

Das wiederum könnte mit dazu beitragen, das Studium zu beschleunigen und seine Intensität zu steigern. Mir scheint also, dass Projektarbeit eine wichtige Rolle bei der generellen Verweildauer von Studierenden an der Universität spielen könnte: Zufriedene, interessierte und geforderte Studierende arbeiten nicht nur lieber, sondern auch besser, schneller und kürzer. Sie brechen ihr Studium nicht so leicht ohne Abschluss ab und kommen (dies ein wichtiger Punkt) schneller zu einem (meist) positiven Ende. Dies lässt sich allerdings nur dann verwirklichen, wenn Projekte nicht – wie bisher – als zusätzliche Leistungsanforderungen dem Studium aufgepfropft, sondern als zentrale Pfeiler des Studiums eingebaut werden. Dass es unter diesen Umständen zu heftigen „Verteilungskämpfen" zwischen den „reinen" Fachwissenschaftlern und den eher didaktisch interessierten Kollegen kommen muss, liegt auf der Hand. Darüber ist noch manche Auseinandersetzung zu erwarten.

Zudem – und das ist ein ganz anderer Aspekt – können Projekte von erheblicher Bedeutung für die Verwertbarkeit von Studienleistungen auch außerhalb des Schulbereiches sein. Am Ende einer Projektveranstaltung steht immer ein Produkt, das der außeruniversitären Öffentlichkeit vorgestellt werden kann – und soll. Angesichts ungesicherter Zukunfts- und Berufsvorstellungen der meisten Studierenden ist es von entscheidender Bedeutung, dass sie mit Hilfe von Projekten bereits während des Studiums zu ihrer eigenen beruflichen Orientierung und beruflichen Qualifikation beitragen können, einer Qualifikation, die auch außerhalb des Lehrerberufes und des akademischen Bereiches liegt und die jeweils auch durch konkrete Arbeitsprodukte belegt werden kann.

Projekte können also mit dazu beitragen, dass ein Erwerb von zusätzlichen Schlüsselqualifikationen mit dem regulären Studien- und Lehrbetrieb verzahnt wird, wobei das eine nicht leidet und das andere doch gewährleistet werden kann. Projekte können daher für Studierende – neben ihrem positiven Beitrag im Studium – zugleich den Übergang in die Berufstätigkeit mit unterstützen. Die Ergebnisse von Praxisprojekten können für die Studierenden das Entree zu einem Berufseinstieg sein, der außerhalb von Hochschule und Schule liegt. Das aber wäre ein Ziel, welches der Bemühungen aller wert wäre.

II

Zu all diesen Problemen kann dieser Sammelband selbstverständlich keine fertigen Ergebnisse vorlegen. Er konzentriert sich vielmehr zum einen darauf, die theoretischen Grundlagen für Projektarbeit ansatzweise zu klären, Erfahrungen mit ihr zu reflektieren und ihre Bedeutung im Studium zu überdenken. Zum anderen geht es ihm darum, erfolgreiche Projektarbeit an Hochschule und Schule zu dokumentieren, auf Möglichkeiten, aber auch auf Grenzen hinzuweisen und schließlich – so glaube ich resümieren zu können – generell zur Projektarbeit zu ermuntern.

An dieser Stelle seien die einzelnen Beiträge nur sehr kurz vorgestellt, da die zwei Kommentatoren, Dietmar von Reeken und Uwe Horst (beide Bielefeld), dankenswerterweise die Beiträge kritisch kommentieren und zugleich weiterführende Gedanken entwickeln. Klaus Bergmann (Gießen), sicherlich einer der besten Kenner der Projektarbeit in Theorie und Praxis breitet in seinem einleitenden Beitrag das gesamte Spektrum eines pädagogischen Umfeldes aus, in dem Projektarbeit gedeihen könnte. Er wägt Chancen und Risiken gegeneinander ab, betont die Möglichkeiten einer solchen Arbeit und diskutiert ihren didaktischen Wert. Sein ausgesprochen reflektiertes Urteil fällt nicht euphorisch, insgesamt jedoch sehr hoffnungsvoll aus.

Detlef Siegfried (Kopenhagen/Hamburg), als langjähriger Leiter des Schülerwettbewerbs um den Preis des Bundespräsidenten bei der Körber-Stiftung bestens mit praktischer Projektarbeit vertraut, analysiert die dortigen Erfahrungen und kommt zu einem sehr differenzierten, aber im Ganzen ebenfalls positiven Ergebnis. Besonders die hohe Motivationskraft, die der Projektarbeit innewohnt, wird von ihm hervorgehoben. Auch Siegfried bricht als Praktiker eine Lanze für die Projektarbeit. Er berichtet allerdings aus einer Praxis, die außerhalb des normalen Schulalltags liegt und daher wohl auch mit besonderen Maßstäben zu beurteilen ist. An seinen Projekten haben immer nur hochmotivierte Schüler teilgenommen. Das aber dürfte für den Schulalltag sicherlich so nicht zutreffen.

Christian Dorn vom Ministerium für Bildung, Wissenschaft, Forschung und Kultur skizziert die Überlegungen seines Hauses zu einer modernen Didaktik und zur Rolle der Projektarbeit als eines wesentlichen Bausteines darin. Er erklärt und begründet, warum die diesbezüglichen Vorgaben des Landes als „didaktische Handreichung" bewusst offen gefasst worden sind. Damit ist den Universitäten und Schulen die Möglichkeit eröffnet worden, auf eigene Weise die neuen Herausforderungen zu bewältigen. Sie erhalten die Chance zum Experiment, nicht aber Hilfen bei der Integration dieser zusätzlichen Anforderungen in der universitären Lehre und im schulischen Unterricht. Darüber sollte man nicht nur klagen, sondern vielmehr den Spielraum extensiv nutzen.

Wolfgang Emer vom Oberstufen-Kolleg in Bielefeld lässt sich nicht nur über die dortige breite Erfahrung mit Projekten aus, sondern leistet in Ergänzung zu den Ausführungen von Klaus Bergmann weitere systematische Aufklärung über das Umfeld, das für diese Lern- und Arbeitsform notwendig ist. Deutlich wird dabei, dass Projekte bei bestimmten grundsätzlichen pädagogischen und didaktischen Konstellationen einen besonderen Wert aufweisen. Projekte, die nur an ein anderes, pädagogisch eher „konservatives" System angefügt werden, haben erheblich geringere Wirkungen und erzielen die gewünschten Effekte in geringerem Maße als solche, die auf ein Umfeld treffen, in der das Projekt einen unverzichtbaren Bestandteil des didaktischen Ansatzes bildet. Hier sieht Emer aber selbst im günstigen Umfeld des Bielefelder Oberstufen-Kollegs noch erhebliche Defizite.

Im Beitrag von Thomas Hill aus Kiel wird das Studienreformprojekt „HIP" („Historiker in der Praxis") vorgestellt. In diesem Projekt, das sich anfangs dem Bielefelder Vorbild „Berufswerkstatt Geschichte" stark verpflichtet fühlte, nun aber eigene Wege geht,[7] wird versucht, das Studium

---

[7] Zur Bielefelder Berufswerkstatt vgl. Michaela HÄNKE-PORTSCHELLER: Berufswerkstatt Geschichte. Berufsorientiertes Studium der Geschichte an der Universität Bielefeld. In: Handbuch Hochschullehre, 17. El., Bonn 1998, Beitrag GS C 2.3, S. 1-15;

durch die Integration von Projekten praxisnäher zu gestalten und damit den Studierenden den Übergang ins Berufsleben zu erleichtern. Die referierten Beispiele zeigen eine Palette von Möglichkeiten. Allerdings sei betont, dass der eigentliche Sinn der neuen Anforderung nicht darin bestehen kann, Projektarbeit in eine eigene Abteilung des Historischen Seminars „abzuschieben". Sie besteht vielmehr darin, Projektarbeit auf allen Ebenen und von allen Mitgliedern des Lehrkörpers durchführen zu lassen. Bis dahin wird aber von HIP sicherlich noch viel Aufklärungsarbeit zu leisten sein. Immerhin, als Nukleus für die Etablierung von Projekten im Historischen Seminar zu Kiel hat HIP bereits heute einen gewissen Erfolg zu verzeichnen.

Uwe Danker vom IZRG (Institut für Zeit- und Regionalgeschichte, Schleswig), einem Aninstitut der Universität Flensburg, schildert „Spezialformen" von Projekten, die unter seiner (und seiner Kollegen) Federführung am IZRG verwirklicht wurden und die dort gewissermaßen zum didaktischen Alltag gehören. Diese Projekte erfüllen zweifellos in erheblichem Ausmaß die von Bergmann formulierten Bedingungen eines typischen Projektes. Seine Projektarbeiten stellen aber oftmals auch ein unter im wesentlich ökonomischen Faktoren zu gewichtendes Unternehmen dar und sind somit eine Besonderheit. Es handelt sich gewissermaßen um „industrielle Auftragsarbeit", die in Projektform stattfindet, zugleich aber handelt es sich bei vielen Projekten auch um eigene kleine Wirtschaftunternehmen, die sich nach dem Markt richten und richten müssen, um erfolgreich tätig sein zu können. Selbstbestimmung, Selbsterfahrung, Selbststeuerung – um nur einige Aspekte zu nennen – sind dabei sicherlich nur sehr partiell zu verwirklichen.

Rolf Schulte wiederum führt in die Praxis der Oberstufe des Gymnasiums ein. Er erörtert kritisch die Möglichkeiten, aber auch die Grenzen von Projektarbeit im Unterricht des Gymnasiums. Auch er kommt – trotz aller Skepsis – nicht umhin, die Wichtigkeit von Projektarbeit zu betonen. Allerdings warnt er davor, diesen Ansatz zu überfrachten, und verweist darauf, auch mit scheinbaren „Misserfolgen" zurechtkommen zu müssen.

Dies alles waren Beiträge auf der Tagung vom 28. Januar in Kiel. Sie alle zeigten Projekte gewissermaßen aus der „Sicht von oben". Die Betroffenen, die mit Projekten „beglückt" werden sollten, aber blieben weitgehend stumm. Aus diesem Grunde wird der Sammelband durch einen Beitrag von

---

Helen ORTH: Schlüsselqualifikationen an deutschen Hochschulen. Konzepte, Standpunkte und Perspektiven, Neuwied-Kriftel 1999, S. 80-82; siehe auch: www.geschichte.uni-bielefeld.de/bewerk.

Juliet Ingram (Kiel) ergänzt, der zwar nicht die „reine Sicht von unten" verkörpern kann, zumindest aber zwischen „oben" und „unten" einzuordnen ist. Juliet Ingram war als studentische Hilfskraft beim Aufbau von HIP mit beteiligt und entschloß sich zu einer Promotion über diese Initiative. Nicht zuletzt angesichts der prekären Berufschancen im akademischen Bereich und dank eines Angebots aus der freien Wirtschaft hat sie jedoch ihre akademische Karriere beendet, fühlt sich aber HIP immer noch verbunden. Auch aus ihrer persönlichen – theoretisch sehr reflektierten und partiell sehr abstrakten – Sicht ist Projektarbeit zu befürworten. Nicht zuletzt hebt sie – und das lesen die Herausgeber dieses Sammelbandes nicht ungern – die erfolgreiche Pilotfunktion des Studienreformprojektes HIP deutlich hervor.

Abgeschlossen wird der Band durch einen Beitrag von Olaf Hartung, der – wie der Beitrag von Juliet Ingram – ebenfalls im Januar in Kiel nicht vorgetragen wurde, das Thema der Tagung aber abrundet und ergänzt. Hartung referiert aus seinen reichen Erfahrungen aus der Museumsarbeit und erweitert damit den Blick über den Bereich der Schule und Hochschule hinaus. Es wird deutlich, dass wir es hier mit einer Lehr- und Lernform zu tun haben, deren Einsatzmöglichkeiten weit über die klassischen „Lerninstitutionen" hinaus reichen. Dies scheint mir ein weiterer Grund dafür zu sein, dieses Thema in der Diskussion verstärkt aufzunehmen.

Insgesamt kann man hoffen, dass dieser Sammelband ein erster Schritt dazu sein kann, die Diskussion über das Thema „Projekte in Schule und Hochschule" an der Universität – aber nicht nur an ihr – weiter zu fördern. Der Projektgedanke hat es verdient. Ehe er sich aber an Schulen und Universitäten wirklich durchgesetzt haben wird, ist noch viel Arbeit zu leisten und bedarf es noch weiterer Untersuchungen. Dazu soll hiermit ausdrücklich angeregt werden.

Das Projekt in der Geschichtswissenschaft
Didaktisch-theoretische Grundlagen

Von KLAUS BERGMANN

1. Forschungsprojekt und Projektlernen

Der Begriff „Projekt" wird vieldeutig verwendet. In einem *weiten Sinne* versteht man unter Projekt ein Forschungs- oder Lernverfahren, an dem verschiedene Fächer beteiligt sind und dessen Gegenstand eine bedeutsame Frage der Zeit ist.[1] So gibt es im Bereich der Forschung interdisziplinär angelegte Forschungsprojekte, an denen neben Geographen, Ökonomen, Soziologen oder Politologen auch Historikerinnen und Historiker beteiligt sind – wie etwa Projekte zur Migrationsforschung. In schulischen Zusammenhängen handelt es sich um ein Lernverfahren, das fächerübergreifend angelegt ist und bei dem Schülerinnen und Schüler unter Anleitung durch verschiedene Fachlehrer an einem verabredeten Thema arbeiten.

In einem *engeren Sinne* kann unter Projekt ein fachgebundenes, nämlich ein an *ein* Fach gebundenes Forschungs- oder Lernverfahren verstanden werden. Fachgebunden sind in der Regel die Forschungsprojekte in vielen Sonderforschungsbereichen und Spezialinstituten der empirischen Geschichtsforschung. Im Bereich der Schule wird das Lernverfahren „Projekt", wenn es innerhalb des Geschichtsunterrichts stattfindet, auch als „historische Projektarbeit" bezeichnet.[2]

Bei allen Projekten verabreden die Beteiligten die gemeinsame Arbeit an einem Thema, das aus den großen Fragen der Zeit hervorgeht, die im gesell-

---

[1] Vgl. Johannes BASTIAN/Herbert GUDJONS (Hg.): Das Projektbuch. Theorie – Praxisbeispiele – Erfahrungen, Hamburg ⁴1994.

[2] Vgl. Lothar DITTMER/Detlef SIEGFRIED (Hg.): Spurensucher. Ein Praxisbuch für historische Projektarbeit, Weinheim/Basel 1997; Ulrich MAYER, Projektunterricht – der Königsweg des zukünftigen Geschichtsunterrichts? In: Hans-Jürgen PANDEL/Gerhard SCHNEIDER (Hg.): Wie weiter? Zur Zukunft des Geschichtsunterrichts, Schwalbach/Ts. 2001, S. 125-135.

schaftlichen Diskurs der Gegenwart eine wesentliche Rolle spielen. Sie planen ein gemeinsames Vorhaben, verabreden miteinander Fragestellungen, Arbeitsteilungen, Zeitabläufe, Diskussionsphasen und Art und Form der Veröffentlichung der Forschungsergebnisse.

Sowohl bei Forschungsprojekten als auch beim Projektlernen findet Forschung statt, wenn auch auf unterschiedlichen Niveaus und mit unterschiedlichen Zielsetzungen: Bei Forschungsprojekten – einerlei ob interdisziplinär oder disziplinär – sollen forschend neue zeitgemäße Erkenntnisse und Deutungen erarbeitet werden. Beim Projektlernen – einerlei ob fächerübergreifend oder fachgebunden – spricht man auch von einem „forschenden Lernen", das Schülerinnen und Schüler zu eigenständigem Denken und aus fachdidaktischer Sicht zu eigenständigem historischem Denken befähigen soll.

Theoretisch kann man das *Forschungs*projekt wie das Projekt*lernen* unter dem Oberbegriff „Projekt in der Geschichtswissenschaft" abhandeln. Der normale Sprachgebrauch verkürzt den Begriff „Geschichtswissenschaft" auf die forschende und schreibende Tätigkeit von Historikern. Aber die Erforschung der Dokumente und Monumente der Vergangenheit und die Veröffentlichung der Ergebnisse geschieht nicht theorielos und vollzieht sich nicht absichtslos. Und so gibt es, wenn man denn den Begriff der Geschichtswissenschaft umfassender sieht, neben der empirischen Forschung die Aufgabenbereiche theoretischer Reflexion, die wir mit den Begriffen „Geschichtstheorie" und „Geschichtsdidaktik" benennen. Geschichtstheorie fragt nach den Voraussetzungen, Fragestellungen, Kategorien und Methoden, die der empirischen Forschung und der Geschichtsschreibung von Historikerinnen und Historikern zugrunde liegen, wenn sie aus den Relikten der Vergangenheit „Geschichte machen" – narratives historisches Wissen. Geschichtsdidaktik fragt danach, ob, was und wie man bei der Befassung mit den Relikten der Vergangenheit und den Ergebnissen der Geschichtsforschung aus Geschichte etwas lernt, lernen kann und lernen sollte, das der Orientierung in der Zeit dienlich ist. Alle drei Bereiche bilden „die Geschichtswissenschaft" und hängen als „Dimensionen der Geschichtswissenschaft" (Ernst Weymar) eng miteinander zusammen.[3]

---

[3] Vgl. Ernst WEYMAR, Dimensionen der Geschichtswissenschaft. Geschichtsforschung – Theorie der Geschichtswissenschaft – Didaktik der Geschichte. In: GWU 33 (1982), S. 1-11, 65-78, 129-153; Jörn RÜSEN, Historik und Didaktik. Ort und Funktion der Geschichtstheorie im Zusammenhang von Geschichtsforschung und historischer

In diesem Sinne verstehe ich Geschichtswissenschaft und in diesem Sinne will ich versuchen, aus der Sicht eines Geschichtsdidaktikers einige didaktisch-theoretische Grundlagen anzusprechen, die zwar auch mit der Projektforschung, vor allem aber mit der Lernmethode „Projekt" im schulischen Historischen Lernen zusammenhängen. Und dabei wiederum beschränken sich die Überlegungen im Wesentlichen auf das Projektlernen im *weiteren Sinne*, weil an ihm wesentliche theoretische Probleme angesprochen werden können, die auch für die historische Projektarbeit als dem fachgebundenen Lernverfahren gelten. Es geht bei diesen Überlegungen vor allem darum, dass und warum das Projektlernen unter didaktischen Gesichtspunkten ein besonders ertragreiches Lernverfahren ist, das dem normalen und überkommenen Fachunterricht überlegen ist.

2. Fächerverbindendes Projektlernen: Theoretisch-didaktische Grundlagen

2.1 Fächer als Denkformen

Im weiten Sinne versteht man unter Projektarbeit ein Lernverfahren eines fächerverbindenden Lernens, das seinen Ausgangspunkt in einem Problem aus der gesellschaftlichen Praxis bzw. der Erfahrung der Beteiligten hat. Der Bezug auf gesellschaftliche Problemlagen und auf die Lebenspraxis der Beteiligten gehört unabdingbar zur Projektarbeit. Lernen vollzieht sich dabei nicht in einem Fach-Lehrgang, sondern als fächerverbindendes Lernen. Die beteiligten Fächer werden dabei auf ihr Potential hin befragt, um aus ihrer Sicht das Ausgangsproblem differenzierter wahrnehmen zu lassen. Das bedeutet keine Aufhebung des Fachdenkens. Im Gegenteil bedeutet es, dass verschiedene facheigentümliche Denk- und Betrachtungsweisen auf ein gemeinsames Problem gerichtet werden. Fächer sind keine willkürlichen Erfindungen oder überständige Relikte aus vergangenen Zeiten, sondern historisch entstandene und historisch bewährte Betrachtungsweisen der Wirklichkeit. Wissenschaften haben kein dingliches Unterpfand, sondern unterscheiden sich durch ihre Erkenntnisinteressen, Fragestellungen, Kategorien und Methoden. Sie ermöglichen dadurch eine vielseitige Sicht auf die Wirklichkeit.[4]

Bildung. In: Erich KOSTHORST (Hg.): Geschichtswissenschaft. Didaktik – Forschung – Theorie, Göttingen 1977, S. 48-64.

[4] Vgl. dazu die Ausführungen bei Klaus BERGMANN: Der Gegenwartsbezug im Geschichtsunterricht, Schwalbach/Ts. 2002, S. 16f.

Geschichte, Geographie oder Soziologie sind verschiedene Denkformen. Darin liegt die theoretische Grundlage wie die Bedeutsamkeit von Forschungsprojekten, an denen verschiedene Fächer beteiligt sind. Darin liegt auch die theoretische Grundlage wie die Bedeutsamkeit eines fächerverbindenden Projektlernens. Die Geschichte als Fach erweist sich z. B. in Forschungsprojekten wie auch beim Projektlernen dadurch als wichtig, ja unentbehrlich, weil sie versucht, Informationen über die Vorgeschichte eines gegenwärtigen Problems zu erheben und – wesentlich wichtiger – Erfahrungen zu sammeln, die Menschen in früheren Zeiten bei der Lösung eines Problems gemacht haben und haben mussten, das mit einem heutigen Problem bedingt vergleichbar ist.

2.2 Überkommenes Fach-Lernen

In der Schule haben wir es im Regelfall mit Fach-Unterricht zu tun. Das führt dazu, dass Kinder und Jugendliche in 45-Minuten-Rhythmen jeweiligen Fach-Vertretern ausgesetzt sind, die an ganz unterschiedlichen Inhalten arbeiten oder arbeiten lassen. Jeder Lehrer hat sein Fach-Curriculum, das er abarbeitet, oft mehr dem Fach als den Kindern und Jugendlichen verpflichtet – Sollerfüllung. In der ersten Stunde des Schultages arbeiten die Schülerinnen und Schüler im Politikunterricht am Thema „Bundestagswahlen", in der zweiten im Biologieunterricht am Epilimmnion und Hypolimnion, in der dritten in Erdkunde/Geographie an Marsch und Polder, in der vierten übersetzen sie Caesars „De bello Gallico", in der fünften sprechen sie die „Hochzeit des Figaro" durch und in der sechsten beschäftigen sie sich oder sollen sie sich beschäftigen mit dem Absolutismus in Frankreich, ohne dass sie dabei die „Hochzeit des Figaro" einbeziehen – und immer wird von ihnen verlangt: Aufmerksamkeit, Mitarbeit, Konzentration. Sie nehmen es als Schicksal und verhalten sich entsprechend – maskieren sich als aufmerksam Zuhörende, sind vielfach lustlos, fragenlos, interesselos.

Der Geschichtsunterricht als Fach-Lehrgang ist Bestandteil eines Systems der Missachtung kindlicher und jugendlicher Fragen und umfassender Wissensbedürfnisse. Er ist Pensum – zugewiesene Arbeit. Seine Inhalte werden als historisches Wissen in chronologischer Reihenfolge mit der Begründung an Schülerinnen und Schüler vermittelt, alles Spätere könne nicht ohne alles Frühere verstanden werden und alles Frühere münde in die Gegenwart, und daher sei der Hürdenlauf durch die Zeiten unabdingbar.

Es hat sich viel getan in der Geschichtsdidaktik, und der Geschichtsunter-

Das Projekt in der Geschichtswissenschaft

richt ist sicherlich insgesamt besser und interessanter als früher. Gleichwohl sind wesentliche Elemente des traditionellen Geschichtsunterrichts zwar theoretisch-didaktisch kritisiert, nicht jedoch abgeschafft worden:

1. Nach wie vor gelten den meisten Lehrerinnen und Lehrern die Vermittlung und das Lernen historischen Wissens, eines sogenannten Überblickswissens, als wesentliches Ziel des Geschichtsunterrichts;
2. nach wie vor ist der Geschichtsunterricht einem politisch-ethnozentrischen Inhaltskanon verpflichtet, als befänden wir uns immer noch in der Phase der „nation building" und als müssten wir aus Hessen-Darmstädtern oder gar Bayern Deutsche machen;
3. nach wie vor bestimmt die absolute Chronologie den Geschichtsunterricht, als gelänge uns auf diese Weise ein für uns wichtiges, ziemlich lückenloses und dauerhaftes Wissen, das der Orientierung in unseren Lebenszusammenhängen dienlich wäre;
4. nach wie vor bestimmt der Ort auf einer imaginären Zeitleiste darüber, was wann im Geschichtsunterricht als Pensum abzuarbeiten ist.

Man stelle sich vor: Ein Politiklehrer ergreift die Initiative. Er will im Politikunterricht über Einwanderung und Zuwanderung, über fremdenfeindliche Reaktionen und Schwierigkeiten der Integration sprechen. Und er hält es für sinnvoll, wenn Kolleginnen oder Kollegen in anderen Fächern auf ihre Weise mit den Schülerinnen und Schülern zeitgleich das Thema „Migration" bearbeiten würden. Er bittet also etwa die Kollegin von der Erdkunde, aus der Sicht der Sozialgeographie Ursachen der Einwanderung etwa türkischer Arbeiterinnen und Arbeiter in ihrem Unterricht zu besprechen. Die Geographin weist ihn bedauernd darauf hin, dass sie nach dem Plan die deutsche Küstenlandschaft durchzunehmen habe und für anderes im Moment leider keine Zeit erübrigen könne. Und er fragt den Geschichtslehrer, ob er nicht aus der Sicht der Geschichte eine Unterrichtseinheit über historische Wanderungsbewegungen in seinen Unterricht einbauen kann. Der Geschichtslehrer aber teilt ihm mit dem Ausdruck tiefsten Bedauerns mit, dass er gemäß den Richtlinien in diesem Halbjahr von den preußischen Reformen bis zur Reichseinigung von 1871 kommen müsse und sich daher nicht in der Lage sehe, etwa eine Unterrichtseinheit über die Einwanderung französischer Hugenotten oder polnisch sprechender Gastarbeiter im 19. und 20. Jahrhundert durchzuziehen. „Tut mir leid" – Schulwirklichkeit, das Pensum muss abgearbeitet werden. Das, was der Politiklehrer angeregt hatte, ist noch kein Projekt. Das durchaus nicht fiktive Beispiel zeigt aber, wie schwer es unter den gegebenen Verhältnissen noch immer ist, unter dem Druck des Pensums vernünftige Verabredungen zu treffen.

Was ist eigentlich das Pensum? Eine fachintern historisch nach eigenen Gesetzen entstandene, von einer wohlmeinenden Planungsbehörde verfügte Sammlung von Wissensbeständen, die gelernt werden soll. Es handelt sich um eine Auswahl aus Wissensmöglichem und stellt in der Regel das historische Selbstverständnis der gesellschaftlichen Eliten dar. Was in der Wissenschaft als Folge hochdifferenzierter Arbeitsteilung notwendig ist, Sinn macht und zu fachlichen Wissenssystemen führt, die ständig überarbeitet und umgeschrieben werden, führt in der Schule zu einem unverbundenen System fragmentarischen Denkens und Wissens und nicht zu einem Denken und Wissen im Zusammenhang der Dinge. Dass das schon immer so war, muss nicht heißen, dass es immer schon richtig war, kann auch beinhalten, dass man schon immer in der Schule das Falsche getan hat. Alle Reformpädagogik lebt seit jeher von der Kritik an der Fragmentierung eines toten Bücherwissens durch einen belehrenden Fach-Unterricht.

An dem Beispiel wird deutlich, dass die aus den Wissensbeständen der wissenschaftlichen Fächer destillierten Wissensbestände der schulischen Curricula nicht unter übergreifenden Fragen in Zusammenhänge eingeordnet werden, sondern abgeschottet nebeneinander existieren. Woran liegt das? Ich meine es liegt daran, dass die Vertreter der Schulfächer den Bildungs- und Orientierungswert ihres Faches noch immer wesentlich in dem zu vermittelnden Wissen sehen und das Fach in den Wissensbeständen aufgehen lassen, die die Forschung im Prozess des ständigen Umschreibens und Neuschreibens der Geschichte hervorbringt. Das aber wirft im schulischen Unterricht nur unlösbare Probleme auf. Schülerinnen und Schüler, die mit einem historischen Sachverhalt nicht – wie die Forscher – permanent, sondern nur einmalig in Berührung kommen, müssen ein narratives historisches Wissen lernen, das nur eine Etappe in der forschenden und deutenden Auseinandersetzung der Fachhistoriker darstellt und morgen überholt ist. Wir alle wissen, dass das narrative historische Wissen immer kürzer werdende Halbwertzeiten hat, weil in der Beschleunigung des Weltprozesses immer neue Fragen und Anfragen an die erkennbare Vergangenheit entstehen, die zu immer neuen deutenden Konstruktionen, zu neuen Erinnerungen, neuen Entdeckungen und Akzentsetzungen führen. Die Qualität dieser immer neuen Deutungen besteht in ihrer Zeitgemäßheit.[5]

---

[5] Vgl. dazu ebd., S. 15ff.

Die geringe Halbwertzeit dieses Wissens bedeutet, dass wir das historische Wissen einer Zeit einfrieren und darauf hoffen, dass die Schülerinnen und Schüler es bei Gelegenheit in den Lebenszusammenhängen einer späteren Zeit wieder auftauen und sich daran nähren können. Wir übersehen, dass auch das eingefrorene historische Wissen ein Verfallsdatum hat, von dem ab es ungenießbar ist.

Der Weg über eine solche eingefrorene Geschichte ist ein Irrweg aus der Geschichte des Geschichtsunterrichts, in der die Konstruktion einer nationalen Geschichte für eine unabsehbare Zeit gelten sollte. Dominante Elemente des traditionellen Geschichtsunterrichts – nationale Sicht, Wissensvermittlung, Wissensorientierung und chronologischer Durchgang – bestimmen bei allen Fortschritten in Einzelfragen das Historische Lernen in der Schule. Die theoretische Brüchigkeit ist erst in den letzten Jahrzehnten allmählich ins Bewusstsein gerückt, ohne dass die notwendigen Folgerungen gezogen worden wären.

2.3 Theoretische Grundlagen eines anderen Historischen Lernens

Worin besteht die theoretische Brüchigkeit? Und welche Folgerungen ergeben sich daraus?

1. Geschichte ist unausweichlich (und unübersehbar) gegenwärtiges Nachdenken über Vergangenes, das heißt eine Erinnerung, die von gegenwärtigen Herausforderungen und Nöten ausgelöst wird und sich ratsuchend den Überresten der Vergangenheit sowie den bisherigen Forschungsleistungen zuwendet. Sie geschieht in der Absicht, Vergangenes deutend auf die Gegenwart zu beziehen, um Perspektiven zu erweitern und Orientierung zu ermöglichen. Die damit angesprochene Gegenwartsbezogenheit von Geschichte ist ein Fakt. Sie ist keine „ärgerliche und eigentlich zu vermeidende" Betriebsstörung im Umgang mit den Zeugnissen der Vergangenheit, sondern begründet das Potential der Historie, deutende Konstruktionen hervorzubringen, die der Zeit gemäß sind, in der sie entstehen.[6] Das heißt aber auch, dass es kein einfrierbares narratives historisches Wissen gibt, das unabhängig von der Zeit gelten kann, in der es hervorgebracht wird. In den Beschleunigungen unserer Zeit ergeben sich immer neue Anfragen an die erkennbare Vergangenheit und die bisherige Forschungsliteratur. Zugleich entstehen,

---

6 Vgl. Jörn RÜSEN, Geschichte als Wissenschaft. In: Klaus BERGMANN u. a. (Hg.): Handbuch der Geschichtsdidaktik, Seelze ⁴1992, S. 68-81, hier S. 71.

ausgelöst von gegenwärtigen gesellschaftlichen und politischen Herausforderungen, immer neue Zugriffe und Richtungen des Interesses – in der Reihenfolge der letzten Jahrzehnte: Politische Geschichte, Strukturgeschichte, Sozialgeschichte, Geschichte als Historische Sozialwissenschaft, Gesellschaftsgeschichte, Alltagsgeschichte, Geschlechtergeschichte, Historische Anthropologie, Kulturgeschichte. Zugleich entstehen besondere Aufmerksamkeiten, die sich niederschlagen etwa in Umweltgeschichte, Historischer Friedensforschung, Kindheitsgeschichte, Geschichte des Alters. Die Geschichtswissenschaft unterliegt, ausgelöst und angeregt durch Probleme der Gegenwart, einem „schluckaufartigen Pluralisierungsschub" (Ute Daniel).[7] Das geht so weit, dass Forschungsrichtungen und Forschungsgegenstände vorhersehbar sind: Der 11. September wird neue Forschungen und Deutungen zu den Kreuzzügen, zur Geschichte der islamischen Welt und zur Geschichte des Terrors auslösen, die unter dem Eindruck des 11. Septembers neu ausfallen werden. Beim Historischen Lernen das Schwergewicht auf die Vermittlung eines narrativen historischen Überblickswissens zu legen, das in den späteren Lebenszusammenhängen von Schülerinnen und Schülern von Tag zu Tag veraltet und unzeitgemäß ist, kann nicht das Ziel Historischen Lernens sein.

2. Historie ist professionelle Erinnerung an Vergangenes, die nach bestimmten Verfahren geregelt ist, die in der Geschichtstheorie als „Historische Methode" reflektiert werden. Die Historische Methode als Inbegriff der Verfahren des Fragens, Sammelns, Prüfens, der Quellenkritik, des Verstehens, Erklärens, Deutens und der schließlichen Sinnbildung macht die Wissenschaftlichkeit der Historie aus und begründet die zeitgemäßen Orientierungsleistungen der Historie. Aufgabe der Geschichtsdidaktik ist es, diese Verfahren auf – früher hätte man gesagt: – ihre Bildungswirksamkeit, heute könnte man etwas salopp sagen: ihre Brauchbarkeit für Nicht-Profis zu befragen. Welche Verfahren und Fähigkeiten brauchen Schülerinnen und Schüler, um in späteren Lebenszusammenhängen selber historisch denken und sich orientieren zu können? Wenn dies eine der zentralen Fragen der Geschichtsdidaktik ist – wichtiger als die Frage nach einem möglichen Überblickswissen –, dann geht es beim Historischen Lernen nicht so sehr um die *Vermittlung* von Wissen, sondern – nach Maßgabe des Möglichen – um die *Ermittlung* von Wissen. Das heißt: Es geht um das Erlernen und

---

[7] Ute DANIEL, Clio unter Kulturschock. In: GWU 48 (1997), S. 195-219 und 259-278, hier S. 197.

Üben von Denkakten und Verfahren, die dem historischen Denken eigen sind und für das eigene Denken fruchtbar sein können. Was lernen Schülerinnen und Schüler bei der *Ermittlung* von Wissen? Eine lange Liste von Möglichkeiten bietet sich an, aus der ich einige herausgreife:

- Im Umgang mit der Andersartigkeit der Vergangenheit entdecken sie Wertorientierungen, die sie nachdenklich machen können.
- Im Umgang mit der Andersartigkeit der Vergangenheit üben sie Fremdverstehen und Empathie.
- Im Umgang mit der Vergangenheit sichten und prüfen sie Erfahrungen, die Menschen gemacht haben und haben machen müssen, als sie Probleme lösen wollten, die mit unseren heutigen Problemen bedingt vergleichbar sind.
- Im Umgang mit der Vergangenheit können sie zu Einsichten vorstoßen, die kategorialer Natur sind: Veränderung und Veränderbarkeit, Handlungsabsichten und Handlungsbedingungen, Handlungsabsichten und Handlungsfolgen, Dauerhaftigkeit von Strukturen und Mentalitäten und Begrenztheit von Veränderbarkeit.
- Im Umgang mit den Zeugnissen der Vergangenheit und Verarbeitungsformen der Geschichtskultur lernen sie ideologiekritisches Denken und üben sie sich in der „Hermeneutik des Verdachts".

3. Wenn Geschichte gegenwartsbezogenes Nachdenken über Vergangenes ist und sich den Herausforderungen und Nöten der Gegenwart, den Erwartungen und Befürchtungen, jedenfalls der Zeitgenossenschaft der forschenden und deutenden Historikern verdankt, ist es didaktisch nicht nur legitim, sondern geboten, Gegenwartsfragen – oder auch: Schlüsselprobleme der Gegenwart – zum Ausgangspunkt des historischen Denkens im Unterricht zu nehmen. Das bedeutet die theoretische Legitimation einer Abkehr von einem Unterricht, der sich seine Inhalte von einer Zeitleiste vorgeben lässt, vom chronologischen Unterricht, und damit eine begründete und empfehlenswerte Abkehr von einem Unterricht, der den Schülerinnen und Schülern nicht mehr vermitteln kann, was er mit ihnen zu tun hat.[8] Kinder in der Grundschule lernen auch dann etwas über den Nationalsozialismus,

---

[8] Vgl. ausführlicher dazu Klaus BERGMANN: Versuch über die Fragwürdigkeit des chronologischen Geschichtsunterrichts. In: Hans-Jürgen PANDEL/Gerhard SCHNEIDER (Hg.): Wie weiter? Zur Zukunft des Geschichtsunterrichts, Schwalbach/Ts. 2001, S. 33-55.

wenn sie die Punischen Kriege zuvor nicht durchgenommen haben. Und Schülerinnen und Schüler können sich auch dann mit der historischen Migration und Integration der Hugenotten befassen, wenn sie zuvor nichts über die mittelalterliche Stadt gelernt haben. Im Gegenteil sind ihre Unkenntnis und ihr Nichtwissen geradezu die Voraussetzung für ihre Bereitschaft, selber zu ermitteln, was sie an Kenntnissen brauchen, wenn ihnen das Thema nur einsehbar wichtig ist. Denn nur dann haben sie eigene, nicht fremdgesetzte Fragen und das Bedürfnis nach Antworten. Und nur dann erlernen sie selber die Schritte historischen Denkens, die darauf gerichtet sind, nach dem zeitlich Früheren und dem zeitlich Späteren zu fragen und dabei immer wieder die zeitlichen Zusammenhänge von historischer Vergangenheit, historischer Gegenwart und historischer Zukunft zu erkennen.

2.4 Folgerung: Projektarbeit

Das alles sind Bestandteile eines Plädoyers für Projektarbeit, an der Geschichte beteiligt ist. Denn in der Projektarbeit ist der Gegenwartsbezug gleichsam obligatorisch und zwanglos vorhanden, werden fachübergreifende und fachspezifische Arbeits- und Denkverfahren gelernt und wird die Orientierung an der absoluten Chronologie zugunsten des Gegenwartsbezuges durchbrochen. Die Schülerinnen und Schüler erfahren auf einmal, was Geschichte ist und neben und mit anderen Fächern oder Zugriffen leisten kann.

3. Fachgebundenes Projektlernen

Das fachgebundene Projektlernen oder: die Historische Projektarbeit ist ein zwischen Lernenden und Lehrenden verabredetes Vorhaben, dem man sich in den kommenden Tagen oder Wochen außerhalb und innerhalb der Schule widmen will. Ausgangspunkt ist nach Möglichkeit auch hier eine der großen Fragen unserer Zeit. In der Regel handelt es sich aber um lokal- oder regionalhistorische Erkundungen – auch als „Spurensuche" bezeichnet.[9] Es geht dabei im Wesentlichen auch um die Einbeziehung außerschulischer Lernorte. Eine weitere Möglichkeit ergibt sich für Vorhaben, die sich mit Erscheinungsformen der außerschulischen Geschichtskultur befassen und die sowohl in wie außerhalb der Schule stattfinden können. Oft genannt werden

---

[9] Vgl. DITTMER/SIEGFRIED (Hg.), Spurensucher (wie Anm. 2).

auch oral-history-Projekte, für die mittlerweile zahlreiche Beispiele vorliegen. Didaktisches Ziel des fachgebundenen Projektlernens ist auch hier wie beim fächerübergreifenden Lernen die Fähigkeit, geschichtliche Sachverhalte selber ermitteln und darstellen zu können. Das Schwergewicht liegt also auch hier auf Verfahren, die mit dem Begriff und Regelwerk der „Historischen Methode" umrissen werden: Fragen, Planen, Suchen, Finden, Sammeln, Abwägen, Quellenkritik, Ideologiekritik, Fremdverstehen.[10] Es handelt sich auch hier um forschendes, entdeckendes Lernen und den Erwerb von Fähigkeiten historischen Denkens.

4. Fazit

In der Praxis ist Projektlernen ein schwieriges, anspruchsvolles Lernverfahren, was Bodo von Borries zu der Frage „Größenwahn oder Königsweg?" veranlasst hat.[11] In der Theorie ist es ein gut begründbares und besonders ergiebiges Lernverfahren. Die Schülerinnen und Schüler lernen besser und zwangloser als im überkommenen Geschichtsunterricht Geschichte als ein vielfältiges Nachdenken über Vergangenes kennen, das zur Sicht auf gegenwärtige und künftige Probleme Wesentliches beizutragen hat. Und sie lernen dieses Nachdenken so, dass sie es auch in ihren späteren Lebenszusammenhängen auf neu auftauchende Fragen und Probleme anwenden können.

---

10 Zur „Historischen Methode" vgl. Jörn Rüsen: Rekonstruktion der Vergangenheit, Göttingen 1986, S. 87 ff.
11 Bodo von Borries: Historische Projektarbeit. „Größenwahn" oder „Königsweg"? In: Dittmer/Siegfried, Spurensucher (wie Anm. 2), S. 243-254, bes. S. 245-252.

Lernziel Irritation

Möglichkeiten und Grenzen der Projektarbeit im Schülerwettbewerb Deutsche Geschichte

Von DETLEF SIEGFRIED

Projektarbeit ist in aller Munde. In manchen Bundesländern ist sie bereits verbindlicher Bestandteil des Unterrichts, in anderen wird sie als solcher gerade eingeführt. Dabei ist diese Idee alles andere als neu. Sie erlebte einen Popularitätsschub zu Beginn der 70er Jahre, als sich politische Neuordnungsideen mit tiefgreifenden gesellschaftlichen Umbrüchen zu einem allgemeinen Aufbruchklima verdichteten. In meinem Beitrag sollen einige Erfahrungen aus der Arbeit des Schülerwettbewerbs Deutsche Geschichte um den Preis des Bundespräsidenten diskutiert werden, der ein Kind dieses Aufbruchsklimas ist und als ein Impulsgeber für historische Projektarbeit wirkt, der gewissermaßen auf Dauer gestellt ist, sich immer wieder neu erfindet.[1] In seiner nun bald dreißigjährigen Geschichte wurden im Rahmen von 18 Themenausschreibungen fast 20.000 Projektarbeiten von nahezu 100.000 Teilnehmern angefertigt. 1973 von Bundespräsident Gustav Heinemann und dem Hamburger Industriellen Kurt A. Körber aus der Wiege gehoben bestand die Grundidee dieser Geschichtsinitiative darin, Jugendliche zur eigenständigen Erforschung historischer Zusammenhänge in ihrem örtlichen Umfeld anzuregen. Diese Idee ist im Kern bis heute erhalten geblieben und hat viele Früchte getragen. Der Schülerwettbewerb hat die Geschichtskultur der Bundesrepublik mit geprägt, er hat gelegentlich zentrale Debatten zur

---

1 Zu Geschichte und Forschungsstand vgl. den bereits etwas älteren Überblick von Bodo von BORRIES: Deutsche Geschichte. Spuren suchen vor Ort im Schülerwettbewerb um den Preis des Bundespräsidenten, Frankfurt/M. 1990; als aktuellere Präsentation siehe das Sonderheft der Wettbewerbszeitschrift: Spuren Suchen Spezial, Sonderheft 1998; eine einschlägige Bibliografie bis 1997 bietet: Alfons KENKMANN (Hg.): Jugendliche erforschen die Vergangenheit. Annotierte Bibliographie zum Schülerwettbewerb Deutsche Geschichte um den Preis des Bundespräsidenten, Hamburg 1997.

historischen Selbstverständigung angestoßen – vor allem durch seine NS-Wettbewerbe in den frühen 80er Jahren – und gelegentlich noch vor der historischen Forschung Themen und Ansätze erschlossen, die in der Fachwissenschaft erst danach aufgegriffen wurden – die Geschichte der Umwelt etwa, Migrationsgeschichte oder die kritische Betrachtung von Denkmälern als steingewordene Geschichtsinterpretationen. In didaktischer Hinsicht war das Konzept schon von Beginn an innovativ: Jugendliche (dieser Begriff ist sehr weit gefasst: teilnehmen können alle im Alter von 8 bis 21 Jahren, vom Grundschüler bzw. Grundschülerin bis zum Studierenden) sollen ein halbes Jahr lang, mit Hilfe von Tutoren oder auch ohne Unterstützung, im oder außerhalb des Schulunterricht/s innerhalb eines gegebenen Rahmenthemas eigene, in ihrem näheren Umfeld angesiedelte Subthemen mit selbst entwickelten Fragestellungen erforschen: durch Archivrecherchen, Befragung von Zeitzeugen, Lektüre der einschlägigen Sekundärliteratur. Es handelt sich also in der Tat um regelrechte Forschungsprojekte, die nicht selten außerhalb des Unterrichts vonstatten gehen, vor allem dann, wenn die Teilnehmer allein oder in kleinen Gruppen arbeiten. Insbesondere in den jüngeren Jahrgängen aber sind es oftmals auch ganze Klassen, die sich mit einem Projekt befassen, und dann dominiert dieses Projekt große Teile des Unterrichts in bestimmten Fächern. Kein Zweifel: Der Schülerwettbewerb hat mit diesem Konzept vielen Jugendlichen zu prägenden Erfahrungen verholfen. Sie sind unbekannten Menschen als historischen Akteuren begegnet, haben historische und politische Erkenntnisse gewonnen, Organisationserfahrungen gesammelt. Seine Verdienste sind also unbestritten, die grundlegende Berechtigung seiner Idee ist vielfach bewiesen. Auf der anderen Seite haben die vieljährigen Erfahrungen aber auch gezeigt, dass die Möglichkeiten dieses innovativen Konzeptes an Grenzen stoßen: Sie werden bestimmt von den jeweiligen sozialen Verhältnissen und dem jeweils herrschenden Geschichtsbewusstsein, von Erwartungen der Tutoren, von Freizeitinteressen und Problemhorizonten der Schüler.

Im Folgenden sollen Möglichkeiten und Grenzen der Projektarbeit in dieser größten organisierten Geschichtsbewegung des Landes etwas eingehender skizziert werden. Dies geschieht in drei Schritten: Erstens soll diskutiert werden, inwieweit ein ambitioniertes Forschungsprojekt den demokratischen Anspruch einlösen kann, prinzipiell alle Schüler jenseits von Schultyp, sozialem Hintergrund und Befähigung zu fördern. Es geht also um den Stellenwert und die Leistungsfähigkeit des Projekts bei der Vermittlung von Geschichtskompetenz. Zweitens soll anhand der zahlreichen Projekte zur NS-Geschichte ausgelotet werden, welche Potenziale und Probleme die historische Selbstverortung von Jugendlichen über diesen besonders abschreckenden, offenbar aber auch besonders anziehenden Abschnitt der deutschen Geschichte in sich birgt. Es geht um den widersprüchlichen Reiz lebensgeschichtlicher Extremsituationen und um das Wechselverhältnis von Empathie und Distanz. Und drittens soll die Sinnhaftigkeit von historischer Projektarbeit in der „Postmoderne" reflektiert werden. Im Ergebnis plädiere ich für eine mittlere Erwartungsebene, die die demokratisch-aufklärerische Utopie des Wettbewerbs an die Mühen der Ebene zurückbindet, aber nicht verabschiedet.

1. Das Projekt: Was es kann und was es nicht kann

Ich möchte beginnen mit einem Hinweis auf die sozialen Diskrepanzen unter den Wettbewerbsteilnehmern: In den vergangenen Jahren hat sich das Gewicht zugunsten der höheren Gymnasialklassen verschoben, jedenfalls in der Gesamttendenz. Die Ergebnisse der letzten Wettbewerbe widerspiegeln diese Tendenz deutlich: Der Anteil der Gymnasiasten beiderlei Geschlechts stieg von 62 % 1992 auf 68 % 1994 und ca. 73 % 1996 und 1998. Lediglich die letzte, besonders auf jüngere Altersgruppen abgestellte Wettbewerbsausschreibung zum Thema „Tiere in unserer Geschichte" verzeichnete einen deutlich höheren Anteil vor allem von Realschülern (16,8 %), aber auch von Grundschülern (3,1 %); die Beteiligung von Gymnasiasten war mit 62 % wieder auf das Niveau des Denkmal-Wettbewerbs von 1992 zurückgegangen – ohne allerdings auch nur annähernd die absolute Vorreiterposition einzubüßen.[2] Der Altersstruktur nach ist die Gruppe der 15- bis 17-Jährigen zumeist am stärksten vertreten, in der Regel Gymnasiasten der Klassen 10 bis 12 – auch hier wieder mit einer symptomatischen Abweichung beim Thema „Tiere", hin zu den 12- bis 14-Jährigen. Dies zeigt, dass die Resonanz von Altersgruppen und sozialen Gruppen in einem gewissen Grad von den jeweiligen Rahmenthemen abhängt – wobei jedoch das durchgehende Charakteristikum in einem überdurchschnittlich hohen Anteil von Gymnasiasten besteht.

Dieser Befund widerspricht den Intentionen der Wettbewerbsgründer aus den frühen 70er Jahren. Damals widerspiegelte sich die zeittypische Demokratisierungseuphorie nicht nur in den Themen des Wettbewerbs – in den ers-

---

[2] Spuren Suchen 11 (1997), S. 31; 13 (1999), S. 32 und 15 (2001), S. 40.

ten Jahren standen „deutsche Freiheitsbewegungen" im Vordergrund –, in seinem didaktischen Ansatz – Schüler rekonstruieren historische Zusammenhänge in Eigenverantwortung – und in seinen Arbeitsformen – „Gruppenarbeit" war vorgeschrieben –, sondern auch in dem Vorsatz, die Beschäftigung mit Geschichte insbesondere „bildungsfernen" Schichten nahe zu bringen. Grundlage für alle didaktischen Überlegungen war die Maxime, Jugendliche aus allen Bildungsschichten zu erreichen und zu fördern: Alle sollten „trotz unterschiedlicher Eingangsvoraussetzungen gleiche Preischancen erhalten."[3] Insbesondere Haupt- und Realschülern wollte man besondere Förderung angedeihen lassen – ohne dass in der Praxis jemals ein ausgeglichener Leistungsstand erreicht werden konnte. Gleichwohl wurde von den Veranstaltern die Besonderheit des Konzepts hervorgehoben, alle Teilnehmer unabhängig von Alter und Schulform mit *einem* Thema und *einer* Aufgabenstellung zu konfrontieren und dabei den „Abbau von Bildungsprivilegien und -barrieren" anzustreben. Damit, so hieß es, vertrete der Wettbewerb die Idee einer „vorweggenommene[n] Gesamtschule".

Im Grunde wird an dieser Idee bis heute festgehalten, denn an den Prinzipien von Ausschreibung und Bewertung hat sich im Wesentlichen nichts geändert. Allerdings sind die Erwartungen deutlich realistischer geworden. Dies zeigt sich etwa daran, dass sehr bald schon neben Gruppenarbeiten auch Beiträge Einzelner und Klassenprojekte zugelassen wurden. Es sind nicht zuletzt die Einzelbeiträge, die inzwischen oftmals Spitzenqualitäten erreichen und sich mit mancher universitären Examens- oder Magisterarbeit messen können. Darin dokumentiert sich die Erkenntnis, dass optimale Leistungen in verschiedenen Konstellationen erbracht werden können. Und darin besteht schließlich die Absicht eines Wettbewerbes, zu ungewöhnlichen Leistungen zu ermuntern. Diese Absicht steht in einem gewissen Spannungsverhältnis zu dem nach wie vor hochgehaltenen Anspruch, Breitenförderung zu betreiben, denn sie begünstigt auch und besonders jene, die von vornherein besonders ambitioniert und befähigt sind.

In den 90er Jahren sind eine Reihe von Untersuchungen zum Geschichtsbewusstsein Jugendlicher angestellt worden, deren Ergebnisse interessante

---

[3] Zit. nach Alfons KENKMANN: Der Schülerwettbewerb Deutsche Geschichte um den Preis des Bundespräsidenten und sein Beitrag zur Vitalisierung der Kommunikationsfunktion von Geschichte. In: Lothar DITTMER (Hg.): Historische Projektarbeit im Schülerwettbewerb Deutsche Geschichte. Eine Bestandsaufnahme, Hamburg 1999, S. 28-49, hier S. 38f. Dort auch das Folgende.

Aufschlüsse über den Stellenwert und die Erkenntnismöglichkeiten der Projektarbeit im Gesamtensemble historischen Lernens liefern. Insbesondere der Hamburger Geschichtsdidaktiker Bodo von Borries, der dem Schülerwettbewerb eng verbunden ist, hat hier ausführliche Studien vorgelegt.[4] Seine Untersuchungen haben ergeben, dass die eingehende fachliche Debatte über die Potentiale der Projektarbeit scharf mit der Realität des Unterrichts kontrastiert. So äußerten im Jahre 1994 lediglich 2 % der befragten Schülerinnen und Schüler, dass offene Lernformen wie Rollenspiele, lokale Projekte oder Besuche von Museen oder historischen Stätten häufiger oder sehr häufiger Bestandteil ihres Geschichtsunterrichts seien – ganz im Gegensatz zu klassischen Methoden wie der Arbeit mit Schulbüchern oder Arbeitsblättern. Selbst die Aussagen ihrer Lehrkräfte sind nur wenig optimistischer. Die Realität schulischen Geschichtslernens besteht also in einem traditionellen Geschichtsunterricht, Projekte sind eine große Ausnahme. Dabei nimmt die Projektarbeit mit der Höhe der Klassenstufe nicht zu, sondern ab.

Borries kommt zu einem zweiten interessanten Befund: Von einer grundsätzlichen Überlegenheit des Projektunterrichts gegenüber traditionellen Formen der Geschichtsvermittlung im Schulunterricht könne nicht die Rede sein. Vielmehr komme es auf die Mischung der Formen an. Er untersucht die Frage, aufgrund welcher Methoden der Geschichtsvermittlung welche Leistungen erbracht werden. Dabei stellt sich heraus, dass insbesondere die traditionelleren Methoden – Schulbuchlektüre, Quellenarbeit im Unterricht und Produktion von Faktenwissen – besonders positive Effekte haben: etwa im Hinblick auf chronologische Fähigkeiten, auf die Fähigkeiten, angemessene Deutungen von Vergangenheit vornehmen und daraus auch Folgerungen ziehen zu können. Diese Unterrichtsformen, so Borries, haben „eine deutlich förderliche Beziehung zu Kognition, Motivation und Moral" und tragen damit beträchtlich dazu bei, das zu leisten, was die Institution Schule leisten soll, nämlich in einem konzentrierten Durchgang einen Kanon an gesellschaftlich erwünschten Konventionen zu erzeugen, die nicht von selbst

---

[4] Vgl. die zusammenfassende Diskussion unter dem hier interessierenden Gesichtspunkt in: Bodo VON BORRIES: Historische Projektarbeit im Vergleich der Methodenkonzepte. Empirische Befunde und normative Überlegungen. In: DITTMER (Hg.), Historische Projektarbeit (wie Anm. 3), S. 50-79; außerdem: Bodo VON BORRIES: Historische Projektarbeit – „Größenwahn" oder „Königsweg"? In: Lothar DITTMER/Detlef SIEGFRIED (Hg.): Spurensucher. Ein Praxisbuch für historische Projektarbeit, Weinheim/Basel 1997, S. 243-254.

entstehen können. „Die gängigen Geschichtsdeutungen und gesellschaftlichen Selbstverständlichkeiten [...] werden offenbar gleichsam wie ‚Tatsachen' angeeignet, internalisiert."[5] Autonomere Formen der Schülerarbeit wie etwa das Projekt hingegen, die diesen Kanon durch Selbsttätigkeit und einen kritischen Blickwinkel perspektivieren und gegebenenfalls korrigieren könnten, weisen hinsichtlich der oben genannten, ja durchaus erwünschten Effekte des traditionellen Geschichtsunterrichts leicht negative Relationen aus. Das heißt: Derartige freie Elemente, die stark auf die Autonomie der Schüler setzen, befördern weniger Wissen, Fähigkeiten zur Analyse und Deutung von historischen Zusammenhängen als die traditionelleren Elemente des Unterrichts. Ein ernüchternder Befund – zumal für diejenigen, die stets auf die innovative Kraft des Projektes gesetzt hatten.

Gleichwohl bedeutet dies nicht, dass man nun die freien Formen des Geschichtslernens getrost verabschieden könnte. Borries' empirisch begründeter Skepsis gegenüber einer überzogenen Erwartungshaltung hinsichtlich der Möglichkeiten des Projektes stehen Auskünfte von Tutoren des Schülerwettbewerbs entgegen, die beträchtliche Rückwirkungen der Projektarbeit auf den Geschichtsunterricht feststellen, vor allem aber auf die Motivation der beteiligten Schüler, sich mit Geschichte zu beschäftigen.[6] Der scheinbare Widerspruch ist in Wirklichkeit keiner: Projektarbeit kann nicht nur neue Motivationsschübe auslösen, sondern auch einen neuen Blick auf Geschichte konstituieren. Seine volle Wirkung aber entfaltet sie nur in Kombination mit traditionelleren Formen des Unterrichts, und zwar bei manchen Schülern stärker als bei anderen. Grundsätzlich profitieren insbesondere diejenigen von selbstständigen Arbeitsmethoden, die bereits über gesicherte historische Kenntnisse verfügen, hoch motiviert und leistungsfähig sind. Sie können Anforderungen der freien Projektarbeit – Selbstständigkeit bei der Problemformulierung und Entwicklung von Forschungsstrategien – bedeutend besser bewältigen als ihre weniger befähigten und oftmals auch sozial benachteiligten Altersgenossen oder gar ganz junge Teilnehmer, die stärker von überschaubaren, angeleiteten und überwachten Arbeitsformen profitieren.

Projektarbeit im Sinne von eigenverantwortlicher Entwicklung von Fragestellung, Forschungsdesign, Recherche, Analyse und Produkterstellung

---

5 VON BORRIES, Historische Projektarbeit (wie Anm. 4), S. 69.
6 Erika RICHTER: Hat der Schülerwettbewerb Deutsche Geschichte den Geschichtsunterricht verändert? Ergebnisse einer Befragung von Tutoren des Wettbewerbs. In: DITTMER (Hg.), Historische Projektarbeit (wie Anm. 3), S. 81-94, hier S. 89.

ist also kein Patentrezept zur Aktivierung unmotivierter und leistungsschwacher Schüler. In der konkreten Arbeit an Wettbewerbsprojekten zeigt sich dies an einer Vielzahl von Beobachtungen, insbesondere bei Projekten, die *nicht* von hochbefähigten Einzelnen oder Kleingruppen bearbeitet werden. So wird bei angeleiteten Projekten oftmals die Rolle des Lehrers reproduziert.[7] Die Hoffnung vieler Tutoren, bei einem Projekt in ein neuartiges Arbeitsverhältnis zu ihren Schülern treten zu können, wird in der Praxis oftmals enttäuscht, weil in der Ausnahmesituation „Projekt" die eingeschliffene Rollenverteilung nur im Ausnahmefall durchbrochen werden kann. Während die Schüler in der Anfangsphase eines Projektes oftmals hochmotiviert sind und praktische Aufgaben wie die Materialrecherche mit beträchtlicher Eigenaktivität betreiben, so sehen sich Tutorinnen und Tutoren in der Phase der Auswertung, Systematisierung und Produkterstellung zumeist genötigt, wieder sehr viel stärker als anleitende und kontrollierende Instanz in Erscheinung zu treten. Ein Tutor fasste diese Erfahrung in dem knappen Bild zusammen: „Sobald wirkliche Arbeit drohte, erstarb jede Lust."[8] Auch die Arbeitsplanung ist für Schüler ein beträchtliches Problem, denn eben dies ist ja ansonsten die Aufgabe der Schule. Viele scheitern vor diesem plötzlichen Rollenwechsel, weil er Fähigkeiten schon voraussetzt, die eigentlich erst im Laufe eines Projektes angeeignet werden sollen: Selbstständigkeit, Überblick, strategisches Denken. Und schließlich erfordert ein Projekt einen erheblich größeren Zeitaufwand als der traditionelle Unterricht. Oftmals muss außerhalb der Unterrichtszeit gearbeitet werden, und zwar über einen langen Zeitraum hinweg. Dies braucht einen langen Atem, den viele Schüler nicht aufbringen – jedenfalls nicht aus eigenem Antrieb. Und schließlich ist es auch keineswegs so, dass Schülerinnen und Schüler sich automatisch neue Arbeitsweisen und Perspektiven erschließen. Eine Tutorin: „Projektarbeit erleichtert es den Schülern [...], zu ‚Mißerfolgsmeidern' zu werden: Sie nehmen die vielfältigen Tätigkeiten nicht als Lernmöglichkeiten wahr, sondern konzentrieren sich auf das, was sie sowieso schon am besten können und am liebsten tun."[9]

Soweit einige Wermutstropfen, die die Befürworter des Projektes freilich nicht zur Verzweiflung bringen sollten, sondern vielmehr übertriebene Er-

---

[7] Dies und das Folgende nach Frauke HÜBNER: Spuren suchen – aber wie? Ein Erfahrungsbericht. In: DITTMER/SIEGFRIED (Hg.), Spurensucher (wie Anm. 4), S. 233-242.
[8] Ebd., S. 238.
[9] Ebd., S. 241.

wartungen dämpfen und einen realistischen Umgang mit entdeckendem oder forschendem Lernen befördern können. Die Erfahrungen des Schülerwettbewerbs haben gezeigt, dass die Arbeit an einem historischen Forschungsprojekt einen beträchtlichen Motivationsschub bewirkt, die Selbstständigkeit der Teilnehmer, methodisches Vorgehen und auch Lesebereitschaft beträchtlich fördern kann. Vor allem bietet es durch das Eintauchen in unbekannte historische Dimensionen Möglichkeiten zum Perspektivenwechsel, zur Infragestellung der eigenen Position und zur Erfahrung von Mehrdeutigkeiten, die im herkömmlichen Unterricht kaum zu machen sind. Diese Art der Erwerbung von historischer Kompetenz durch eigene Urteilsbildung ist einer der wesentlichen Effekte historischer Projektarbeit – nicht losgelöst, aber in einem richtigen Mischungsverhältnis zu traditionelleren Formen des Geschichtsunterrichts.

2. Projektarbeit und Geschichtskultur am Beispiel des NS-Themas

Ein Gutteil seiner innovativen Kraft schöpft der Schülerwettbewerb daraus, dass er versucht, aktuelle Problemstellungen in einem Rahmenthema so zu operationalisieren, dass die Teilnehmer mit ihrer Spurensuche eine Art historiographischen Spiegel zur Perspektivierung eben dieser aktuellen Problemstellungen gewinnen. Positive Effekte, aber auch Probleme der historischen Selbstverortung lassen sich gut am Beispiel eines Themas studieren, das auf auffällige Weise immer wieder das Interesse der Schüler auf sich gezogen hat: die Geschichte des Nationalsozialismus.

Die Konjunktur dieses Themas in den Wettbewerbsbeiträgen begann in den frühen 80er Jahren, als die westdeutsche Öffentlichkeit durch die publicityträchtige Fernsehserie „Holocaust" von 1979 oder durch aufsehenerregende Aktivitäten von Neonazis wie etwa das Oktoberfestattentat von 1980 für die Vergangenheit des Nationalsozialismus und seine gegenwärtige Virulenz sensibilisiert war. „Alltag im Nationalsozialismus" – der Erfolg dieses Themas ist nur vor dem Hintergrund einer sich wandelnden Geschichtskultur zu verstehen. Gleichzeitig hat die Forschungsoffensive des Schülerwettbewerbs diesen umstrittenen Abschnitt der deutschen Geschichte sehr viel stärker im öffentlichen Geschichtsbewusstsein verankert: Nun wurde erstmals sehr breit im lokalen Nahbereich den konkreten Ausprägungen des Nationalsozialismus nachgegangen. Damit rückte die Wirklichkeit des „Dritten Reiches" den Bundesbürgern bedeutend näher, als das bis dahin der Fall gewesen war. Vor Beginn des Wettbewerbs hatte es in den Reihen der Verantwortlichen beträchtliche Zweifel an der möglichen Resonanz gegeben. Viele meinten, „dass das Thema eigentlich ausgestanden sei" – nach den Initiativen zur Implantierung der NS-Geschichte im Unterricht aus den frühen 60er Jahren.[10] So waren nicht nur die Öffentlichkeit, sondern auch die Wettbewerbsmacher vom großen Widerhall überrascht.

Der Erfolg des Schülerwettbewerbs hatte auch etwas damit zu tun, dass er sich von Beginn an als kritischer Stachel gegenüber einer Geschichte der Haupt- und Staatsaktionen und der Nation verstand. Dies hatte nicht nur mit dem Zeitgeist und den politischen Präferenzen der Wettbewerbsmacher zu tun, sondern auch mit dem regionalen und alltagsgeschichtlichen Ansatz. Zu Beginn der NS-Ausschreibungen wurde dem Wettbewerb in der „Frankfurter Allgemeinen Zeitung" vorgeworfen, von links her das NS-Thema zu instrumentalisieren, um einem „Tendenzunterricht" Vorschub zu leisten.[11] Dass dies abwegig war, sollte sich an den Ergebnissen schnell zeigen. Allerdings verstärkten derartige Auseinandersetzungen den Eindruck, mit der NS-Geschichte ein wirkliches brisantes Thema zu haben, das die Emotionen mobilisierte wie kaum ein anderes, weil es vergangenheitspolitisch umstritten war. Diese politische Spannung regte die Schüler besonders an. Wie sich dann auch bei späteren Wettbewerben immer wieder zeigen sollte, motiviert sie gerade der Reiz, „Licht ins Dunkel zu bringen, den Dingen auf den Grund zu gehen".[12] Auf der anderen Seite fügten sich die Ergebnisse des Wettbewerbs nur zum Teil in vorgegebene Interpretationsmuster ein. Zunächst einmal kam es nicht zur Konfrontation der Generationen, wohl aber zum Teil zur unkritischen Tradierung eines geschönten Bildes vom „Dritten Reich"[13]. Vielfach aber wurden vorgefasste Vorstellungen durch die Kon-

---

[10] So Siegfried GRASSMANN. In: Spuren Suchen Spezial, 1998, S. 76. Vgl. insbesondere Dieter GALINSKI/Ursula-Maria LACHAUER (Hg.): Alltag im Nationalsozialismus. 1933 bis 1939, Braunschweig 1982 (Jahrbuch zum Schülerwettbewerb Deutsche Geschichte um den Preis des Bundespräsidenten); Dieter GALINSKI/Ulrich HERBERT/Ulla LACHAUER (Hg.): Nazis und Nachbarn. Schüler erforschen den Alltag im Nationalsozialismus, Reinbek 1982.

[11] FAZ vom 16.10.1980, abgedruckt in: DITTMER (Hg.), Historische Projektarbeit (wie Anm. 3), S. 142-146.

[12] So die Pointierung dieses Motivs in einer späteren Wettbewerbsarbeit, zitiert nach Spuren Suchen 13 (1999), S. 32.

[13] Eine Tendenz zur Verharmlosung der Unterdrückungsverhältnisse im Nationalsozialismus durch deutsche Zeitzeugen wurde anhand der Reflexionen über Zwangsarbeiter auch bei den nachfolgenden Wettbewerben von 1988/89 und 1992/93 noch beobachtet: Petra SCHWUCHOW: „Der gesichtslose Russe". Erinnerungen deutscher Zeitzeu-

frontation mit der konkreten NS-Wirklichkeit relativiert. Viele Schüler wurden gerade auf die Grautöne aufmerksam – darauf, dass es keine einfachen Wahrheiten gab, Alltag im Nationalsozialismus nicht nur aus Gleichförmigkeit und Widerstand bestand, sondern sehr vielschichtig war. Nicht pauschale Verurteilung stand im Vordergrund, sondern eher ein lebhafter Dialog mit den älteren Generationen – vor allem mit den Großeltern – über die NS-Zeit. Jugendliche, die an einem kontroversen Thema arbeiteten, berichteten, schon lange sei in der Familie nicht mehr so intensiv diskutiert worden wie im Kontext ihrer Forschungsarbeiten.[14]

Seit dem Durchbruch von 1980/81 gehören Projekte zum Nationalsozialismus zum Grundbestand aller Wettbewerbsbeiträge – und zwar unabhängig vom jeweiligen Ausschreibungsthema: Ob die Geschichte des Helfens oder des Protestes, das Verhältnis von Mensch und Tier im Mittelpunkt stehen: Immer machen Arbeiten, die sich unter den jeweiligen Blickwinkeln mit der NS-Zeit beschäftigen, einen erstaunlich großen Teil der Wettbewerbsarbeiten aus.[15] Aber nicht nur das: Sie sind in bemerkenswerter Weise auch oftmals erfolgreicher als andere Arbeiten. Dies gilt insbesondere für jene Beiträge, die sich mit verfolgten Minderheiten beschäftigen. So betrug etwa im weiten Feld der Denkmalgeschichte der Anteil von Arbeiten, die sich mit Denkmälern zur jüdischen Geschichte, Konzentrationslagern und Zwangsarbeit beschäftigten, immerhin schon 11%, während ihr Anteil unter den preisgekrönten Beiträgen bei 26% lag.[16] Diese auffällige Diskrepanz hat sicherlich damit zu tun, dass es ein anhaltend großes öffentliches Interesse an

---

gen an die Zwangsarbeiter im Zweiten Weltkrieg. Eine Studie anhand der von der Körber-Stiftung durchgeführten Schülerwettbewerbe, Staatsexamensarbeit Hamburg 1995, S. 67 ff. Arbeiten über Kriegsgefangene und Zwangsarbeiter greifen zu fast 90% auch auf Zeitzeugeninterviews zurück, vgl. Angela HOFFMANN: Schülerforschungen zum „Arbeitseinsatz" sowjetischer Kriegsgefangener im Dritten Reich. Eine Analyse preisgekrönter Arbeiten des „Schülerwettbewerbs Deutsche Geschichte um den Preis des Bundespräsidenten" von 1982 bis 1993, Staatsexamensarbeit Münster 1998, S. 28.

[14] Vgl. etwa: Joachim NEANDER: „Es gibt keinen Grund mehr, über die Vergangenheit zu schweigen." Ein ganz persönlicher Bericht über ein Unterrichtsprojekt. In: sowi – Sozialwissenschaftliche Informationen 22 (1993), S. 198-204, hier S. 200.

[15] So auch beim Thema „Protest": Spuren Suchen 13 (1999), S. 33. Zum „Helfen"-Wettbewerb: Spuren Suchen 11 (1997), S. 49 ff.; „Tiere": Spuren Suchen 15 (2001), S. 18 ff.

[16] Detlef SIEGFRIED: Das Bild vom „Fremden" in historischen Forschungsprojekten Jugendlicher. In: Karl Heinrich POHL (Hg.): Regionalgeschichte heute. Das Flüchtlingsproblem in Schleswig-Holstein nach 1945, Bielefeld 1997, S. 99-114, hier S. 101.

der NS-Geschichte gibt, auch eine ausgeprägte Diskussionskultur. Das Thema ist etabliert, und es gibt eine ganze Reihe von erfahrenen Wettbewerbstutoren, die in der Beschäftigung mit dem Nationalsozialismus nicht nur ein Kernelement kritischer Selbstvergewisserung und demokratischer Erziehung sehen, sondern überdies auch wissen, wie man daraus erfolgreiche Wettbewerbsbeiträge macht. Einen Hinweis darauf, dass diese thematische Präferenz ganz wesentlich vom Stand der Geschichtskultur abhängig ist, lieferte ebenfalls der Denkmalwettbewerb, der 1992/93 abgehalten wurde, also kurz nach der Wiedervereinigung: Während in den „alten" Bundesländern der Anteil der Beiträge, die sich mit den Themen zum Nationalsozialismus beschäftigten, bei gut 14% lag, machte er bei den Arbeiten aus den „neuen" Bundesländern, in denen der staatlich verordnete Antifaschismus gerade einen dramatischen Legitimitätsverlust erlitten hatte, nur knapp 4% aus.[17]

Wenn man der Frage nachgeht, warum derart häufig NS-Themen gewählt werden, dann ist dies ein erster, vielleicht der wichtigste Grund. Projektarbeit mit Jugendlichen wird beträchtlich vom Stand der öffentlichen Geschichtskultur bestimmt, sie bewegt sich also im Prinzip nicht außerhalb eines bestimmten gesellschaftlich akzeptierten Normensystems, bleibt aber wegen der Unkalkulierbarkeit freier Forschung dennoch verhältnismäßig ergebnisoffen. Insofern bleibt der Ansatz gewissermaßen „subversiv".

Welche weiteren Gründe für die Wahl des NS-Themas könnte es geben? Einige Eindrücke aus dem Fundus der bisherigen Beiträge: Es scheint so, als forderten die Verhältnisse im Nationalsozialismus humanistische Grundhaltungen bedeutend stärker heraus als alle anderen Forschungsgegenstände in Wettbewerbsreichweite. Insbesondere die Judenverfolgung und die Schicksale von Kriegsgefangenen und Zwangsarbeitern ziehen immer wieder die Aufmerksamkeit Jugendlicher auf sich. Dass extreme Leidenssituationen besonders aufsehenerregend sind und Empathie mobilisieren, zeigt sich auch bei anderen Themenfeldern, etwa bei der Geschichte von Flucht und Vertreibung in der frühen Nachkriegszeit.[18] Dabei ist Empathie in vielen Fällen nicht einmal unbedingt Voraussetzung für die Beschäftigung mit einem solchen Thema. Oftmals entwickelt sie sich erst in der näheren Kon-

---

[17] Detlef SIEGFRIED: Bismarckturm oder KZ-Gedenkstätte? Ost-West-Identitätskonstruktionen im Schülerwettbewerb 1992/93. In: sowi – Sozialwissenschaftliche Informationen 26 (1997), S. 69-73.
[18] So sehr deutlich im „Fremden"-Wettbewerb von 1988/89, aber auch bei „Helfen", Spuren Suchen 11 (1997), S. 33.

frontation mit den Opfern. Dieser Perspektivenwechsel, das sich Hineinversetzen in die Situationen anderer ist sicherlich eine erwünschte Wirkung der Wettbewerbsteilnahme. Insbesondere das Schicksal von NS-Opfern beeinflusste die Weltsicht der Teilnehmer beträchtlich. So notierte eine Arbeitsgruppe aus Gütersloh: „Die Briefe lösten bei uns eine starke Betroffenheit aus. Wir konnten uns kaum vorstellen, dass vor 48 Jahren junge jüdische Frauen in der Nähe unserer Heimatstadt so leiden mussten. Man bekommt Angst, wenn man darüber nachdenkt, zu welchen Schandtaten Menschen fähig sind."[19] Und eine 15-Jährige, die die Geschichte eines jüdischen Mädchens untersuchte, das 1941 mit 12 Jahren ins Rigaer Ghetto verschleppt wurde und dort umkam, resümierte: „Mein Problem war, dass ich oft so erschüttert war, dass ich gar nicht viel und sachlich darüber schreiben konnte."[20] Dies verweist bereits darauf, dass Kontakte zu ehemaligen Verfolgten besonders starke Empathie hervorrufen. Daraus entstand oftmals Motivation und als Folge wurden sorgfältig recherchierte und erfolgreiche Wettbewerbsbeiträge vorgelegt.

Ein dritter Grund für den anhaltenden Erfolg des NS-Themas: Vielleicht stärker noch als bei anderen Themen wird die Beschäftigung mit dem „Dritten Reich" als Beitrag zur Lösung aktueller Probleme betrachtet. Insbesondere werden Rassismus oder Antisemitismus in der Gegenwart durch die historische Parallelisierung mit den Verhältnissen im Nationalsozialismus gespiegelt und interpretiert. Regionale Untersuchungen für Westfalen haben ergeben, dass etwa 40% der Arbeiten zum Themenfeld „Zwangsarbeiter" neonazistische Aktivitäten und Angst vor dem Wiederaufleben des Faschismus thematisieren.[21] Dabei wird oft nicht die Waage der Verhältnismäßigkeit zwischen Vergangenheit und Gegenwart gehalten, aber mitunter auch sehr sensibel von den jeweils konkreten Ausprägungen der Ausländerfeindlichkeit abstrahiert und auf einer allgemeineren Ebene über den Umgang mit Minderheiten reflektiert. Hier funktionieren die extremen Ausgrenzungsmechanismen des Nationalsozialismus als Negativfolie zur Befestigung und Profilierung einer positiven Identität.

---

[19] Spuren Suchen 7 (1993), S. 72.
[20] Spuren Suchen 3 (1989), S. 22.
[21] Thomas WERDERMANN: Westfälische Schülerarbeiten zu Themen der Zwangsarbeiter, Kriegsgefangenen und „Displaced Persons". Untersuchungen zum „Schülerwettbewerb Deutsche Geschichte um den Preis des Bundespräsidenten", Staatsexamensarbeit Münster 1994, S. 15.

Ein vierter Grund: Stärker als bei anderen Themen können bei der NS-Geschichte nicht nur Opfer identifiziert, sondern auch Spielräume der Resistenz gegen offensichtliches Unrecht ausgelotet werden. Insbesondere die Wettbewerbe der 90er Jahre haben gezeigt, dass positive Identifikationsfiguren, Vorbilder für widerständiges Individualverhalten eine wichtige Rolle spielen. Jugendliche wollen zeigen, dass auch in Situationen äußerster Gleichschaltung Alternativen möglich sind. So etwa eine Gymnasialklasse: „Wir fanden heraus, dass unser Ort schon früh eine Hochburg des Nationalsozialismus und des Antisemitismus war. Gerade wegen dieser beschämenden Geschichte hielten wir es für wichtig, von einer Jüdin zu erzählen, die nur gerettet werden konnte, weil Menschen in unserer Gegend es wagten, gegen den Strom zu schwimmen."[22]

Neben den unzweifelhaft positiven Effekten kristallisierten sich bei der Beschäftigung mit der NS-Geschichte aber auch eine Reihe von Problemen heraus, die insbesondere mit dem Spannungsverhältnis von Empathie und Distanz zu tun haben:

1. Zunächst einmal ist festzuhalten, dass bei allen Transformationen, die die öffentliche Debatte über den Nationalsozialismus während der vergangenen zwanzig Jahre durchlaufen hat, einige Interpretationsmuster doch erstaunliche Beständigkeit zeigen. Schon in den frühen 80er Jahren konstatierten die Initiatoren des Wettbewerbs, dass die Judenverfolgung von den Teilnehmern in der Regel als absichtsvoll ins Werk gesetzte Inszenierung der Nationalsozialisten gesehen wurde, ohne Rückhalt und größere Beteiligung der Bevölkerung.[23] Schüler fragten etwa, warum „sich die Menschen das damals alles haben gefallen lassen".[24] Auf eine gewisse Kontinuität deuten die Beiträge zum Wettbewerb „Helfen in der Geschichte" von 1996/97 hin. Hier untersuchten Schüler die Geschichte derer, die sich als Helfer von Verfolgten hervortaten, fragten aber vor allem danach, warum es nur so wenige waren, die halfen.[25] Diese Perspektive beruht auf einer latenten Unschuldsvermutung: Der Bevölkerungsmehrheit wird weniger der Vorwurf der aktiven Mittäterschaft gemacht, sondern eher der einer allzu passiven Akzeptanz

---

[22] Spuren Suchen 11 (1997), S. 33.
[23] GALINSKI/HERBERT/LACHAUER (Hg.), Nazis und Nachbarn (wie Anm. 10), S. 140.
[24] Wettbewerb 1980/81, Beitrag 254, Teilnahmebogen.
[25] Dorothee WIERLING: Menschlichkeit trotz tödlicher Gefahr. In: Spuren Suchen 11 (1997), S. 49-53.

von oben verordneter Vernichtungspolitik. Weitaus weniger als noch vor Beginn des ersten NS-Wettbewerbs geargwöhnt, stehen nationalsozialistische Täter im Mittelpunkt des Interesses – „ordinary Germans" erscheinen nicht als aktive Täter, sondern in erster Linie als Menschen, denen es an Courage mangelte. Vor derartigen Erscheinungen stehen die forschenden Jugendlichen oftmals konsterniert, sie be- und verurteilen sie von ihrem gegenwärtigen Bewusstseinsstand aus und stellen sich nur selten die Frage, ob sie selbst unter vergleichbaren Umständen möglicherweise ähnlich gehandelt hätten. Besonders produktive Irritationen werden dann hervorgerufen, wenn die Forschungsarbeit Ergebnisse zutage fördert, die so gar nicht in die herkömmlichen Interpretationsmuster passen – so etwa die Erkenntnis einer Forschergruppe, dass sich unter denen, die Verfolgten halfen, in ihrem Falle auch ein SS-Mann befand. Oder in einem anderen Falle die irritierende Feststellung, dass es ausgerechnet die Nazis waren, die die heute so umstrittenen Tierversuche am stärksten reglementierten – mit der Folge, dass an einzelnen Forschungsinstituten statt dessen Menschenversuche angestellt wurden.[26]

2. Nach wie vor lösen Begegnungen mit NS-Opfern beträchtliche Beklemmungen aus. Vielfach sind Jugendliche unsicher, wie sie sich ihnen gegenüber verhalten sollen. Verfolgung ist ein ideologisch hochaufgeladenes Thema, das Empathie mobilisiert, aber im praktischen Umgang mit Betroffenen schwer zu handhaben ist: Die emotionalen Anforderungen sind beträchtlich, die Urteilskraft begrenzt, Distanz ist kaum möglich.[27] Ganz charakteristisch ist etwa die Aussage einer Schülerin über eine Begegnung mit ehemaligen französischen KZ-Insassen: „Als ich zum ersten Mal diese Leute sah, die am Friedhof dort standen, hatte ich ein bisschen Angst, etwas Falsches zu sagen."[28] Und: „Bei manchen seiner Ausführungen lief es mir kalt über den Rücken, und ich musste mich beherrschen, um nicht wegzugehen." Insgesamt kommt es zu einer hohen Identifikation mit den Opfern, die kaum Spielraum für eine kritische Perspektivierung lässt. Diese hohe emotionale Aufladung unterscheidet sich beträchtlich von anderen Minderheiten-Geschichten – etwa denen, die die im eigenen Alltagshorizont gegenwärtigen Arbeitsmigranten, die sogenannten „Gastarbeiter" in den Mittel-

---

[26] Spuren Suchen 15 (2001), S. 18ff. und 43.
[27] Vgl. Detlef SIEGFRIED: Der Reiz des Unmittelbaren. Oral-History-Erfahrungen im Schülerwettbewerb Deutsche Geschichte. In: BIOS. Zeitschrift für Biographieforschung und Oral History 8 (1995), S. 107-128.
[28] NEANDER, Bericht (wie Anm. 14), S. 204.

punkt stellen. Deren Geschichte erscheint oftmals weniger spannend, ihre Lebenswelt bleibt fremd.

3. Wettbewerbsteilnehmer legen beachtlichen Eifer beim Sammeln von Versatzstücken aus der Vergangenheit an den Tag. Sie erheben damit in der Regel Materialien, die der Forschung bislang nicht zugänglich waren. Dabei zeigt sich jedoch auch, dass insbesondere die kritisch-abständige Betrachtung dieser scheinbar authentischen Objektivationen des Vergangenen besondere Schwierigkeiten bereitet. Das wird schon bei Archivalien deutlich, insbesondere aber beim Umgang mit Zeitzeugen.

Aber auch hier wirkt die Irritation als Erkenntnisgewinn. Schüler und Schülerinnen machen sich Vorstellungen über ihr Thema, die zunächst allgemeinen Klischees weitgehend entsprechen, dann aber revidiert werden müssen. Eine Gruppe stellte sich bei der Erstellung eines Interviewrasters für die Zeitzeugenbefragung, wie sie selbst später bemerkte, einen „Modell-Vertriebenen" vor, den man dann aber „in der Realität kaum einmal" zu Gesicht bekam.[29]

4. Auch der „Transfer", also die Verbindung des historischen Forschungsgegenstands mit aktuellen Problemlagen, fällt den meisten Schülern schwer. Ihr historischer Untersuchungsgegenstand wird oft zur Folie für die jeweiligen Vorverständnisse, zum bloßen Anschauungsmaterial – etwa zur Illustrierung „guter" heutiger Absichten. Dabei kommt die Bereitschaft zu kurz, sich in die Situation der jeweils kritisierten Mehrheit zu versetzen. Und auf diese Weise werden auch die Transfers schief. Wenn die aktuelle Situation und das historische Fallbeispiel inkongruent sind, dann bleibt es bei allgemeinen Appellen: Krieg ist schlecht, Ausländerfeindlichkeit ist abzulehnen, man sollte freundlicher miteinander umgehen. Die Polyvalenzen historischer Situationen geraten erst ins Blickfeld, wenn die Empathie nicht nur die Opfer betrifft, sondern auch die „Täter". Kein Zweifel: Wenn Jugendliche Rassismus ablehnen, dann muss das begrüßt werden. Aber ein wirklicher Transfer historischer Erfahrung für heutige und künftige Probleme und Problemlösungsstrategien kann ja nur dann erfolgen, wenn gesellschaftliche Verhältnisse und individuelle Verhaltensweisen als vielschichtig, uneindeutig und offen wahrgenommen werden. Diese besondere Transferqualität kann erreicht werden, wenn die jugendlichen Forscher nicht mehr nur ent-

---

[29] Wettbewerb 1988/89, Beitrag 10263, Erfahrungsbericht, abgedruckt in: „Unser Ort – Heimat für Fremde?" Arbeitsberichte von Teilnehmern und Tutoren, Copyscript 1, Hamburg 1989, S. 23f.

setzt sind über die Abgründe menschlichen Verhaltens, sondern fragen, warum das so war. Es ginge darum, nicht nur die Parallelen zwischen Geschichte und Gegenwart zu erkennen, sondern auch die Diskrepanzen. Entscheidend ist die Einsicht vom ständigen Wandel, von der historischen Gewordenheit der Gesellschaft.

3. Projekt und Postmoderne. Die neue Rolle des Subjekts

Lernen im Projekt – das unterscheidet sich nicht nur grundlegend vom Lernen im Unterricht, sondern es steht dazu in einem nahezu unaufhebbaren Widerspruch. Während die Schule Konventionen vermitteln soll, so bewirkt die Konfrontation mit historischen Realitäten außerhalb der Schule oftmals das genaue Gegenteil: Sie befestigt nicht Konventionen, sondern erschüttert sie. Wenn Jugendliche den „subjektiven Faktor" als historisch handelnde Größe ernst nehmen und in historisch fremde Lebenswelten eintauchen, dann löst dies oftmals beträchtliche Irritationen aus: Die unvermeidlich notwendigen Stereotypen, die unsere Weltbilder rahmen, werden erschüttert, weil sich herausstellt, dass sie nur einen Teil der Wirklichkeit abbilden. Diese Wirklichkeit ist komplexer als vermutet, ihre Erfassung und Bearbeitung erfordert Empathie und Differenzierungsvermögen. Am Ende eines Projektes sieht die Welt im Idealfall komplizierter aus. Doch dieser Zugewinn wird nur möglich, wenn man die Risiken der Irritation in Kauf nimmt und akzeptiert, dass die Lehrerrolle in Frage gestellt oder verändert wird, dass Zeitzeugeninterviews misslingen können, Frustrationsphasen überwunden werden müssen. Gleichwohl müssen diese Risiken eingegangen werden, denn sie machen gerade die mögliche Tiefe des Zugewinns aus. Insofern ist der Schülerwettbewerb keineswegs nur ein Stück regionalhistorischer Spurensicherung und Identitätsfindung, sondern auch für die beteiligten Schülerinnen und Schüler ein Katalysator kritischer Bewusstseinsbildung und demokratischer Partizipation in unsicheren Zeiten.

Dass die Erfolgsgeschichte des Schülerwettbewerbs in den frühen 70er Jahren begann, hat auch mit den neuen Anforderungen zu tun, die die damaligen gesellschaftlichen Umbrüche an die Selbstdefinitionskräfte des Einzelnen stellten. In dieser Zeit wurden nicht nur die großen Geschichtserzählungen zunehmend in Frage gestellt. Auch verloren die herkömmlichen sozialen und kulturellen Zentren, die derartige Erzählungen transportierten und damit kollektive Sinnstiftung betrieben, an Rückhalt und Bindekraft: Nation, soziale Klassen, Religionen, auch die Familie. In der „postindustriellen" oder „postmodernen" Gesellschaft, deren Konturen sich seit den 60er Jahren immer stärker herausbildeten, montieren die Individuen ihre Identitäten immer mehr aus verschiedenen, oftmals ganz disparaten Quellen. Beim Schülerwettbewerb war seit Mitte der 70er Jahre Multiperspektivität „von unten" – insbesondere fokussiert auf soziale Aspekte des Alltags – in den Mittelpunkt der Arbeit gerückt.[30] Auch sein heimliches Generalthema, das Subjekt und seine Rolle im historischen Prozess, fügte sich in diesen gesellschaftlichen Wandel passgenau ein. Die Wettbewerbsmacher forderten, die „handelnden Personen nicht länger als Objekte historischer Untersuchung zu betrachten, sondern als Subjekte selbst zum Sprechen zu bringen".[31] Weniger abstrakte Strukturen, eher schon konkrete Sozialverhältnisse, vor allem aber die Stellung des Menschen zu den historischen Verhältnissen, in denen er lebte, interessierte die Schüler und Schülerinnen am meisten – über dieses Thema erhielten sie oftmals den leichtesten Zugang zur Geschichte. Wenn Max Weber seit Mitte der 80er Jahre als Kulturwissenschaftler entdeckt wurde, dann war dies Teil einer allgemeineren Rückbesinnung auf das Subjekt, die in der Projektarbeit des Schülerwettbewerbs längst Praxis war. Dabei ging es nicht um eine Wiederauferstehung der großen Persönlichkeit, sondern um die Geschichtsmächtigkeit des subjektiven Faktors schlechthin – insbesondere aber um die bislang zumeist ausgeblendeten „kleinen Leute". Nach Webers bekannter Definition ist unter „Kultur" ein „mit Sinn [...] bedachter [...] Ausschnitt aus der sinnlosen Unendlichkeit des Weltgeschehens" zu verstehen. Und es sei die Aufgabe der „Kulturwissenschaften", „die Lebenserscheinungen in ihrer Kultur*bedeutung* zu erkennen" – also die Frage zu stellen, welchen „Sinn" die Menschen ihren Ideen, Handlungen und Werken unterlegt haben.[32] Damit sind die subjektiven Sinnhaftigkeiten, mit denen menschliches Handeln begründet wird, *Gegenstand* wissenschaftlicher Betrachtung. Weber betont die subjektive Seite der Weltgestal-

---

[30] Reinhard RÜRUP: Der Beitrag des Schülerwettbewerbs zur Entfaltung und Bewährung des Forschungsansatzes „Sozialgeschichte des Alltags". In: Jörg CALLIES (Hg.): Geschichte, wie sie nicht im Schulbuch steht. Der Schülerwettbewerb Deutsche Geschichte um den Preis des Bundespräsidenten, S. 101-109, hier S. 104.

[31] Dieter GALINSKI/Ursula-Maria LACHAUER (Hg.): Feierabend und Freizeit im Wandel. Sozialgeschichte des Alltags, Braunschweig 1981 (Jahrbuch zum Schülerwettbewerb Deutsche Geschichte um den Preis des Bundespräsidenten), S. 261.

[32] Max WEBER: Die „Objektivität" sozialwissenschaftlicher und sozialpolitischer Erkenntnis. In: Johannes WINCKELMANN (Hg.): Max Weber. Gesammelte Aufsätze zur Wissenschaftslehre, Tübingen [7]1988, S. 146-214, hier S. 175 und 180.

tung, und dies bedeutet, dass auch die Objektivationen, die ein derart sinngeladenes soziales Handeln hervorbringt, eben nicht à priori vorhanden, sondern durch die Subjekte geschaffen worden sind.

Die Erosion des Verlässlichen in der „Postmoderne" stellt nicht nur einen Gewinn dar, sondern auch einen Verlust, der Trend zur Individualisierung bedeutet nicht nur mehr Freiheit, sondern auch erhöhten Kreativitätsdruck. Die Debatte über Projektarbeit ist ein Reflex auf diese grundlegenden gesellschaftlichen Trends: Das Projekt erscheint als eine Arbeitsform, die den sozialen Mechanismen von „Risikogesellschaften" am ehesten entspricht, weil sie das Subjekt, seine Selbsttätigkeit und Kreativität in den Mittelpunkt stellt und uneinheitliche, multiperspektivische Geschichtsbilder hervorbringt. Auf der anderen Seite aber können derartig fragmentierte Geschichtsbilder erst einigermaßen valide werden, wenn sie eingebunden sind in einen Orientierungsrahmen von historischen Kenntnissen und Fertigkeiten. Auch dies ist dem Stand der Gesellschaft angemessen, denn sie mag „postmoderne" Züge tragen, aber ihre Bewegungsmechanismen sind nicht beliebig. Schon an der Wende zum 20. Jahrhundert hatte Max Weber im „Glaube[n] an den Wert wissenschaftlicher Wahrheit" das Element gesehen, das in der chaotisch anmutenden Welt der Jahrhundertwende Orientierungssicherheit vermitteln könnte. Einen wissenschaftlich abgesicherten Orientierungsrahmen muss der Geschichtsunterricht zur Verfügung stellen: ein chronologisches Raster, Wissen über Herrschaftsformen und Linien der Kulturentwicklung, analytische Begriffe, Methoden der Recherche und Quellenkritik. Er muss den einigermaßen tragfähigen Rahmen liefern, der Experimente ermöglicht. Auf der anderen Seite jedoch ist das Projekt nicht einseitig vom Geschichtsunterricht abhängig. Die Durchführung eines Projekts kann den Geschichtsunterricht beträchtlich beeinflussen. Mit welchem Abschnitt der Geschichte man sich besonders intensiv beschäftigt, welche speziellen Probleme besonders stark diskutiert werden, eine Methodendiskussion – hier kann das Projekt, wie viele Wettbewerbsbeiträge gezeigt haben, auf den Unterricht einwirken. Vor allem aber wächst durch ein Projekt oftmals das allgemeine Interesse an historischen Vorgängen und Problemstellungen. Insofern handelt es sich im Idealfall weniger um eine einseitige Abhängigkeit, sondern um eine fruchtbare Wechselbeziehung.

Ein erfolgreiches Forschungsprojekt löst bei den Teilnehmerinnen und Teilnehmern beträchtliche Motivationsschübe aus. Doch für ein Projekt gibt es keine Erfolgsgarantie – sein Vorteil besteht ja gerade darin, nicht vorgefertigte Produkte samt einer richtigen Lösung vorgesetzt zu bekommen, sondern sich überhaupt erst Zusammenhänge zu erarbeiten, die aus vielfältigen Versatzstücken konstruiert werden müssen. Darin besteht der „Ernstcharakter" des Projekts – seine besondere Attraktion, aber auch seine Problematik. Das erfordert bei vielen Schülerinnen und Schülern besondere Anleitung durch Tutoren, wobei das Kunststück zu vollbringen ist, Eigenaktivität nicht zu ersticken, sondern lebendig zu halten.

Ein Verzicht auf die Risiken des Projekts hilft hier nicht weiter, aber auch nicht überspannte Erwartungen. Eine mittlere Erwartungsebene auszuloten, dürfte am fruchtbarsten sein: Forschungsprojekte mit Jugendlichen machen eine Menge Arbeit, sie fördern nicht unbedingt alle, aber viele, und sie können im begrenzten, manchmal auch im beträchtlichen Umfang zur historischen Bewusstseinsbildung beitragen – sie leisten nicht mehr, aber auch nicht weniger.

Vom Nutzen einer pädagogischen Lernform

Das Projektlernen in den Lehrplänen für die gymnasiale Oberstufe

Von ERHARD DORN

In den ersten Ankündigungen meines Beitrags war der Zusatz zu lesen „aus der Sicht der Politik". Ich bin ganz froh, dass dieser jetzt entfallen ist. Nicht dass ich mich scheue, auch für die bildungspolitischen Setzungen meines Hauses, des Ministeriums für Bildung, Wissenschaft Forschung und Kultur des Landes Schleswig-Holstein, einzustehen. Ich lege aber doch Wert darauf, ein Konzept vorzustellen, das seine Legitimation in erster Linie aus einem didaktischen Zusammenhang bezieht und nicht aus politischen Setzungen, das als didaktisches Konzept aber offensichtlich so überzeugend ist, dass es sich auch inzwischen in politischen Setzungen niederschlagen konnte.

In meinen Darlegungen möchte ich mich auf eine Schulstufe beschränken, nämlich die gymnasiale Oberstufe. Selbstverständlich wäre unter diesem Aspekt auch manches über die anderen Schulstufen und -arten zu sagen. Für die Darstellung der Oberstufenkonzeption spricht aber einfach die Aktualität: Die Lehrpläne für die gymnasiale Oberstufe sind gerade in den letzten vier Jahren neu entwickelt worden und treten zum 1. August 2002 in Kraft, spiegeln also den letzten Stand der curricularen Überlegungen und Entscheidungen in diesem Problemfeld wider.

In einer Zeit, in der Bildungspolitik mit der Schieflage von Türmen in oberitalienischen Städten in Verbindung gebracht wird, also mit unsicheren Fundamenten und morastigen Untergründen, ist es besonders angeraten, auf die Verlässlichkeit und Belastbarkeit von pädagogischen Konzepten zu achten. Das gilt sicherlich insbesondere für Begriffe und Zusammenhänge wie das Projektlernen, die ohnehin in Gefahr sind, zum modischen Accessoire oder auch zum „Heilsbringer" zu verkommen, der Effektivität und Erfolg ebenso verheißt wie Modernität und Zukunftsbewältigung.

Die Entscheidung, das Projektlernen in den schleswig-holsteinischen Lehrplänen abzusichern und ausdrücklich zu propagieren, ist keine Verneigung vor dem Zeitgeist, sondern eine notwendige Konsequenz aus einem didaktischen Gesamtkonzept. Das bedeutet nun allerdings, dass dieses Gesamtkonzept der schleswig-holsteinischen Lehrpläne vorgestellt werden muss, um aus ihm Bedeutung und Funktion des Projektlernens ableiten zu können.

Das Konzept des Lernens, das wir den Lehrplänen zugrunde gelegt haben, ist der Versuch, die einzelnen Reformelemente auf den Lernbegriff hin zu zentrieren und alle curricularen Einzelentscheidungen aus diesem Zentrum heraus zu begründen.

1. Das Konzept des Lernens: Learning – the treasure within

Unser Konzept des Lernens berücksichtigt die Reformansätze der KMK-Vereinbarungen ebenso wie die aus der psychologischen Lehr- und Lernforschung kommenden Anstöße zu einem neuen Verständnis der Lernprozesse, aber auch die Ergebnisse der empirischen Bildungsforschung (TIMSS, PISA und andere).

Das Konzept des Lernens nimmt Bezug auf den schnellen gesellschaftlichen Wandel, der in seiner Unbestimmtheit und Offenheit veränderte Lern- und Bildungsstrategien erfordert. Im Hinblick auf diese gesellschaftlichen Entwicklungen und Erwartungen haben wir in den Grundlagenteil für die gymnasiale Oberstufe den programmatischen Satz aufgenommen: „Mit der Vermittlung von Lernkompetenz will die Schule die Voraussetzung für ein erfolgreiches Weiterlernen schaffen und die Schülerinnen und Schüler befähigen, sich ein Leben lang und in allen Lebenszusammenhängen lernend zu verhalten."

Das mag sich für manchen wie die Androhung von „lebenslänglicher" Schule anhören. Gemeint ist etwas ganz anderes. Mit dem Schlagwort „lifelong learning" ist vielmehr gemeint, dass der Schule als entscheidende Leistung immer mehr abverlangt werden wird, die Anschlussfähigkeit für nachfolgendes Lernen zu vermitteln. „Lifelong learning" ist also besser zu übersetzen als „lebensbegleitendes Lernen".

2. Die leitenden Perspektiven des Lernens: Kompetenzorientierung und Inhaltsorientierung

Im „Konzept des Lernens" wird das schulische Lernen unter zwei leitenden Perspektiven entfaltet: Zum einen wird Lernen – in formaler Hinsicht – verstanden als Erwerb von Kompetenzen, zum anderen – in inhaltlicher Hinsicht – als Auseinandersetzung mit Kernproblemen. Auf der einen Seite richtet sich das Lernen auf das Können, auf der anderen Seite auf das Wissen. Die eine Seite könnte man – traditionell gesprochen – der formalen Bildung zuordnen, die andere Seite der materialen Bildung. Auf keine der beiden Seiten kann verzichtet, keine darf auf Kosten der anderen eingeschränkt werden.

Unterscheiden lässt sich also einerseits das Lernen als Erwerb von Kompetenzen und andererseits das Lernen in inhaltlichen Zusammenhängen. Zugleich aber muss der Zusammenhang zwischen Kompetenzorientierung und Inhaltsorientierung betont werden, die beiden Seiten müssen zusammen gesehen werden, sie sind didaktisch aufeinander zu beziehen. Denn Kompetenzen werden nicht im inhaltsleeren Raum, sondern in der Auseinandersetzung mit Inhalten und Themen erworben.

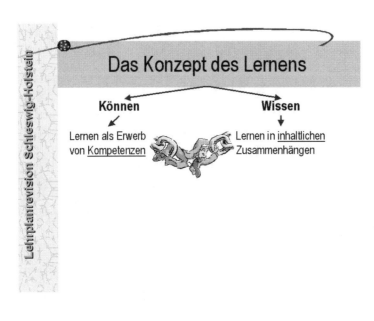

2.1 Lernen als Erwerb von Kompetenzen

2.1.1 Der Perspektivenwechsel: Von der Lernzielorientierung zur Kompetenzorientierung

Die KMK-Expertenkommission, die 1995 Prinzipien zur Weiterentwicklung der gymnasialen Oberstufe vorgelegt hat, sieht in der Konzentration auf Fragen des Kompetenzerwerbs, und damit auf den Prozess des Lernens, einen „entscheidenden Perspektivenwechsel". Sie stellt fest: „Es geht darum, den auf Lernergebnisse hin orientierten Lernbegriff (im Sinne einer Reproduktion von Wissen) durch eine stärkere Betonung des Lernprozesses und der Aneignung von Lernkompetenz, also der selbstreflexiven Komponente, zu erweitern."[1] Die Kompetenzorientierung bringt also einen Perspektivenwechsel mit sich: vom zu sehr auf Lernergebnisse bezogenen Lernen hin zu einem auch den Lernprozess betonenden Lernen.

2.1.2 Die vier Aspekte der Lernkompetenz

In den Lehrplänen – in der Sekundarstufe I wie in der Sekundarstufe II – unterscheiden wir vier Aspekte einer als Ganzes zu vermittelnden Lernkompetenz: die Sach-, die Methoden-, die Selbst- und die Sozialkompetenz (vgl. die Graphik auf der folgenden Seite).

2.1.3 Die Bedeutung der Selbst- und Sozialkompetenz

Die Bedeutung der Selbst- und Sozialkompetenz für erfolgreiche Lernprozesse und für die Weiterentwicklung der Schule wird inzwischen von den verschiedensten Seiten hervorgehoben.
Der entscheidende Vorteil dieser neuen Betrachtungsweise scheint mir zu sein, dass der Erwerb der mit Selbst- und Sozialkompetenz gemeinten Fähigkeiten in das fachliche Lernen integriert wird. Selbst- und Sozialkompetenz sind Teilaspekte einer als Ganzes und in allen Fächern zu vermittelnden Lernkompetenz.

---

[1] Sekretariat der Ständigen Konferenz der Kultusminister in der Bundesrepublik (Hg.): Weiterentwicklung der Prinzipien der gymnasialen Oberstufe und des Abiturs. Abschlussbericht der von der Kultusministerkonferenz eingesetzten Expertenkommission, Bonn 1995, S. 84.

Lehrpläne für die gymnasiale Oberstufe 57

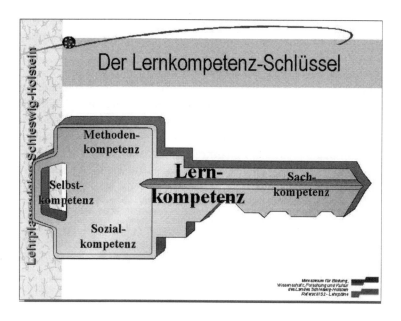

2.2 Lernen in inhaltlichen Zusammenhängen

Ich komme zur anderen, mehr inhaltlich bestimmten Seite schulischen Lernens.

Die Inhalte schulischen Lernens werden im Wesentlichen durch die Schulfächer definiert. „Die Schulfächer sind und bleiben die wichtigste Form, die Vielfalt des (in der Schule) Möglichen lehr- und lernbar aufzuarbeiten" – dies ist eine der wichtigsten Grundsätze aus der Dokumentation zur schleswig-holsteinischen Lehrplanrevision von 1992.[2]

Aus der Diskussion um die Leistungsfähigkeit des fachlichen Lernens will ich drei Punkte hervorheben, die für unsere Bemühungen um ein neues Verständnis fachlichen Lernens leitend sind:

---

[2] Die Ministerin für Bildung, Wissenschaft, Kultur und Sport des Landes Schleswig-Holstein (Hg.): Lehrplanrevision in Schleswig-Holstein. Dokumentation, Kiel 1992, S. 22.

1. Das Schulfach ist durch eine eigene sachliche und zeitliche Systematik definiert, ist also in besonderer Weise dazu geeignet, systematisches Wissen zu vermitteln.
2. Neben das systematische Lernen muss das situationsbezogene Lernen im praktischen Umgang mit lebensweltlichen Problemen treten. Die Lehrpläne legen darum auch das themenorientierte Lernen als verbindlich fest. Die Balance zwischen systematischem und situationsbezogenem Lernen zu finden, ist konstitutiv für die Schule.
3. Der in den Schulfächern anzustrebende Wissensaufbau zielt nicht auf vereinzelte und mechanisch erworbene Kenntnisse, sondern auf ein intelligent geordnetes, in sich vernetztes, in verschiedenen Situationen erprobtes und flexibel anwendbares Wissen.[3]

Vernetztes Wissen ist intelligentes Wissen, das heißt lebendiges, nicht träges Wissen. Auch in inhaltlicher Hinsicht ist also von einem notwendigen Perspektivenwechsel zu reden: vom fachlich begrenzten zum fächerübergreifenden Lernen.

Es geht um den Wechsel von einem eng geführten fachlichen Lernen, das den Erwerb isolierten/segmentierten Fachwissens zu sehr betont, hin zu einem erweiterten fachlichen Lernen, das den Erwerb vernetzten, flexibel anwendbaren Wissens intendiert. Der Perspektivenwechsel meint also einen Wechsel vom fachlich begrenzten zum fächerübergreifenden Lernen, oder etwas schlagwortartiger: vom borniertem, weil isolierten Wissen, hin zu intelligentem, weil vernetzten Wissen (vgl. die Graphik auf der folgenden Seite).

3. Folgerungen für die Lernorganisation

3.1 Das Projektlernen als komplexes Lehr-Lern-Arrangement

Der beschriebene Perspektivenwechsel – sowohl auf formaler als auch auf inhaltlicher Ebene – rückt die Probleme der Lernorganisation ins Zentrum der Überlegungen. Der Perspektivenwechsel kann nur gelingen, wenn Lernformen, Arbeits- und Sozialformen des Unterrichts weiterentwickelt und praktiziert werden, die den Erwerb von Lernkompetenz und von flexibel

---

[3] Vgl. dazu z.B. die Expertise „Steigerung der Effizienz des mathematisch-naturwissenschaftlichen Unterrichts", verfasst für die BLK-Projektgruppe „Innovation im Bildungswesen", hg. v. Bundesministerium für Bildung, Wissenschaft, Forschung und Technologie, Bonn 1997, S. 13.

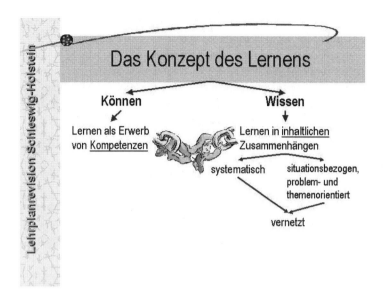

anwendbarem, vernetztem Wissen fördern und sicherstellen können. Die Vermittlung komplexer Ziel- und Inhaltsstrukturen erfordert eine entsprechende methodische und mediale Gestaltung der Lehr-Lern-Prozesse. In der neueren didaktischen und fachdidaktischen Literatur wird daher der Einsatz komplexer Lehr-Lern-Arrangements nahegelegt. Dieser Empfehlung, der sich auch die KMK-Expertenkommission (1995) angeschlossen hat, sind wir in der Lehrplanrevision für die gymnasiale Oberstufe gefolgt.

Komplexe Lehr-Lern-Arrangements sind vor allem im Umkreis der gymnasialen Wirtschaftsfächer entwickelt und systematisch erprobt worden. Besonders an den Fachgymnasien haben sie in Form von Planspielen, Fallstudien, arbeitsanalogen Lernaufgaben, Verwaltungssimulationen oder Übungsfirmen schon seit Jahren eine gewisse Bedeutung erlangt. In der Lehrplanrevision für die gymnasiale Oberstufe geht es uns darum, dieses Lernen in komplexen Situationen aus der Rolle einer nur punktuellen und mehr oder weniger beliebigen Ergänzung herauszuführen und als einen unverzichtbaren Baustein in ein curriculares Gesamtkonzept einzufügen. Weil das Projektlernen ein solches Lehr-Lern-Arrangement ist, in dessen Mittelpunkt die tätige Auseinandersetzung mit und die konkrete Lösung von komplexen Problemen steht, haben wir ihm in den Lehrplänen für die gymnasiale Oberstufe einen besonderen Stellenwert eingeräumt.

Um einem Missverständnis gleich an dieser Stelle vorzubeugen: Es geht uns dabei um eine notwendige Ergänzung des Bildungsprogramms der gymnasialen Oberstufe, es geht nicht darum, andere notwendige Lernformen, wie den Lehrgang, den Lehrervortrag oder das entwickelnde Unterrichtsgespräch, die auch eine wichtige Voraussetzung für erfolgreiches Problemlösen darstellen können, durch das Lernen in Projekten zu ersetzen.

3.2 Chancen des Projektlernens

Worin liegen nun die besonderen Chancen eines so verstandenen und so eingeordneten Projektlernens? Das Projektlernen bietet eine zweifache Chance, die sich aus dem beschriebenen Perspektivenwechsel auf formaler wie auch auf inhaltlicher Ebene ergibt:

- Verknüpfung von fachlichem und fächerübergreifendem Lernen,
- Vorbereitung auf wissenschaftliche und berufliche Arbeitsformen.

3.2.1 Verknüpfung von fachlichem und fächerübergreifendem Lernen

„Der Bezug auf andere Fächer gehört zum wissenschaftlichen und didaktischen Selbstverständnis eines jeden Faches sowie zu seinem pädagogischen Auftrag" – dieser Grundsatz ist im Grundlagenteil für die Lehrpläne der gymnasialen Oberstufe verankert. Die Themen und Inhalte des Projektlernens entwickeln sich daher zum einen systematisch aus dem Fach heraus und zum anderen aus fächerübergreifenden Problemstellungen. Projektlernen ist darum – wie der fächerübergreifende Unterricht insgesamt – „innerhalb der Fächer und in eigenen Lernaktivitäten unentbehrlich, wenn [...] die notwendige Reflexion wissenschaftlicher Denkweisen und die Rolle der Wissenschaften im Alltag bewusst gemacht werden sollen".[4]

Damit bietet das Projektlernen die Chance, gut organisiertes, zugleich praktisch erprobtes, das heißt vernetztes Wissen zu erwerben. Im Sinne eines Transfer-Lernens eröffnet das Projektlernen variierende handlungsorientierte Übungs- und Anwendungsmöglichkeiten für das in einem spezifi-

---

[4] KMK-Expertenkommission (wie Anm. 1), S. 16.

Lehrpläne für die gymnasiale Oberstufe 61

schen Kontext erworbene Wissen, gerade auch in interdisziplinären Zusammenhängen.

3.2.2 Vorbereitung auf wissenschaftliche und berufliche Arbeitsformen

Im Sinne der Vorbereitung auf wissenschaftliche und berufliche Arbeitsformen kann das Projektlernen einen besonderen Beitrag zur Studier- und Berufsfähigkeit leisten, auf die der Erwerb von Lernkompetenz in der gymnasialen Oberstufe abzielt.

Ich greife hier noch einmal zum Lernkompetenzschlüssel, durch den die Räume verantwortlichen Handelns sowohl im Studium als auch im Beruf zum Weiterlernen geöffnet werden.

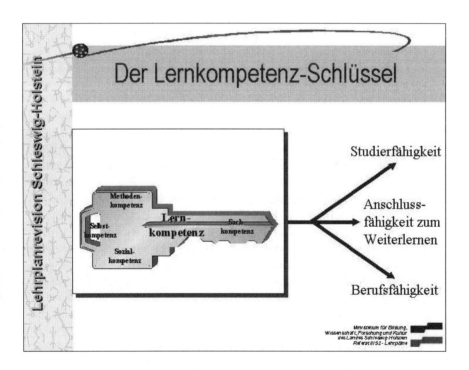

Mit der Betonung der Lernprozesse und der Aneignung von Lernkompetenz bietet das Projektlernen die Chance,

– die Selbststeuerung und Selbstorganisation des Lernens ebenso wie das Lernen in Gruppen zu fördern und
– den multiperspektivischen und multidimensionalen Zugriff auf Probleme zu sichern.

Projektlernen so verstanden ist eine Lernform, die in besonderer Weise an den Qualifikationsanforderungen orientiert ist, die sich aus den gegenwärtigen oder absehbaren Strukturwandlungen in Wirtschaft und Gesellschaft ergeben. Auf diese Weise leistet sie einen besonderen Beitrag zur Berufsorientierung, die als unverzichtbares Element in den Erziehungs- und Bildungsauftrag der gymnasialen Oberstufe integriert ist.

3.3 Die curriculare Absicherung des Projektlernens

Die Verankerung des Projektlernens in den Lehrplänen für die gymnasiale Oberstufe geht davon aus, dass die Schülerinnen und Schüler schon in der Sekundarstufe I Erfahrungen mit dieser Lernform gemacht haben und dass auch in vielen gymnasialen Oberstufen schon seit Jahren viel didaktische Phantasie und Innovationsbereitschaft in die Einübung dieser Lernformen investiert worden sind.

So sind im Methodikunterricht (eingeführt 1996) im 11. Jahrgang oft auch Elemente des Projektlernens praktiziert worden, und die seit 1996 verpflichtenden Projektkurse im 13. Jahrgang tragen ihren Namen tatsächlich zurecht, wie unterschiedlich ihre Durchführung auch im Einzelnen aussehen mag. Erwähnt werden müssten in dem Zusammenhang auch die vielen Bemühungen der Schulen um Projektwochen und Projekttage, um Fachtage mit Projektcharakter und ähnliche Veranstaltungen, denen ihre guten Intentionen gewiss nicht abzusprechen sind. Das Problem aller dieser Bemühungen um das Projektlernen liegt aber zweifellos darin, dass sie relativ unverbunden und zufällig im schulischen Leben platziert sind und dass sie als punktuelle Veranstaltungen mit relativer Unverbindlichkeit im Gesamtangebot der Schule sich zu verlieren drohen, pädagogisch unwirksam zu versickern scheinen.

Um in dieser Situation einen weiteren Schritt zur notwendigen Konsolidierung und Verstetigung dieser vielfältigen Ansätze zu machen, haben wir dem Projektlernen in den Lehrplänen für die gymnasiale Oberstufe einen besonderen Stellenwert eingeräumt. Es gibt also in den Grundlagen der Lehrpläne ein besonderes Kapitel mit Aussagen zu dieser Lernform, und alle

Fächer weisen in einem gesonderten Kapitel ihre spezifischen Beiträge zum Projektlernen aus.
Ziel dieser curricularen Bemühungen ist es,

- das, was bisher relativ unverbunden nebeneinander steht, in einen curricularen Zusammenhang, eine Sequenz des Lernens, einzuordnen,
- das, was bisher mehr oder weniger zufällig der Schülerin/dem Schüler begegnete, systematischer zu betreiben,
- das, was bisher punktuell sich im Schulleben ereignete, einem kumulativen Kompetenzaufbau zuzuführen,
- das, was bisher relativ unverbindlich geschah, mit einer stärkeren Verbindlichkeit zu versehen.

Um diese Ziele zu erreichen, soll sich das Projektlernen künftig wie ein roter Faden durch die Arbeit der Oberstufe hindurchziehen.

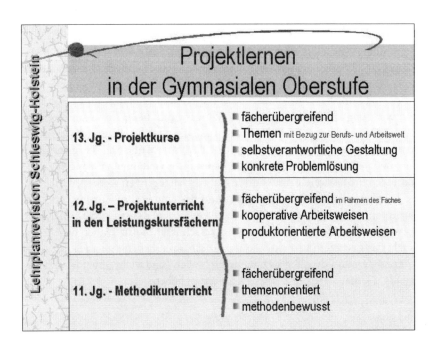

Das Projektlernen wird in der gymnasialen Oberstufe schrittweise erweitert und ausgestaltet, mit steigenden Anforderungen an selbstständiges und methodenbewusstes Arbeiten verbindlich gemacht:
Der Methodikunterricht ist der erste Schritt des Projektlernens in der gymnasialen Oberstufe. Dieser Weg wird in den Leistungskursen des 12. Jahrgangs mit der Durchführung eines Projekts fortgesetzt und schließlich in den Projektkursen des 13. Jahrgangs abgeschlossen.

Die kurzen Charakterisierungen der einzelnen Schritte auf der Grafik mögen andeuten, wie sich der kumulative Kompetenzaufbau im Einzelnen vollziehen soll. Das Element, das wir neu in die Arbeit der gymnasialen Oberstufe eingefügt haben, ist also die Verpflichtung, im Verlauf des 12. Jahrgangs in jedem Leistungskursfach ein Unterrichtsthema als Projekt zu erarbeiten – mit dem ausdrücklichen Hinweis, dass Leistungen, die im Zusammenhang des Projektlernens erbracht werden, im Beurteilungsbereich sowohl der Unterrichtsbeiträge als auch der Klausuren entsprechend zu berücksichtigen sind.

Das mag sich bescheiden ausnehmen, für manchen auch zu zurückhaltend sein. Diese Zurückhaltung in der Formulierung der Verbindlichkeit hängt damit zusammen, dass wir die Entwicklung dieser Lernform tatsächlich für eine „Entwicklungsaufgabe" halten, und zwar für eine „professionelle Entwicklungsaufgabe", wie es die KMK-Expertenkommission formuliert hat.[5] Entwicklung aber heißt, dass wir im Umgang mit dieser Lernform noch am Anfang eines Weges stehen, und da ist es ratsam, solche Entwicklungen offen zu halten und sie nicht vorschnell durch zu frühe Standardisierungen einzuengen, zu reglementieren und damit ihrer vielfältigen Chancen zu berauben. „Professionell" muss diese Aufgabe angegangen werden, damit diese Lernform in ihrer Ernsthaftigkeit und Bedeutung ihre Chancen wirklich wahrnehmen kann, und das heißt dann eben auch, dass sie nicht banalisiert, gewissermaßen im Unterrichtsalltag verschlissen wird. Daher unser Versuch, das Lernen in Projekten systematisch aufzubauen und an einigen klar umrissenen und deutlich bezeichneten Stellen (und nicht „überall und nirgends") konzentriert und intensiv zu ermöglichen.

---

[5] Ebd., S. 118, 166.

4. Ausblick

In diesem Sinne haben wir auch in der Prüfungsordnung für das Lehramt als Zulassungsvoraussetzung für die Erste Staatsprüfung die Teilnahme an einem Projekt verpflichtend gemacht. Damit ist der Weg zur Weiterentwicklung dieser Lernform freigegeben und beschritten, die pädagogische Option festgeschrieben. Die weitere Entwicklung muss zeigen, welche weiteren Wegmarken und welche Zielpräzisierungen in den Entwicklungsprozess eingegeben werden müssen.

Projekte im Geschichtsunterricht
Lernchancen angesichts aktueller Herausforderungen?

Von Dietmar von Reeken

Projektunterricht – ungeachtet der zum Teil in der Wissenschaft höchst unterschiedlichen Begrifflichkeiten[1] – gehört nicht zu den fachspezifischen Unterrichtsformen oder Unterrichtsmethoden des Geschichtsunterrichts. Dies festzustellen ist banal, aber dennoch von Bedeutung, verweist es doch auf ein grundsätzliches didaktisches Problem: Projektunterricht und Fachunterricht stellen nämlich zutiefst unterschiedliche Lernkulturen dar,[2] sie sind eigentlich sogar (scheinbar?) kaum vereinbare Gegensätze. Der Projektunterricht ist praktisch gerade aus der Kritik an einem verfachlichten Unterricht in der Schule heraus konzipiert worden. Inwiefern also kann ein Nachdenken über Projekte aus Sicht des Geschichtsunterrichts bzw. der Geschichtsdidaktik überhaupt lohnend oder sinnvoll sein? Meine These ist: Das Projektlernen ist eine sinnvolle pädagogisch-didaktische Antwort auf zahlreiche Herausforderungen, die auch für den Geschichtsunterricht von Bedeutung sind.

Herausforderungen für die Schule

Um die Relevanz des Projektlernens beurteilen zu können, müssen wir zunächst den Blick auf den gesellschaftlichen und pädagogischen Rahmen des Geschichtsunterrichts richten:

1. Gesellschaftlich befinden wir uns in einer fundamentalen Umbruchsituation. Dies kann hier nicht näher entfaltet werden; ich begnüge mich mit

---

[1] Johannes Bastian u.a. (Hg.): Theorie des Projektunterrichts, Hamburg 1997; Hans Jürgen Apel/Michael Knoll: Aus Projekten lernen. Grundlegung und Anregungen, München 2001.

[2] Gerd Heursen: Projektunterricht und Fachdidaktik. In: Johannes Bastian u.a. (Hg.): Theorie des Projektunterrichts, Hamburg 1997, S. 199-212.

einigen Schlagworten der letzten Jahre: Risikogesellschaft (Beck), Erlebnisgesellschaft (Schulze), Informations- oder Wissensgesellschaft, Globalisierung usw. Diese tiefgreifenden gesellschaftlichen Umbrüche müssen – und hierüber wird in den letzten Jahren auch viel und kontrovers diskutiert – auch Auswirkungen auf Bildungsprozesse und damit auf die Organisation, die Zielsetzungen, die Inhalte und Methoden von Schule und Unterricht haben.[3]

2. Als Resultat dieser und anderer gesellschaftlicher Veränderungsprozesse haben sich auch die Lebenswelten der Kinder und Jugendlichen und damit sie selbst – ihre Erfahrungen, ihr Denken, Fühlen und Handeln, ihre Bedürfnisse und Interessen, ihre Fähigkeiten – nachhaltig gegenüber früheren Jahrzehnten verändert. Die Forschung spricht hier mit einem Schlagwort von der „veränderten Kindheit" – weniger von der „veränderten Jugend", obwohl diese Veränderungsprozesse natürlich ebenso für sie gelten –, wobei sich die Richtung, die Qualität, die Quantität und die Nachhaltigkeit der Veränderungsprozesse allerdings deutlich unterscheiden und hierbei auch besonders soziale Differenzen zu beachten sind.[4] Auch hier ist klar, dass diese Veränderungsprozesse Auswirkungen auf Schule und Unterricht haben müssen, wobei die Richtung dieser Auswirkungen (z.B. die Frage nach der Notwendigkeit „offener" Unterrichtsformen) in Erziehungswissenschaften und Fachdidaktiken durchaus umstritten sind.

3. Neuere Erkenntnisse der Neurobiologie, der Denk-, Entwicklungs-, Handlungs- und Lernforschung bis hin zum „Siegeszug" des Konstruktivismus haben das Wissen über die Bedingungen und Mechanismen des Lernens ebenfalls verändert.[5] Viele Wissenschaftler gehen heute davon aus, „dass Lernen generell ein aktiv-konstruktiver, selbst gesteuerter, situativer

---

[3] Vgl. Heinz MANDL: Auf dem Weg zu einer neuen Kultur des Lehrens und Lernens. In: Politische Studien 52 (2001), S. 35-45.

[4] Vgl. zur „veränderten Kindheit" etwa Maria FÖLLING-ALBERS: Veränderte Kindheit – revisited. Konzepte und Ergebnisse sozialwissenschaftlicher Kindheitsforschung der vergangenen 20 Jahre: In: Maria FÖLLING-ALBERS u.a. (Hg.): Jahrbuch Grundschule III. Fragen der Praxis – Befunde der Forschung, Seelze 2001, S. 10-51.

[5] Vgl. Annette SCHEUNPFLUG: Biologische Grundlagen des Lernens, Berlin 2001; Dieter WOLFF: Lernen lernen. Wege zur Autonomie des Schülers. In: Meinert A. MEYER u.a. (Hg.): Lernmethoden Lehrmethoden. Wege zur Selbständigkeit, Seelze 1997, S. 106-108; Franz E. WEINERT: Notwendige Methodenvielfalt. Unterschiedliche Lernfähigkeiten erfordern variable Unterrichtsmethoden. In: MEYER u.a. (Hg.), Lernmethoden Lehrmethoden, S. 50-52.

und sozialer Prozess ist".[6] Auch diese neuen Erkenntnisse verlangen nach durchgreifenden Konsequenzen für die Gestaltung von Lernprozessen in der Schule (z.B. den Vorrang problemorientierter Unterrichtsformen, die Arbeit mit authentischen Materialien und Problemstellungen, die Notwendigkeit des Methodenlernens, die verstärkte Bedeutung von Kommunikationsprozessen usw.).

Fachspezifische Herausforderungen

All diese Veränderungsprozesse und neuen Erkenntnisse müssen auch Konsequenzen für die Gestaltung des Geschichtsunterrichts haben. Hinzu kommt, dass dieser es zusätzlich auch noch mit fachspezifischen Problemen zu tun hat. Auch hier seien nur einige schlagwortartig genannt:

1. Wie wir aus den empirischen Studien der letzten Jahre zum Geschichtsbewusstsein von Jugendlichen wissen, erreicht der Geschichtsunterricht häufig gerade das nicht, was er eigentlich anstrebt: nachhaltiges Wissen auf der Grundlage der Wahrnehmung von Andersartigkeit historischer Verhältnisse, Lebens- und Denkweisen.[7] Dies und seine nicht gerade große Beliebtheit bei Schülerinnen und Schülern (zumindest jenseits des Grundschulalters – davor sieht es anders aus!) hängt wohl ursächlich mit Inhalten und Methoden des „gängigen" Geschichtsunterrichts, der vielfach „träges Wissen" erzeugt, zusammen.[8]

2. Der Geschichtsunterricht erfreut sich nicht gerade anhaltender Beliebtheit in Kultusbürokratien und steht ständig in der Gefahr, Anteile an den Stundentafeln der Schulen zu verlieren. Dies wird sicher durch die unverkennbar zunehmende gesellschaftliche Marginalisierung der Geistes- und Sozialwissenschaften zugunsten von „Life Sciences", Informatik, Ingenieurwissenschaften usw. noch zusätzlich befördert; ketzerisch gefragt: Wozu werden pro Schuljahr 60 bis 70 Stunden Geschichtsunterricht gebraucht, wenn die deutsche Wirtschaft technisch-wissenschaftlich gebildete Fachkräfte sucht und neuere Studien wie TIMSS und PISA gerade Defizi-

---

[6] MANDL, Kultur (wie Anm. 3), S. 40f.

[7] Vgl. etwa Bodo VON BORRIES: Das Geschichtsbewusstsein Jugendlicher. Erste repräsentative Untersuchung über Vergangenheitsdeutungen, Gegenwartswahrnehmungen und Zukunftserwartungen in Ost- und Westdeutschland, Weinheim/München 1995.

[8] Vgl. dazu auch Klaus Bergmann in diesem Band.

te im Bereich der naturwissenschaftlichen Kenntnisse und Fähigkeiten aufzeigen?

3. Der Geschichtsunterricht hat es mit einem grundsätzlichen curricularen Problem zu tun: Auf der einen Seite steht wenig und vielleicht sogar noch weniger Unterrichtszeit zur Verfügung, auf der anderen Seite verlangen z. B. die Verlängerung der Zeitgeschichte mit wichtigen neuen Themen (z. B. deutsche Vereinigung, europäischer Einigungsprozess, neue globale Herausforderungen usw.) und die Entdeckung neuer Zugänge zur Geschichte (Umwelt-, Geschlechter-, Alltags-, Mentalitätsgeschichte usw.) eigentlich immer mehr Zeit zur Bearbeitung. Neuere geschichtsdidaktische Konzepte fordern daher unter anderem eine stärkere Betonung des Prinzips der Exemplarität im Geschichtsunterricht, teilweise auch die Aufgabe des traditionellen chronologischen „Durchgangs" durch die Geschichte in der Sekundarstufe I, eine stärkere Problem- und Gegenwartsorientierung und eine deutlichere Akzentuierung im Bereich des Methodenlernens.[9]

Das Projekt als Ei des Kolumbus?

Für viele Pädagogen gilt der Projektunterricht zumindest für die drei erstgenannten, nicht-fachspezifischen Aspekte als ein wichtiger Lösungsweg. Dies begründet sich vor allem aus der Entstehungsgeschichte des Projektgedankens: Er war – zumindest in seiner amerikanischen Variante und deren deutscher Rezeption – eine pädagogische Antwort auf die grundlegende Umbruchs- und Modernisierungskrise der Gesellschaft an der Wende vom 19. zum 20. Jahrhundert und erscheint daher auch in den aktuellen Veränderungsprozessen als angemessene pädagogische Reaktionsform. Aber gilt diese Diagnose des Projektes als „Krisenmanager" auch für die spezifischen Probleme des Geschichtsunterrichts?

---

[9] Vgl. etwa Bodo VON BORRIES: Inhalte oder Kategorien? Überlegungen zur kind-, sach-, zeit- und schulgerechten Themenauswahl für den Geschichtsunterricht. In: GWU 46 (1995), S. 421-435; Hans Jürgen PANDEL: Postmoderne Beliebigkeit? Über den sorglosen Umgang mit Inhalten und Methoden. In: GWU 50 (1999), S. 282-291; Dietmar VON REEKEN: Wer hat Angst vor Wolfgang Klafki? Der Geschichtsunterricht und die „Schlüsselprobleme". In: GWU 50 (1999), S. 292-304 ; Gerhard SCHNEIDER: Ein alternatives Curriculum für den Geschichtsunterricht in der Hauptschule. Ein Diskussionsbeitrag. In: GWU 51 (2000), S. 406-417; Bodo VON BORRIES: Überlegungen zu einem doppelten – und fragmentarischen – Durchgang im Geschichtsunterricht der Sekundarstufe I. In: GWU 52 (2001), S. 76-90.

Ich möchte im Folgenden wesentliche Merkmale des Projektunterrichts auf ihre „Kompatibilität" mit den Bedingungen, Zielsetzungen, Inhalten und Methoden des Geschichtsunterrichts hin überprüfen, um bei der Beantwortung dieser Frage ein Stück weiter zu kommen. Auch dies kann hier nur thesenhaft geschehen:

- *Schüler- und Lebensweltorientierung:* Hier betonen gerade neuere geschichtsdidaktische Arbeiten die Notwendigkeit der Orientierung auch des Geschichtsunterrichts an seinen Adressaten und deren gegenwärtigen Erfahrungen in ihren Lebenswelten,[10] nicht zuletzt, um „träges historisches Wissen" zu vermeiden und grundlegende historische Einsichten mit subjektiver Bedeutsamkeit an seine Stelle zu setzen. Gefordert wird in diesem Zusammenhang z.B. eine stärkere Einbeziehung geschichtskultureller Phänomene in den Unterricht,[11] die Behandlung aktueller Probleme mit den spezifischen Kompetenzen der Geschichtswissenschaft (historische Genese des Problems, Auseinandersetzung mit historisch „anderen" Lösungsansätzen usw.,[12] eine stärkere Berücksichtigung gegenwärtiger Schülerinteressen, -fragen und -bedürfnisse sowie die Integration von Schülermitsprache bei der Generierung von Unterrichtsinhalten und -methoden.
- *Ernstcharakter/gesellschaftliche Relevanz:* Projekte sollen sich mit „realen" gesellschaftlichen Problemen beschäftigen. Dies entspricht auch den Zielsetzungen vieler heutiger geschichtsdidaktischer Konzeptionen, auch wenn der Geschichtsunterricht sich natürlich nicht darin erschöpfen kann, Zulieferbetrieb für die „eigentliche" politische Bildung zu sein, sondern eine eigene Bildungsaufgabe hat.
- *Handlungsorientierung, Einbeziehung vieler Sinne, Produktorientierung:* Die Forderungen nach einem handlungsorientierten Geschichtsunterricht sind gerade in den letzten Jahren stärker geworden, wobei sowohl neuere Erkenntnisse der Lern- und Handlungsforschung eine Rolle spielten als auch die Erkenntnis, dass über einen ausschließlich kognitiven Zugang viele Kinder und Jugendliche kaum erreicht werden. Da Geschichtsunterricht es aber nur sehr selten mit Primärerfahrungen zu tun

---

10 Vgl. auch Klaus Bergmann in diesem Band.
11 Vgl. Dietmar VON REEKEN: Mittelaltermarkt und Wehrmachtsausstellung. Über die Bedeutung der Geschichtskultur für die Schule. In: Göttinger Fachdidaktische Beiträge 3 (2002).
12 Zu Klafkis „Schlüsselproblemen" vgl. VON REEKEN, Angst (wie Anm. 9).

hat, Geschichte also nicht unmittelbar zu erfahren ist, sondern besondere Anforderungen eben doch vor allem an die kognitive Leistungsfähigkeit der Kinder und Jugendlichen stellt, gibt es bei der – prinzipiell sinnvollen – Forderung nach Handlungsorientierung und nach der Integration z. B. emotionaler Zugänge im Vergleich zu anderen Unterrichtsfächern auch besondere Schwierigkeiten. Dennoch liegen mittlerweile viele Beispiele auch für solche alternativen Zugänge zur Geschichte vor, die besonders in der Grundschule und der Sekundarstufe I (und hier vor allem außerhalb des Gymnasiums) von großer Bedeutung sind.

- *Interdisziplinarität:* Hiermit tut sich der Geschichtsunterricht besonders schwer, was wohl auch mit Statusfragen und der Gefährdung von Fachanteilen durch Integrationsfächer („Geschichtlich-soziale Weltkunde", „Gesellschaftslehre", „Geschichte-Politik" usw.) gerade in der Sekundarstufe I zu tun hat; das Fach scheint seit dem Streit um die Hessischen Rahmenrichtlinien Anfang der 70er Jahre ein gebranntes Kind zu sein. Dabei ist jedem Geschichtswissenschaftler und Geschichtslehrer klar, dass sich das historische Arbeiten der Verfahren, Methoden und Deutungskonzepte vieler anderer Disziplinen bedient und gleichsam selbst schon interdisziplinär angelegt ist. Die Forderung nach verstärktem fachübergreifendem Unterricht in der Schule im Zuge (schlüssel)problemgeleiteter Curricula ist daher für den Geschichtsunterricht Herausforderung und Chance zugleich.
- *Demokratisierung von Schule und Gesellschaft:* Hierin steckt ein sehr hoher Anspruch des Projektlernens, der daher auch nicht von allen Theoretikern im gleichen Maße vertreten wird. Zumindest ist einleuchtend, dass Projektlernen durch das hohe Maß an Selbst- und Mitbestimmung der Schülerinnen und Schüler entsprechende demokratische Kompetenzen und Einstellungen bei ihnen fördern kann – ob dies auch zur Demokratisierung der Gesellschaft beiträgt, soll hier offen bleiben. Für den Geschichtsunterricht ist dieser Aspekt von Projektlernen unproblematisch, versteht er sich doch als Teil einer historisch-politischen Bildung, der demokratische Umgangsformen und demokratische Einstellungen am Herzen liegen (sollten).

Projekte sind also dem Geschichtsunterricht nicht „wesensfremd", wenn auch mit besonderen Schwierigkeiten und Problemen verbunden. Tragen Sie nun zur Lösung der genannten fachspezifischen Herausforderungen bei? Zumindest bei der ersten und dritten scheint mir diese Hoffnung berechtigt;

Projekte können (nicht: müssen!), dies zeigen viele Erfahrungsberichte, vor allem durch ihre viel stärkere Orientierung an den Interessen, Fragen, Bedürfnissen und Lebensproblemen der Kinder und Jugendlichen Vorbehalte und Desinteresse überwinden helfen und durch die erhöhte Motivation auch Behaltensleistungen verbessern (auch wenn dies nach bisherigen empirischen Forschungen keineswegs sicher erscheint[13]). Gleichzeitig sind sie besser als der Lehrgangsunterricht dazu in der Lage, Themen vertieft, vielperspektivisch und methodenorientiert zu bearbeiten, und kommen so den geschichtsdidaktischen Forderungen nach Reform des Geschichtscurriculums entgegen. Ob damit gleichzeitig auch die Bedeutsamkeit des historischen Lernens besser nach außen vermittelt werden kann (Problem zwei), erscheint mir offen. Aber vielleicht löst sich dieses Problem ja in einer mittel- bis langfristigen Perspektive, wenn diejenigen, die künftig Entscheidungen über Forschungsplanungen und Stundentafeln zu fällen haben, selbst einen befriedigenderen Geschichtsunterricht erlebt haben! Zusammenfassend lässt sich festhalten, dass Projekte durchaus eine (nicht: die einzige) sinnvolle Antwort auf den „Handlungs-" oder gar „Leidensdruck"[14] darstellen, dem sich der Geschichtsunterricht ausgesetzt sieht. Dass ein verstärkter Einsatz des Projektlernens in der Schule möglich – allerdings auch mit Schwierigkeiten verbunden – ist, haben zahlreiche Wettbewerbsbeiträge im Schülerwettbewerb Deutsche Geschichte gezeigt.[15]

Auch curricular scheinen mittlerweile die Voraussetzungen deutlich besser geworden zu sein, wie man z.B. an den neuen schleswig-holsteinischen Lehrplänen für die gymnasiale Oberstufe sehen kann.[16] Allerdings dürfen auch die Probleme nicht vergessen werden, denn Projekte durchbrechen schulische Gewohnheiten, erfordern häufig langfristige Vorbereitungen, auch im Hinblick auf die erforderlichen Fähigkeiten und Kompetenzen der Schülerinnen und Schüler (und benachteiligen so möglicherweise intellektuell schwächere Schüler) und rufen nach einer verstärkten Kooperation über die Fachgrenzen hinaus, auf die die Lehrer und die Organisation Schule nicht unbedingt eingestellt sind – alles dies sind wohl auch Gründe, war-

---

[13] Vgl. etwa Bodo VON BORRIES: Historische Projektarbeit im Vergleich der Methodenkonzepte. Empirische Befunde und normative Überlegungen. In: Bernd SCHÖNEMANN/Uwe UFFELMANN/Hartmut VOIT (Hg.): Geschichtsbewusstsein und Methoden historischen Lernens, Weinheim 1998, S. 297.
[14] HEURSEN, Projektunterricht (wie Anm. 2), S. 201.
[15] Vgl. den Beitrag von Detlef Siegfried in diesem Band.
[16] Vgl. den Beitrag von Erhard Dorn in diesem Band.

um Projektarbeit und andere offene Lernformen bislang nur äußerst selten eingesetzt werden.[17] Es muss also darum gehen, die eingangs erwähnten unterschiedlichen „Lernkulturen" zusammenzubringen; die größere Anpassungsleistung haben dabei ohne Zweifel der Geschichtsunterricht und die Geschichtsdidaktik (auch durch eine stärkere Annäherung an die anderen Bezugsdisziplinen außerhalb der Geschichtswissenschaft) zu erbringen, aber auch eine etwas pragmatischere Handhabung des Projektbegriffes, die die Bedürfnisse eines eben auf absehbare Zeit immer noch dominierenden Fachunterrichtes berücksichtigt, scheint geboten.[18]

---

[17] Vgl. VON BORRIES, Historische Projektarbeit (wie Anm. 13).
[18] HEURSEN, Projektunterricht (wie Anm. 2), S. 208f.

Das Projekt als „geschichtsdidaktische Normalität"

Theorie und Praxis historischer Projektarbeit am Oberstufen-Kolleg in Bielefeld

Von WOLFGANG EMER

Die folgenden Ausführungen sollen keine bloße Reflexion der Praxis historischer Projektarbeit am Bielefelder Oberstufen-Kolleg mit detaillierter Deskription einzelner Projekte entwickeln, sondern diese Praxis beleuchten:
1. vor dem Hintergrund des allgemeinen didaktischen Kontextes der Sekundarstufe II,
2. in ihrem fachdidaktischen Zusammenhang,
3. in ihren Strukturen, Beispielen und Problemen am Oberstufen-Kolleg und
4. darüber hinaus verweisen auf Bedingungen historischer Projektarbeit für die Sekundarstufe II.

Durch die Verbindung von allgemeiner (fach)didaktischer Theorie und konkreter erfahrener Praxis hoffe ich, im Sinne der „dankenden Erfahrung" des Projektdidaktikers John Dewey die Diskussion für eine Praxis der Projektarbeit in Sekundarstufe II und im Grundstudium anzuregen.

1. Projektunterricht in der Sekundarstufe II und am Oberstufen-Kolleg

Von „Normalität" der Projektarbeit in der Sekundarstufe II zu sprechen wäre übertrieben, ist der Projektunterricht doch erst um 1900 in den USA entstanden und in einer ersten Blüte von der deutschen Reformpädagogik gefördert worden. Vom Faschismus unterdrückt und dann in Vergessenheit geraten, ist er gerade erst einmal 30 Jahre alt, da er zunächst zaghaft Ende der 60er Jahre wiederentdeckt wurde. Autoren um die Zeitschrift „betrifft erziehung" und die Gesamtschulen haben ihn populär gemacht bzw. umgesetzt. Und erst in den 80er Jahren hat ihn Wolfgang Klafki als unverzichtbare Grundform des Lernens bezeichnet und in das Ensemble schulischer Lerngelegenheiten eingeordnet.[1]

Die Gymnasien und vor allem die Sekundarstufe II haben sich, zum Teil bis heute, mit der Projektarbeit schwer getan.

Woher kommt diese Abwehrhaltung? Eine Ursache ist der Gegensatz des dominierenden Lehrgangs zum Projektunterricht, der eine ganz eigene Struktur hat. Sein Orientierungsrahmen ist – nach Dewey – nicht die Stoffsystematik, sondern die „Situation" als Wechselbeziehung von Mensch und Welt, und sein Ausgangspunkt ist ein „Problem" dieser Situation, das einer „Lösung" zugeführt werden soll[2] durch veränderndes Handeln in der Realität. Dieses Vorgehen ist nicht durch Lehrbücher planbar, sondern erfordert Projektarbeit. Diese verbreitet sich im Übrigen durch den Wandel in Wirtschaft und Gesellschaft in zunehmendem Maße auf den Weg von der Industriegesellschaft mit ihren Taylorisierungen hin zur Wissensgesellschaft mit ihren erforderlichen neuen Schlüsselqualifikationen wie vernetztes Denken, Kooperation, Selbstständigkeit, Planungskompetenz, um nur einige zu nennen.

Darauf bereitet der herkömmliche Unterricht mit seiner Orientierung am traditionellen Wissensbegriff (Sach- und Fachwissen) wenig vor. Projektarbeit mit ihrer Orientierung auf Prozess- und Handlungswissen könnte hierzu erhebliche Beiträge leisten.[3] Hinzu kommen in der Sekundarstufe II zwei von den allgemeinen Richtlinien geforderte Lernziele, die der Lehrgang nur teilweise einlösen kann: selbstständiges Lernen und Wissenschaftspropädeutik. Hier könnte Projektarbeit ihre spezifischen Beiträge leisten.

Während der Lehrgang in etliche Bereiche der Wissenschaftspropädeutik einführt, so kann Projektarbeit z. B. das entdeckende Lernen als Grundprinzip der Wissenschaft wesentlich weitertreiben und Erprobung von Wissenschaft bis hin zur Gestaltung und Präsentation ihrer Ergebnisse (z. B. in Ausstellungen, Aufführungen, Aktionen) erfahrbar machen. Hier kann eine konkrete Begegnung mit gesellschaftlicher oder auch natürlicher Realität stattfinden und eine Reihe wissenschaftspropädeutischer Folgen hervorrufen.[4]

---

[1] Wolfgang KLAFKI: Neue Studien zur Bildungstheorie und Didaktik. Allgemeinbildung und kritisch-konstruktive Didaktik, Weinheim/Basel 1985, S. 223f.

[2] Dagmar HÄNSEL: Projektmethode und Projektunterricht. In: Dagmar HÄNSEL (Hg.): Handbuch Projektunterricht, Weinheim/Basel 1997, S. 54-92, hier S. 74f.

[3] Anne SLIWKA: Lernen und Arbeiten in der offenen Gesellschaft. Die Wiederentdeckung der Projektarbeit. In: Lernwelten 1 (1999), S. 3-9.

[4] Bildungskommission NRW (Hg.): Zukunft der Bildung – Schule der Zukunft, Neuwied 1995, S. 96f., 102f.

Das zweite Ziel der gymnasialen Oberstufe ist es, junge Erwachsene zum selbstständigen Lernen zu führen. Dies gelingt dem Lehrgang nur teilweise. Selbstständiges Lernen erfordert ein differentes Spektrum von Lerngelegenheiten. Die Denkschrift „Zukunft der Bildung – Schule der Zukunft"[5] fordert gar „für etwa die Hälfte der gesamten Pflichtlernzeit eine obligatorische individuelle Profilbildung mit individuellen Leistungs- und Arbeitsschwerpunkten". Junge Erwachsene brauchen in der Phase ihrer Persönlichkeitsentwicklung Raum und Zeit, um Erfahrungen mit neuen Themen, Handlungsorientierung, Entscheidungen, Kooperation und verschiedenen Arbeitsformen zu machen. Klippert sieht in diesem „eigenverantwortlichen Arbeiten" gar den „Dreh- und Angelpunkt eines veränderten Lehr- und Lerngeschehens".[6]

Für dieses Lernziel „Selbstständiges Lernen" kann Projektarbeit durch ihre Handlungsorientierung als zusätzliche Lerngelegenheit einen wesentlichen Beitrag leisten, ja sie ist quasi „die Königsdisziplin des selbstbestimmten Lernens"[7] und durch ihre Mitbestimmungsmöglichkeiten und Rollendifferenzierung[8] ein wichtiger Beitrag für eine demokratische Gesellschaft.

Diese und ähnliche Ziele haben das Oberstufen-Kolleg bewogen, von seiner Entstehung (1974) an Projektarbeit in das Ensemble seiner Unterrichtsformen und Lerngelegenheiten als festen Bestandteil zu integrieren.[9]

Nach einer Untersuchung der Struktur des Oberstufen-Kollegs durch den Wissenschaftsdidaktiker Habel führt der Projektunterricht die Grundformen des Lernens zusammen, indem er von ungefächerten Problemen der didaktisch unstrukturierten Realität ausgeht, sie mit Kompetenzen der in den Fächern erworbenen Spezialisierung analysiert und versucht, Lösungsansätze (Erprobung von Wissenschaft) zu entwickeln. Das Projekt ist demzufolge eine Lerngelegenheit, die „den Kollegiaten mit dem praktischen Zu-

---

[5] Ebd., S. 241.
[6] Heinz KLIPPERT: Neue Formen des Lehrens und Lernens. In: Erziehung und Wissenschaft 1997, H. 5, S. 12f., hier S. 12.
[7] Manfred BÖNSCH: Wochenplanarbeit – eine Form des offenen Unterrichts. In: Die deutsche Schule 3 (1990), S. 358-367, hier S. 359.
[8] Ludwig DUNCKER: Projektlernen kultivieren. Eine schultheoretische Ortsbestimmung. In: Pädagogik 1989, H. 7/8, S. 54-59.
[9] Wolfgang EMER/Uwe HORST/Hans KROEGER: Eine zentrale Lernsituation selbständigen Lernens: Projektarbeit in der Sekundarstufe II. In: Landesinstitut für Schule und Weiterbildung (Hg.): Förderung selbständigen Lernens in der gymnasialen Oberstufe, Soest 2000, S. 134-150.

sammenhang, den Kooperationsproblemen, den Anwendungssituationen, den außerwissenschaftlichen Voraussetzungen und Folgen der Wissenschaft konfrontiert".[10]

2. Der Ort der Projektarbeit in der Geschichtsdidaktik

Ist „Normalität" der Projektarbeit in der allgemeinen Didaktik erst ein sich zögerlich verbreitender Kontext, so gilt dies noch mehr für die Geschichtsdidaktik. Sie hat Projektarbeit erst als Nachzügler zur allgemeinen didaktischen Entwicklung, ja diese lange Zeit kaum oder nur reduziert zur Kenntnis genommen.

Klaus Bergmann hatte 1990 in den Thesen für einen demokratischen Geschichtsunterricht unter anderem gefordert: „Demokratischer Geschichtsunterricht arbeitet besonders mit Sozialformen, die demokratische Verhaltensweisen einüben und demokratische Schulkultur fördern. Als solche eigenen sich in besonderem Maße projektorientiertes Lernen, fächerübergreifender Unterricht, Gruppenarbeit, Öffnung der Schule usw."[11]

Diese Forderung war nötig, weil bis dahin historische Projektarbeit nur wenig beachtet wurde. In der Zeitschrift „Geschichte in Wissenschaft und Unterricht" (GWU) erschienen von 1978 bis 1989 insgesamt nur ganze fünf Projektbeschreibungen und erst 1987 ein zentraler Aufsatz.[12]

Ohne die Impulse von außen, wie dem Schülerwettbewerb um den Preis des Bundespräsidenten (seit 1973 alle zwei Jahre), die Geschichtswerkstätten, die Entwicklung der allgemeinen Didaktik und die einzelnen Initiativen von innen wie die Praxis an Gesamt- und Versuchsschulen, die kritischen Didaktiker um die Zeitschrift „Geschichtsdidaktik" und die Versuche einzelner Kollegen wäre die etablierte Fachdidaktik und die Praxis an den Schulen in Bezug auf Projektarbeit noch im Dornröschenschlaf.

Inzwischen ist historische Projektarbeit in Richtlinien, Fachzeitschriften und im Schülerwettbewerb präsent. Inwieweit sie in der Praxis der einzelnen Schule vorkommt und ernst genommen wird oder gar verbindlich in

---

[10] Wolfgang HABEL: Wissenschaftspropädeutik. Untersuchungen zur gymnasialen Bildungstheorie des 19. und 20. Jahrhunderts, Köln/Wien 1990, S. 203.
[11] Heidi CLAUSNITZER (Hg.): Demokratischer Geschichtsunterricht – eine uneingelöste Forderung historisch-politischer Bildung?, Bielefeld 1991.
[12] Peter KNOCH: Der schwierige Umgang mit Projekten. In: GWU 38 (1987), S. 527-540.

der Lehrerausbildung verankert ist, bleibt ungewiss. Die fachdidaktische Praxis im Fach Geschichte am Oberstufen-Kolleg jedoch hat Projektarbeit als wichtiges Element in ihr Curriculum einbezogen.

3. Historische Projektarbeit am Beispiel des Oberstufen-Kollegs

3.1 Historische Projektarbeit in der Praxis des Oberstufen-Kollegs

Projektarbeit gehört seit Gründung des Oberstufen-Kollegs zur Normalität, freilich einer sich wandelnden Normalität, denn diese unbequeme Unterrichtsform ist im Kollegium nicht unumstritten. Ein Entwicklungstrend war z.B. die oft unverbundene Form der Projektarbeit mehr mit den Fächern zu verzahnen und andererseits zur Vorbereitung von Projektarbeit, die ja selbstständiges Lernen erfordert, Formen selbstständigen Lernens ins Fach zu integrieren. Dies ist besonders im Fach Geschichte didaktisch umgesetzt worden.

Der Projektunterricht nimmt am Oberstufen-Kolleg im Vergleich zu den meisten Schulen eine besondere Stellung ein – und dies in dreierlei Hinsicht: Er

- ist eine obligatorische und regelmäßige Unterrichtsart (zweimal im Jahr drei Wochen),
- stellt einen Bestandteil der Prüfungsvoraussetzungen dar (fünf Projekte müssen erfolgreich bestanden werden, um zugelassen zu werden),
- nimmt eine wichtige Gelenk- und Brückenfunktion in der wissenschaftspropädeutischen Ausbildung und der Förderung des selbstständigen Lernens ein.

Die Bestimmung dessen, was ein Projekt sei, gestaltete sich am Oberstufen-Kolleg über mehrere Jahre als ein schulischer Entwicklungsprozess, gleichsam projektartig in der Auseinandersetzung mit der nach Dewey fundamentalen Kategorie der „denkenden Erfahrung".[13] Laut Dewey geht ein Projekt nicht von einem fachsystematisch geordneten Stoff aus, sondern von einer realen Situation, der ungefächerten Realität, in der eine Wechselbeziehung von Mensch und Umwelt stattfindet. Darin sucht der Mensch ein

---

[13] Martin SPETH: John Dewey und der Projektgedanke. In: Johannes BASTIAN u.a. (Hg.): Theorie des Projektunterrichts, Hamburg 1997, S. 19-37, hier S. 23.

Problem, das einer Lösung näher gebracht werden soll: Dies geschieht planmäßig, zielgerichtet und handlungsorientiert.[14]

Im Anschluss an diese Diskussion wurde als Orientierung der Projektarbeit am Oberstufen-Kolleg folgender Rahmen festgelegt:[15]

SIEBEN KRITERIEN DER PROJEKTARBEIT AM OBERSTUFEN-KOLLEG

Zwei Ausgangspunkte:

1. Gesellschaftsbezug: Das Projekt soll an reale, möglichst relevante gesellschaftliche Probleme und Bedürfnisse anknüpfen.
2. Lebenspraxisbezug: Das Projekt soll an den lebensweltlichen Interessen der KollegiatInnen orientiert sein. (Hier wird die Selbstständigkeit der SchülerInnen angesprochen.)

Drei Arbeitsformen sind für den Projektunterricht konstitutiv:

1. Selbstbestimmtes Lernen: Mitbestimmung bei der Planung und Durchführung des Projektes sind notwendig. Lehrer- und Schülerrollen verändern sich, die Projektgruppe wird entscheidend für den Lernprozess.
2. Ganzheitliches Lernen: Die Kopfarbeit soll durch Herz und Hand ergänzt werden. Kreatives, rezeptives, entdeckendes und produktives Handeln sind zu verbinden. (Diese Vielfalt spricht wiederum die vielfältige Selbstständigkeit der SchülerInnen an.)
3. Fächerübergreifendes Arbeiten: Das Projekt soll Probleme, Methoden und Inhalte verschiedener Fächer integrieren.

Zwei Zielhorizonte sind für den Projektunterricht relevant:

1. Produktorientierung: Oft wird im Unterricht für die Note oder das Zertifikat gearbeitet, die Produktorientierung kann dies aufheben. Dies gelingt insbesondere dann, wenn das Produkt einen „Mitteilungs- und Gebrauchswert" (Duncker)[16] für andere außerhalb der Projektgruppe gewinnt.
2. Kommunikabilität: Zu einem Projekt gehört die Vermittlung nach außen im Rahmen der Schulöffentlichkeit oder – noch effektiver – im Rahmen der außerschulischen Öffentlichkeit. Durch die Kommunikation mit spezifischen Öffentlichkeiten in der Umwelt gewinnt das Projekt größeren Ernstcharakter.

---

14 HÄNSEL, Projektunterricht und Projektmethode (wie Anm. 2), S. 74 f.
15 EMER/HORST/KROEGER, Eine zentrale Lernsituation (wie Anm. 9), S. 141.
16 DUNCKER, Projektlernen (wie Anm. 8).

3.2 Historische Projektarbeit im Curriculum Geschichte

Der sogenannte Wahlfachunterricht Geschichte, vergleichbar in etwa mit einem Leistungskurs Geschichte in der gymnasialen Oberstufe, ist zunächst ein Lehrgang mit Fachsystematik. In ihm spielt der Aufbau selbstständigen Lernens eine wichtige Rolle. Es ist in einer Art Spiralcurriculum angelegt und soll die Kollegiaten befähigen, eigenständig mit Quellen, Methoden und Darstellungsformen der Geschichte umzugehen.

Das ist auch eine zentrale Voraussetzung für Projektarbeit, die in diesem Curriculum in verschiedenen Elementen und Vorformen ihren Platz hat. Zumeist ist sie verbunden mit der Einbeziehung des regionalen Aspektes, der sich besonders als Feld projektorientierten Lernens eignet, weil er durch Archiv, Museum, Zeitzeugen und Überreste unmittelbares Material für entdeckendes und handlungsorientiertes Lernen bietet. Beide didaktischen Prinzipien sind konstitutive Bestandteile projektorientierten Lernens.

Dieses Lernen spielt in vier Lehrgangskursen eine mehr oder weniger zentrale Rolle:

- im ersten Semester: Lehrgang zur Geschichte Bielefelds,
- im zweiten Semester: Lebensformen im Mittelalter, mit einer anschließenden Exkursion,
- im fünften Semester: Deutschland nach 1945 (kurzer Exkurs),
- im sechsten Semester: Römer und Germanen (kurzer Exkurs).

Schließlich läuft die Ausbildung in Geschichte auf eine Facharbeit hinaus, die man auch als Einzelprojekt ansehen könnte. Daneben gibt es in den verschiedenen Kursen eine Reihe von vorbereitenden Formen projektorientierten Lernens, wie z.B. Gruppenarbeit, Informationsbeschaffung, Einübung von Präsentationsformen usw., die quasi Etüden der Projektarbeit sind.

Doch zurück zu den Projektelementen in den oben genannten Kursen. In dem Kurs zur Geschichte Bielefelds besteht die projektorientierte Aufgabe für Kollegiaten darin, aufgrund der Literatur und der Erkundung vor Ort eine Präsentation ihres ausgesuchten historischen Objekts (z.B. Sparrenburg) im Rahmen verschiedener Stadtgänge durchzuführen.

Diese Produktorientierung ist eine wichtige Vorbereitung für die zweite Einheit der Projektarbeit: die Exkursion zum Lehrgang „Lebensformen im Mittelalter". Sie stellt die „Erprobung der Wissenschaft" und produktorientierte Umsetzung des Lehrgangs dar. Zunächst wird eine Region ausgesucht, die noch viele Spuren mittelalterlicher Geschichte enthält, und dazu ein Reader zu den ausgesuchten Objekten erstellt. In letzter Zeit war dies die Toskana. Der Reader orientierte sich in einem allgemeinen Teil an Wolfgang Braunfels Werk „Städtebaukunst in der Toskana" (1979),[17] im speziellen Teil enthielt er Objektbeschreibungen zu einer Stadt, z. B. Arezzo. Dieser Reader ist die Grundlage für die projektorientierte Arbeit vor Ort. Die einzelnen „Spezialisten" führen die Gruppe zu historischen Stätten und erläutern deren Geschichte und Bedeutung. Außerdem stellen sie Material für eine Ausstellung zusammen, die sie nach Ende der Exkursion in Bielefeld herstellen. In einigen Fällen gibt es die Möglichkeit zu einem weiterführenden Produkt mit höherem Gebrauchswert, etwa wie im letzten Jahr der Auftrag einer italienischen Kleinstadt, Sinalunga in der Nähe von Arezzo, die noch keinen historischen Stadtführer auf Deutsch besitzt. Diesen will eine kleine Gruppe in einem Folgeprojekt ausarbeiten und dem Ort zur Verfügung stellen. Dieses Projekt wird außerdem im Rahmen des Landesprogramms „Gestaltung des Schullebens und Öffnung der Schule" des Landes Nordrhein-Westfalen gefördert.

Gegenüber diesen umfangreichen Formen der Projektarbeit sind im fünften und sechsten Semester nur kleinere Formen projektorientierten Arbeitens vorgesehen. Im Kurs „Deutschland nach 1945" ist dies das Suchen und Präsentieren einer regionalen Schlüsselquelle nach einem Archivbesuch. Im Kurs „Römer und Germanen" bieten sich zwei Formen an: die Vorbereitung einer Tagesexkursion zum Schlachtfeld der Varusschlacht und die Erstellung eines Readers zum Kulturvergleich Römer–Germanen als Ergebnis der Recherchen der einzelnen Kollegiaten in verschiedenen Gruppen.

Bei der Erstellung der Facharbeit am Ende der Ausbildung bieten besonders regionale Themen gute Ansätze für Projektarbeit Einzelner. So hat eine Kollegiatin in einer Gedenkstätte mitgearbeitet und zu einem Aktenbestand eine Recherche durchgeführt, oder ein Kollegiat hat, angeregt durch die Lektüre von Corbins „Pesthauch und Blütenduft", eine regionale Untersuchung zur Geruchswahrnehmung um 1800 verfasst.

---

[17] Wolfgang BRAUNFELS: Mittelalterliche Stadtbaukunst in der Toskana, Berlin ⁴1979.

Historische Projektarbeit im Oberstufen-Kolleg

	Lehrgang Geschichte		Fächerübergreifender Unterricht
Semester	„Etüden"	„EU"	Projektunterricht
1. Geschichte Bielefelds	Stadtgänge/ Präsentation		
2. Lebensformen im Mittelalter	Reader: Stadtführer Beobachtungsmeth./ Recherchen	→	Exkursion als Projekt (Folgeprojekt: Stadtführer)
3. Industrielle Revolution	Tagesexkursion Rollenspiel Reichstagssitzung	Koop. mit „Auf die Schiene gesetzt" Kurs: Kinder- u. Jugendsozialisation im NS	Projekt: „Kinder erleben" Ergänzung zur Anne-Frank-Ausstellung
4. Was sind Revolutionen?		Kurs Zwangsarbeit →	Projekt dazu Wanderausstellung
5. Deutschland nach 1945	Regionale Schlüsselquelle suchen		Wettbewerbsprojekte: B: „Denkmal" – Wesse.
// Ringvorlesung Unikurs			Kurs und Gruppenarbeit: B: Westf. Frieden
6. Römer und Germanen	Tagesexkursion Varus Ergebnisreader Kulturgeschichte		
// Unikurse: AG und Fachdidaktik	Arbeit an Schlüsselquellen		
7. Außereuropäische Geschichte: Azteken	Ergebnisreader		Facharbeit: B: Geruchswahrnehmung
8. Faschismus/-theorien	→ Prüfung		

// = fakultativ   B = Beispiel

3.3 Historische Projektarbeit in anderen Lernformen

Zwar bietet der Lehrgang Geschichte Möglichkeiten für Projektarbeit. Er muss aber durch das Ensemble der beschriebenen Lerngelegenheiten, besonders durch die Projektphase ergänzt werden. Denn das Korsett eines

Lehrgangs ist per se zu eng. So kann z.b. die Exkursion nach dem 2. Semester nur innerhalb der Projektphase durchgeführt werden.

Ganz unflexibel ist der Lehrgang gegenüber den Projekten mit aktuellen Themen oder Projekten im Kontext des Schülerwettbewerbs Deutsche Geschichte um den Preis des Bundespräsidenten. Hierzu eignet sich die vorhandene allgemeine Projektphase von drei Wochen. Von den Fachkollegen sind mehrere Projekte durchgeführt worden, z.b. zu „Zwangsarbeit in Bielefeld", mit einer Wanderausstellung als Produkt. Im Januar 2002 gab es ein Begleitprojekt zur Wehrmachtsausstellung in Bielefeld, das den Bielefelder Kontext dieser Zeit als regionales Ergänzungsprodukt dieser Ausstellung erarbeitet hat. Vor einigen Jahren wurde ein Begleitprojekt zur Anne-Frank-Ausstellung angeboten, das unter dem Titel „Kinder erleben den Krieg" die damalige Bielefelder Jugend- und Schulsozialisation aufarbeitete.[18]

Im Rahmen des Schülerwettbewerbs fanden eine Reihe von Projekten statt. Während das Projekt „Protest" in Bielefeld an verschiedenen Beispielen (z.b. Protest gegen einen Freispruch von Gestapobeamten 1954) zwar zu einer internen Ausstellung, aber nicht zu einem Wettbewerbsbeitrag gelangte, erreichten dies Projekte zu den Themen „Hilfe" und „Denkmal": Letzteres war mit einem Beitrag zum „Horst-Wessel-Kult in Bielefeld" mit einem fünften Preis gar erfolgreich.[19]

Historische Projekte werden aber nicht nur von Fachkollegen durchgeführt, sondern auch von historisch interessierten Kollegen anderer Fächer, wie z.b. aus dem Bereich der Soziologie, Frauenstudien, Musik, Deutsch usw. Manchmal kam es dabei zur Kooperation mit den Historikern, um z.B. historisches Aktionstheater mit musikalischen Revueanteilen wie in Bielefeld 1933 und 1944 zu realisieren.[20]

Ergänzt wird das vielfältige Spektrum historischer Projektarbeit durch projektorientiertes Arbeiten am Oberstufen-Kolleg im „Ergänzungsunterricht", einem fächerübergreifenden Unterricht. Hier sind es „Etüden" der Projektarbeit wie Gruppenarbeit, vernetztes Denken, Einübung verschiedener Präsentationsformen, Erstellung kleinerer Produkte usw. und vor allem

---

[18] Wolfgang EMER/Rosa ROSINSKI/Jörg WERNER: Spurensuche – Jugend- und Schulsozialisation im „Dritten Reich" am lokalen Beispiel. In: Wolfgang MICKEL/ Dietrich ZITZLAFF (Hg.): Methodenvielfalt im politischen Unterricht, Hannover 1993, S. 250-263.
[19] Wolfgang EMER: Ein verschwundener Gedenktag. Der Horst-Wessel-Kult am Beispiel Bielefeld. In: Geschichte lernen 1996, H. 4, S. 39-43.
[20] Wolfgang EMER/Albrecht STOLL: Aktionstheater: Bielefeld 1933, Bielefeld 1982.

das interdisziplinäre Arbeiten, z.B. der Vergleich unterschiedlicher Fachperspektiven, Methoden, Arbeitsformen usw., die zum Tragen kommen.
Oft bereiten solche Kurse auch Projekte inhaltlich vor, wie z.b. der Kurs zur Zwangsarbeit in Bielefeld und zur Situation Bielefelds im Übergang zum Nationalsozialismus. Auch Kurse mit regionalen Phasen ermöglichen projektorientiertes Arbeiten, wie z.B. ein Kurs zur Aktualität des Westfälischen Friedens, der einen Stadtgang in Bielefeld und Recherchen zur künstlerischen Umsetzung des Themas in einem „Friedensspektakel" in Osnabrück durchführte.

Prüfungsrelevante Produkte historischer Projektarbeit entstehen oft im Kontext solcher Kurse und der aus ihnen hervorgehenden obligatorischen Gruppenarbeiten.

Um es am Beispiel des oben genannten Kurses zu verdeutlichen: Eine Gruppe von drei KollegiatInnen (davon nur einer mit dem Fach Geschichte) wählte als Thema „Perspektivität von Beteiligten am Westfälischen Frieden in Osnabrück" und untersuchte historisch-literarisch und kunsthistorisch sechs verschiedene Botschafter mit ihren Porträts und Schriften, z.B. Otto von Guericke, Salvius oder Lambert. Das Produkt war eine eigenständige, ansehnliche und fächerübergreifende Studie, die sogar den Versuch einer fiktiven, selbstverfassten historischen Erzählung als Anwendung historischer Recherchen enthielt.

Die genannten Beispiele mögen genügen, um zu zeigen, dass historische Projektarbeit am Oberstufen-Kolleg den Lehrgang voraussetzt, dieser aber sich bereits für projektorientiertes Lernen im Sinne eines demokratischen Geschichtsunterrichts öffnet. Darüber hinaus ist die Einbettung in ein Set verschiedener Lerngelegenheiten und Herausforderungen ein unabdingbarer Bestandteil für das Gelingen historischer Projektarbeit.

3.4 Orientierungsrahmen für historische Projektarbeit

Versucht man, einen systematisierenden Blick auf Formen und Themen historischer Projektarbeit am Oberstufen-Kolleg zu werfen, so wird man unterscheiden müssen zwischen projektorientierten Elementen und Projektunterricht bzw. Projekten.

Bei den projektorientierten Elementen ist weiter zu differenzieren zwischen:

    a) allgemeine Etüden der Projektarbeit und
    b) spezifische Arbeitsformen historischer Projektarbeit.

Zu a)

Es gibt laut Duncker eine Reihe von „Formen", die für jedes Projekt relevant sind: das Einüben von Team- und Gruppenarbeit, Informationsbeschaffung und -aufarbeitung, Rollenwechsel (Einnahme der Rolle z.B. eines Organisators), kommunikatives Handeln über den Klassenunterricht hinaus (z.B. Gespräch mit einer Zeitung, Behörde), Einübung von Präsentationen und andere mehr.[21]

ALLGEMEINE „ETÜDEN" DER PROJEKTARBEIT

- Teamarbeit/Gruppenarbeit
- Informationsbeschaffung und -aufarbeitung
- Rollendifferenzierung
- Organisations- und Planungshandeln
- Kommunikative Kompetenz (Gesprächsleitung, Konfliktklärung usw.)
- Präsentationstechniken
- Produktvermittlung
- Darstellungstechniken (Rollenspiel, Rollendiskussion usw.)

Zu b)

Zu den Arbeitsformen der historischen Projektarbeit gehören die Techniken des entdeckenden Lernens in Geschichte (z.B. Entdeckerfragen formulieren, Quellen recherchieren), die Konzeption von Zeitleisten, Visualisierung historischer Vorgänge (z.B. Pfeildiagramme zur Entstehung der mittelalterlichen Stadt), historische Spiel- und Gestaltungsformen wie z.B. Rollendiskussion und -spiel, historisches Szenarium[22] und schließlich das Suchen und Aufarbeiten von (regionalen) Schlüsselquellen als Veranschaulichung von Geschichte und Erprobung von Wissenschaft.

SPEZIFISCHE ARBEITSFORMEN DER HISTORISCHEN
PROJEKTARBEIT HISTORISCHE „ETÜDEN"

- Fragen entdeckenden Lernens formulieren
- Quellen recherchieren
- Überblick über den „Forschungsstand" gewinnen

---

[21] DUNCKER, Projektlernen kultivieren (wie Anm. 8); Ludwig DUNCKER: Projekte im Sachunterricht. Didaktische Etüden für Schüler und Lehrer. In: Ludwig DUNCKER/ Wolfgang POPP (Hg.): Kind und Sache. Zur pädagogischen Grundlegung des Sachunterrichts, Weinheim/München ²1996, S. 145-160.

[22] Wolfgang EMER/Ulrich MAYER, Gestaltungsversuche und Spiele im Geschichtsunterricht. In: Wolfgang EMER/Uwe HORST (Hg.): Praxis eines demokratischen Geschichtsunterrichts, Bielefeld 1995, S. 137-161.

- Archiv benutzen
- Schlüsselquellen aufbereiten
- Quellen interpretieren
- Zeitleisten konzipieren
- Visualisieren historischer Vorgänge (historischer Wirkungszusammenhang, Ursachenpfeildiagramm, sprechende Statistiken)
- Historische Spiel- und Gestaltungsformen

J. Hannig hat 1984 in der Zeitschrift „Geschichtsdidaktik" für die Interpretation von derartigen Schlüsselquellen brauchbare Kriterien geliefert. Danach soll die Quelle nach ihrer historischen „Exemplarität", „regionalen Individualität", „methodischen Elementarität" und „alltagsweltlichen Kommunikabilität" bearbeitet werden. Dann bieten sie ein aussagekräftiges Produkt für einen Stadtgang, ein Ausstellungselement oder ähnliches.[23]

Projekte zu historischen Themen lassen sich anhand folgender Kategorien finden bzw. die durchgeführten Beispiele können danach eingeordnet werden:

Die regionalgeschichtlichen Projekte können sich orientieren an:

Ereignissen	Personen	Strukturen	Konflikten	Kulturen
1793: Gesmold: Der Sturm auf den Bastillenturm	H. Wessel, Bielefelds „bester Sohn"	Humanitäre Hilfen im Nationalsozialismus	Kinder und Krieg	50er Jahre
1968: Streit um die Benennung der Kunsthalle nach einem Nazi	Arminius (Hermannsdenkmal)	Stadtbild im Faschismus (Stadtrundgang)	Machtergreifung (Theater „Bielefeld 1933")	Kino in Bielefeld

Im Folgenden soll ein Beispiel kurz skizziert werden: der Horst-Wessel-Kult in Bielefeld im Nationalsozialismus. Bielefeld hatte als Geburtsstadt Wessels zwei Denkmale erbaut und zahlreiche Veranstaltungen und Inszenierungen organisiert. Der Kult und die Denkmäler sind verschwunden, ihre Geschichte ziemlich unbekannt geblieben. Eine kleine Projektgruppe

---

[23] Jürgen HANNIG: Regionalgeschichte und Auswahlproblematik. In: Geschichtsdidaktik 2 (1984), S. 131-141.

nahm im Rahmen des Projektunterrichts am Bundeswettbewerb Geschichte mit dem Zeitthema „Denkmale" (1994/95) teil. Sie fand im Stadtarchiv Bild- und Textmaterial und konnte dieses durch Aussagen von Zeitzeugen, die über die örtliche Presse gesucht wurden, ergänzen. Daraus entstand eine illustrierte Dokumentation und für die schulinterne Öffentlichkeit zusätzlich eine Diaschau und eine kleine Ausstellung. Ein weiteres Produkt der Gruppe war schließlich die Pressearbeit nach außen. Vier lokale Zeitungen interessierten sich für das Thema. Mit ihrer Dokumentation gewann die Gruppe schließlich einen Preis im Schülerwettbewerb des Bundespräsidenten.[24]

3.5 Probleme und Spezifik historischer Projektarbeit

Historische Projektarbeit muss sich mit allgemeinen und spezifisch historischen Problemen auseinandersetzen, damit ein Projekt gelingt. Dabei kann man vier Ebenen unterscheiden, die

a) der gesellschaftlichen Rahmenbedingungen,
b) der systemischen und didaktischen,
c) der lebensweltlichen und
d) der spezifisch historischen Bedingungen.

Zu a)
Bei den gesellschaftlichen Rahmenbedingungen, spielen die außerschulischen Lernorte und Institutionen, die Zeitzeugen, finanziellen Hilfen und das Interesse der Öffentlichkeit eine fördernde oder erschwerende Rolle bei der Realisierung von Projekten. Der Kontakt und die Auseinandersetzung mit ihnen ist notwendig und bietet Lernchancen, die die Ernsthaftigkeit erheblich erhöhen. Deshalb wird bei Projekten im Oberstufen-Kolleg fast immer der Kontakt zu außerschulischen Lernorten und Institutionen gesucht.

Zu b)
Die systemischen und didaktischen Bedingungen: Das System Schule mit seinen Problemen, den eingefahrenen Zeitrhythmen, dem Lehrplan mit seinem Stoffdruck, dem Zwang, Leistungen benoten zu müssen, den Aufsichtsproblemen bei außerschulischen Aktivitäten, den „Schülertätigkeiten",[25] den fi-

---

[24] EMER, Ein verschwundener Gedenktag (wie Anm. 19).
[25] Bodo VON BORRIES: Historische Projektarbeit. „Größenwahn" oder „Königsweg"? In: Lothar DITTMER/Detlef SIEGFRIED (Hg.): Spurensucher. Ein Praxisbuch für historische Projektarbeit, Weinheim/Basel 1997, S. 243-254, hier S. 245.

xierten Rollen und Unterrichtsabläufen, der Angst vor der Mehrarbeit in Projekten usw. kann Projektarbeit erheblich erschweren, Schüler sogar überfordern, die mit freien und selbstbestimmten Unterrichtsformen wie Projektarbeit nicht vertraut sind. Hier muss ein Lernweg einkalkuliert werden. Das Oberstufen-Kolleg versucht, dies unter anderem durch das Arrangement der unterschiedlichen Lerngelegenheiten und durch Projektarbeit vorbereitende Arbeitsformen auszugleichen. Ein weiteres didaktisches Problem stellt die Bewertung von Projektarbeit dar. In der Projektarbeit wird anders und anderes als im Lehrgang gelernt:

Neben der sachlichen Leistung sind es hauptsächlich Schlüsselqualifikationen, demokratisches Handeln und Prozesswissen, die eingeübt und teilweise erworben werden.[26] Dies ist schwer zu quantifizieren,[27] der „Arbeitsbericht" des Schülers, der auch benotet werden kann,[28] der „Reflexionsbogen" des Schülers, den der Lehrer auf der Rückseite kommentiert, sowie ein „Zertifikat für Projektarbeit", das besondere Projektkompetenz einzelner Schüler bescheinigt.[29] Eine erweiterte Projektpraxis muss hier noch den von Dewey und Kilpatrick als konstitutiv benannten Bereich des „Judging"[30] erproben und weiterentwickeln.

Zu c)
Die Lebenswelt der Schüler und Schülerinnen und die historischen Welten sind häufig konträre, einander fremde Bereiche und erschweren den Zugang zur Vergangenheit. Historische Kenntnisse sind oft begrenzt und müssen im Projekt noch erworben werden. Projektarbeit bietet aber durch das Kriterium der lebensweltlichen Orientierung die Möglichkeit, diesen Gegensatz zu

---

[26] Wolfgang EMER/Uwe HORST: Projektarbeit reflektieren und zertifizieren. In: Felix WINTER/Klaus Dieter LENZEN (Hg.): Alternative Leistungsformen, 2002 (im Druck).

[27] Hans KRATZ: Verantwortung für den eigenen Lernprozess übernehmen. Projektunterricht in der gymnasialen Oberstufe. In: Pädagogik 47 (1995), H. 7-8, S. 30-34, hier S. 34.

[28] Karlheinz GOETSCH: Projektunterricht bewerten. In: Jürgen BASTIAN/Herbert GUDJONS (Hg.): Das Projektbuch II. Über die Projektwoche hinaus – Projektlernen im Fachunterricht, Hamburg ³1998, S. 257-266.

[29] Wolfgang EMER/Uwe HORST, Projektarbeit: Möglichkeiten und Formen alternativer Leistungsbewertung. In: Frank WINTER u.a. (Hg.): Leistung sehen, fördern, werten – neue Wege für die Schule, Bad Heilbrunn 2002, S. 195-201.

[30] Wolfgang EMER/Uwe HORST/Karl Peter OHLY (Hg.): Wie im richtigen Leben ... – Projektunterricht für die Sekundarstufe II, Bielefeld ²1994, S. 3.

überbrücken[31] und ist darauf angewiesen, dass dies gelingt, damit Schüler und Schülerinnen die Beschäftigung mit einem historischen Thema zu ihrem Anliegen machen. Dann kann Projektarbeit ihre Vorzüge entfalten, die ihr innewohnen: höhere Motivation und Ernsthaftigkeit, problem- und handlungsorientiertes Lernen, das zu besseren Lerneffekten und mehr Selbstständigkeit führen kann. Deshalb gelingen am Oberstufen-Kolleg Projekte eher, die dies berücksichtigen.

Zu d)
Schließlich ist die Sache selbst, die Vergangenheit, ein Problem für Projektarbeit. Geschichte ist nicht als solche vorhanden wie ein Teich, den man untersucht. Sie ist nur durch zum Teil sprödes Material wie Texte, Überreste, Befragungen von Zeitzeugen erreichbar und muss erst rekonstruiert werden. Das ist ein oft mühsamer Prozess, der hermeneutischer und analytischer Verfahren (Modelle, Methoden, Begriffe) und manchmal erheblicher Vorarbeit der Lehrer und Lehrerinnen (Machbarkeit, Materialsondierung, Archivtermine usw.) bedarf. Diese Verfahren sind auf den verschiedenen Schulstufen in unterschiedlicher Ausprägung möglich und vorhanden, zum Teil müssen sie (wie z.B. oral history) mit in das Projekt übend einbezogen werden. Projekte bewegen sich oft im regionalen Nahbereich und in der Mikrogeschichte. Diese mit makrogeschichtlichen Bereichen zu verknüpfen ist notwendig, aber nicht leicht zu realisieren. Bei all diesen Schwierigkeiten ist es umso wichtiger, die lebensweltlichen Interessen und Zugänge der Schüler ernst zu nehmen und ein klares Projektziel (welches Produkt für wen?) vor Augen zu haben, um zwischen diesen Klippen hindurchzugelangen.

Nicht alle historischen Themen eignen sich für Projekte. In dem gewählten Thema müssen handlungsorientierende Elemente und/oder lebensweltliche Bezüge möglich sein. Weltgeschichtliche Sujets eignen sich dann, wenn jeweils ein neuer Akzent gesetzt, fachübergreifend und gestalterisch (z.B. dramatisierend, visualisierend oder auditiv gestaltend) und fächerübergreifend gearbeitet wird. So wird z.B. die Französische Revolution[32] oder fächerübergreifend die Renaissance[33] neu „entdeckt", um nur zwei Beispiele zu nennen.

---

31 KNOCH, Der schwierige Umgang mit Projekten (wie Anm. 12), S. 534.
32 Hildegard BARTELS/Claus BLOSS: „Nicht wie im normalen Unterricht". Erfahrungen in einem Projekt zur Französischen Revolution. In: Geschichte Lernen 60 (1997), S. 44-47.
33 Cornelia ILSEMANN u.a.: Einladung in die Renaissance. Fachtage im Jahrgang 11.

Besser geeignet für Projektarbeit ist das regionalgeschichtliche Projekt,[34] weil es in umfangreichem Maße die Anwendung entdeckenden Lernens, die eigene Recherche und den Kontakt zur außerschulischen Realität mit ihren Möglichkeiten wie z.b. Archiv, Zeitzeugen, Überresten, interessierten Institutionen usw. bietet.[35]

4. Forderungen zur Realisierung historischer Projektarbeit

Ausgehend von den Erfahrungen am Oberstufen-Kolleg sollen hier einige Forderungen zur Realisierung historischer Projektarbeit zusammengestellt werden, die längst nicht alle dort Normalität sind bzw. auch zum Teil dort nicht immer umgesetzt werden können.

Es seien hier drei zentrale Kontexte kurz beleuchtet:
- die außerschulischen,
- die schulischen,
- die personellen Strukturen.

In den außerschulischen Strukturen ist es zentral, dass Fachwissenschaft und -didaktik sowie die Lehrerausbildungen Projekte als Normalität einbeziehen. In Bielefeld gibt es an der Fakultät für Geschichtswissenschaft und Philosophie z.B. Projektseminare. In der Lehrerausbildung müsste Theorie und Praxis historischer Projektarbeit unverzichtbarer Bestandteil der Ausbildung sein. Auch die Schulbürokratie sollte Projektarbeit in Lehrplänen und in der Praxis den entsprechenden Raum verschaffen.

Im schulischen Kontext muss es Zeit und Vorbereitung für (historische) Projektarbeit geben durch verschiedene Lernformen, einen Projektausschuss, das heißt eine Art „Fachkonferenz" für Projekte, einen Projektraum und -etat, einen Ort für projektorientiertes Lernen im Lehrgang und eine immer wieder erneuerte Diskussion zu ihrer Didaktik, z.B. zum Problem der Bewertung.

In: Wolfgang EMER/Uwe HORST/Karl Peter OHLY (Hg.): Wie im richtigen Leben ... – Projektunterricht für die Sekundarstufe II, Bielefeld ²1994, S. 377-386.

[34] Wolfgang EMER/Uwe HORST: Zukunftsweisende Perspektiven regionaler Projektarbeit für einen demokratischen Geschichtsunterricht. In: Karl Heinrich POHL (Hg.): Regionalgeschichte heute. Das Flüchtlingsproblem in Schleswig-Holstein nach 1945, Bielefeld 1997, S. 47-59.

[35] Wolfgang EMER/Uwe HORST: Region und Demokratischer Geschichtsunterricht, Bielefeld 2001 (maschinenschriftlich).

Auf der personellen Ebene der Kollegen und Schülerschaft muss es Einführung, wenn nötig, und vor allem Ermutigung zum Projekt als „vorausgeworfenes Wagnis" (Hartmut von Hentig) geben.

Auf der Lehrerseite sollte sich die Bereitschaft entwickeln zur Rollenänderung hin zum Moderator und „Coach",[36] bei den Schülern muss die Einübung selbstständigen und eigenverantwortlichen Lernens erfolgen, wie es für junge Erwachsene adäquat ist, und zwar im Lehrgang, fächerübergreifenden Unterricht und in anderen Lerngelegenheiten.

Unter diesen Bedingungen hat Projektarbeit eine gleichberechtigte Chance gegenüber dem Lehrgang und degradiert nicht zu der leicht zu kritisierenden Lernform ohne „Gebrauchs- und Mitteilungswert",[37] sondern entwickelt die Chancen, die sie in sich trägt: Prozesswissen, Schlüsselqualifikationen und demokratisches Handeln in und für eine moderne demokratische Gesellschaft einzuüben.

---

[36] SKLIWKA, Lernen und Arbeiten in der offenen Gesellschaft (wie Anm. 3).
[37] Ludwig DUNCKER / Bernd GÖTZ: Projektunterricht als Beitrag zur inneren Schulreform, Langenau-Ulm ²1988, S. 139.

Erfahrungen mit Projekten im Studium

Das Beispiel HIP (Historiker in der Praxis)

Von THOMAS HILL

1. Einleitung

In die hochschuldidaktische Diskussion hat die Projektmethode erst infolge der Reformbewegung der sechziger Jahre Eingang gefunden. Aus einer emanzipatorisch verstandenen Kritik an der hierarchischen Ordinarienuniversität und an der praxisfernen Wissenschaft im Elfenbeinturm, die sich über ihre gesellschaftliche Stellung und Verwertbarkeit nicht im Klaren war, propagierten zunächst vor allem Studierende und der wissenschaftliche Nachwuchs die Projektarbeit, um zum einen auf die Berufspraxis vorzubereiten und zum anderen langfristige gesellschaftliche Veränderungen herbeizuführen.[1] Dabei konnte an ältere, schulische Ansätze insbesondere des amerikanischen Pragmatismus (J. Dewey, W. H. Kilpatrick),[2] aber auch der deutschen Reformpädagogik (G. Kerschensteiner und andere) und der rus-

---

[1] Zum Folgenden siehe Bundesassistentenkonferenz (Hg.): Materialien zum Projektstudium, Bonn 1973; Harry HERMANNS: Projektstudium – Ergebnis und Instrument der Studienreform. Erfahrungen eines Soziologen mit Projektarbeit in den integrierten Technikstudiengängen der Gesamthochschule Kassel. In: Sabine HERING / Harry HERMANNS (Hg.): Lernen und Verändern. Zur Theorie und Praxis des Projektstudiums, Hamburg 1978, S. 66-101, hier S. 66-70; Werner BOLDT: Projektstudium. In: Annette KUHN/Jörn RÜSEN/Gerhard SCHNEIDER (Hg.): Handbuch der Geschichtsdidaktik, Düsseldorf ³1985, S. 694-696.

[2] Häufig werden John Dewey und William H. Kilpatrick geradezu als die alleinigen „Erfinder" der Projektmethode angeführt, damit werden jedoch ihre Bedeutung und Einfluss überschätzt. In jüngeren Arbeiten wird sogar daran gezweifelt, dass Dewey und Kilpatrick als Wegbereiter des Projektes im heutigen Sinne anzusehen seien. Siehe dazu Michael KNOLL: Die Projektmethode in der Pädagogik von 1700 bis 1940. Ein Beitrag zur Entstehung und Verbreitung reformpädagogischer Konzepte, Kiel 1991 (maschinenschriftliche Diss.) bes. S. 71-79, 100-126 und 200-214; Stefan BITTNER: Learning by Dewey? John Dewey und die Deutsche Pädagogik, Heilbronn 2001, S. 208-211.

sischen Arbeitsschulkonzeption (P. P. Blonskij, A. S. Makarenko) angeknüpft werden.³ Eines der ersten studentischen Projekte, der „Schülerladen Rote Freiheit", entstand am Psychologischen Institut der Freien Universität Berlin – unter der bezeichnenden Parole: „Bereiten wir im Studium revolutionäre Berufspraxis vor! Lernen wir unseren Beruf im Klassenkampf!"⁴ An einigen Reformuniversitäten, wie Bremen, Oldenburg, Osnabrück und Kassel, ist sogar das Projektstudium eingeführt worden, also ein Studium, das vorwiegend in einem oder mehreren Projekten organisiert wird.

Die Idee des Projektstudiums hat sich jedoch außerhalb der genannten Reformuniversitäten nicht durchgesetzt. Das Projekt als Methode der universitären Lehre ist damit jedoch nicht obsolet geworden. Auch die vor einigen Jahren an der Christian-Albrechts-Universität zu Kiel (CAU) gegründete Einrichtung „Historiker in der Praxis" (HIP) setzt in hohem Maße auf Projektarbeit und steht damit in der Tradition der Reformbewegung der sechziger Jahre. HIP versteht sich als Initiative zur Studienreform. Aber die Ziele und Mittel sind bescheidener und pragmatischer, ohne dass dies als Verlust gesehen wird. Es geht nicht mehr um „Klassenkampf" oder „gesellschaftliche Transformationsprozesse", sondern um einen Beitrag zur Bekämpfung der Arbeitslosigkeit. HIP will das Geschichtsstudium praxisbezogener gestalten und dadurch den Studierenden den Übergang in das Berufsleben erleichtern. Erreicht werden soll dies nicht durch ein Projektstudium, sondern mittels der Lehrveranstaltungsform Projekt, die das „Herzstück der Tätigkeit von HIP"⁵ bildet und die neben die klassischen universitären Veranstaltungstypen wie Vorlesung oder Seminar tritt.

Um die große Bedeutung der Projekte für HIP zu verstehen, sollen

– erstens die Initiative kurz vorgestellt,

– zweitens ihre Zielsetzungen näher erläutert,

---

³ Ein guter, kurzer Überblick zu den historischen Vorbildern bei Karl FREY: Die Projektmethode, Weinheim/Basel ⁸1998, S. 30-57. Zu den frühesten Repräsentanten der Projektidee im 18. und 19. Jahrhundert siehe KNOLL, Die Projektmethode (wie Anm. 2), S. 11-38.

⁴ Zitiert nach Jörg BÜRMANN: Projektstudium im Wandel vom revolutionären Lernprozess zur problemorientierten Lehrveranstaltung. In: Sabine HERING/Harry HERMANNS (Hg.): Lernen und Verändern. Zur Theorie und Praxis des Projektstudiums, Hamburg 1978, S. 21-38, hier S. 30.

⁵ Karl Heinrich POHL: „HIP" – Historiker in der Praxis. Ein Studienreformprojekt an der Christian-Albrechts-Universität zu Kiel. In: Demokratische Geschichte 13 (2000), S. 345-358, hier S. 353.

– drittens die Erfahrungen, die HIP mit der Durchführung von Projekten gemacht hat, vorgestellt,
– viertens abschließend zukünftige Aufgaben, die sich HIP bei der Projektarbeit stellen, skizziert werden.

2. Was ist HIP?

Die Einrichtung „Historiker in der Praxis" ist 1997 an der Erziehungswissenschaftlichen Fakultät (EWF) der CAU Kiel, Abteilung Geschichte und ihre Didaktik, entstanden.[6] Vorbild für die Initiative ist zunächst die Bielefelder „Berufswerkstatt Geschichte"[7] gewesen, aber HIP hat sich bald eigenständig weiterentwickelt. Eine ähnliche Einrichtung wie in Bielefeld und Kiel entstand 1996 an der Berliner Humboldt-Universität mit dem Projekt „Studium und Praxis".[8]

Das Studienreformprojekt HIP steht seit seiner Gründung unter der Leitung von Karl Heinrich Pohl, Professor für Geschichte und ihre Didaktik. In der Regel wurden die Aktivitäten von HIP von etwa fünfzehn Studierenden getragen, die Hilfskraftstellen innehatten, Werkverträge besaßen oder aktiv in Praxisprojekten mitarbeiteten. Im Frühjahr 2001 haben sich für HIP wichtige Veränderungen ergeben: Zum 1. April 2001 wurde die Abteilung Geschichte und ihre Didaktik der EWF mit dem Historischen Seminar der Philosophischen Fakultät der CAU Kiel zusammengelegt, und kurze Zeit später konnte – zeitlich befristet – ein hauptamtlicher Leiter für HIP eingestellt werden: PD Dr. Thomas Hill. Damit sind neue Rahmenbedingungen und Möglichkeiten für die Aktivitäten von HIP gegeben. Ein fester wissenschaftlicher Mitarbeiter zeigt einen höheren Arbeitseinsatz für HIP, als ihn die studentischen Mitarbeiter aufbringen konnten, er kann für eine bessere Koordination der Arbeit sorgen und bringt zudem zusätzliche

---

[6] Dazu und zum Folgenden ebd., bes. S. 345f.; zu HIP siehe auch www.uni-kiel. de/hip.

[7] Dazu Michaela HÄNKE-PORTSCHELLER: Berufswerkstatt Geschichte. Berufsorientiertes Studium der Geschichte an der Universität Bielefeld. In: Handbuch Hochschullehre, 17. El., Bonn 1998, Beitrag GS C 2.3, S. 1-15; Helen ORTH: Schlüsselqualifikationen an deutschen Hochschulen. Konzepte, Standpunkte und Perspektiven, Neuwied/Kriftel 1999, S. 80-82; siehe auch www.geschichte.uni-bielefeld.de/bewerk.

[8] Dazu Cornelia LANZ/Claudia DREISBACH/Marcel STEINBACH-REIMANN: Drei Jahre Projekt „Studium und Praxis". Ergebnisse – Ziele – Perspektiven, Berlin 1999; siehe auch www.geschichte.hu-berlin.de/praxis/index.htm.

Kompetenzen in die Arbeit ein. Waren bisher die Lehramtskandidaten der Grund-, Haupt- und Realschule, die von der Lehrerarbeitslosigkeit bedroht waren, die Zielgruppe von HIP, so wird sich HIP in Zukunft darüber hinaus vor allem an die Studierenden richten, die das Magisterexamen anstreben.

3. Ziele von HIP

Vorrangiges Ziel von HIP ist, die Chancen von Absolventen des Faches Geschichte auf dem außerschulischen Arbeitsmarkt zu verbessern. Wie kann das geschehen? Über welche Kompetenzen müssen junge Historikerinnen und Historiker verfügen, um im Berufsleben bestehen zu können? Gibt es überhaupt eine Berufsperspektive für Studierende des Faches Geschichte, die den Studienabschluss Magister anstreben?

Zurzeit verbessern sich die beruflichen Perspektiven für Lehramtskandidaten. Nach landläufiger Einschätzung sind aber die Berufsaussichten für Historiker und Geisteswissenschaftler außerhalb der Schule nach wie vor eher trübe. Die wenigen empirischen Untersuchungen, die es zum beruflichen Fortkommen von geisteswissenschaftlichen Magistern gibt, vermitteln allerdings ein etwas anderes, ein differenzierteres Bild.[9] Danach sind 80% der Absolventen berufstätig – meistens innerhalb eines Jahres nach dem Examen. Von diesen Berufstätigen arbeiten gut zwei Drittel in ihrem Fach, z. B. als Wissenschaftler oder Archivar, oder „fach-/studiennah" – „fachnah" sind Berufe, bei denen die fachliche Kompetenz des Studiums angewandt werden kann, wie z.B. im Journalismus. Ein Drittel geht „studienfernen" Beschäftigungen nach, bei denen das an der Universität erworbene Fachwissen fast keine Rolle spielt, z. B. als Sekretärin oder Versicherungsvertreter. Die meisten Magister sind in den Bereichen Journalismus, Werbung, Kultur und Film, Bildung, Verlag und – seit kurzem – Multimedia untergekommen.

Diese Zahlen widerlegen die häufig geäußerte Ansicht, Geschichtsstudierende würden es nach ihrem Studium nur zum Taxifahrer bringen. Der Tübinger Historiker Dieter Langewiesche hat 1997, als sich die Situation für

---

[9] Vgl. Stephan HOFMANN/Georg VOGELER: Geschichtsstudium und Beruf. Ergebnisse einer Absolventenbefragung. In: GWU 46 (1995), S. 48-57; Martha MEYER-ALTHOFF: Stabiler Trend oder dramatischer Einbruch? Hamburger Magisterabsolventen auf dem Arbeitsmarkt. In: Dieter GRÜHN (Hg.): Mit Praxisprogrammen das Berufsziel erreichen, Berlin 1999, S. 19-41; auch Winfried SCHULZE: Neue Berufsfelder, neue Formen des Studiums im Fach Geschichte. In: GWU 52 (2001), S. 4-12, bes. S. 6-9.

Lehramtskandidaten besonders schwierig gestaltete, die beruflichen Perspektiven für Geisteswissenschaftler sogar als recht gut eingeschätzt und dabei den Einsatz und die Leistung der Uniabsolventen gewürdigt: „Seit dem Bestehen der modernen Universität als Forschungs- und zugleich Ausbildungsstätte, also seit rund 200 Jahren, hat es für die Geisteswissenschaften nie einen ähnlich dramatischen Strukturbruch gegeben wie im vergangenen Jahrzehnt. Der staatliche Arbeitsmarkt für Geisteswissenschaftler verengte sich in einem Ausmaß, dass man von einem Zusammenbruch sprechen kann. Und wie reagierten unsere Studierenden? Sie passten sich effizient, aber geräuschlos der neuen Lage auf dem Arbeitsmarkt an. Sie veränderten ihr Examensziel und damit zugleich ihr vorrangiges Berufsziel. Wir erkennen das am völligen Umbruch des Verhältnisses von Staatsexamens- und Magisterstudiengängen in den achtziger Jahren. Ich wüsste keine andere große Bevölkerungsgruppe zu nennen, die ähnlich erfolgreich in so kurzer Zeit eine solche Anpassungsleistung vollbracht hat – keine Proteste, keine Forderungen nach Erhaltungssubventionen. Unsere Absolventen geisteswissenschaftlicher Disziplinen haben etwas außerordentlich Seltenes getan: Sie haben sich gemäß der Philosophie der Marktwirtschaft verhalten. Sie sind mit Erfolg in neue Berufsfelder gegangen."[10]

Aber vor übertriebenem Optimismus ist dennoch zu warnen, denn die Übergangsphase zwischen Examen und Berufseinstieg ist schwierig und von Unwägbarkeiten geprägt, da die Geisteswissenschaftler auf dem Arbeitsmarkt nur wenige ihnen speziell vorbehaltene Berufe vorfinden. Zwar dauert die Suchphase bei knapp zwei Drittel der Magisterabsolventen nicht länger als ein halbes Jahr, aber knapp ein Viertel ist nach dem Studium ein Jahr und länger arbeitslos. Zum charakteristischen Übergangsverhalten gehört zudem der häufige Berufswechsel in den ersten Jahren nach dem Abschluss.

Die erwähnten empirischen Untersuchungen wie auch weitere Befragungen, die allerdings keinen Anspruch auf Repräsentativität erheben können,[11] betonen, dass für den Berufseinstieg und die Berufstätigkeit folgende Kompetenzen und Erfahrungen wichtig sind:

---

[10] Zitiert nach MEYER-ALTHOFF, Stabiler Trend (wie Anm. 9), S. 19 und 37.
[11] Walter BÖNISCH (Red.): Mit Kant und Kafka in die Wirtschaft, München ²1991, LANZ/DREISBACH/STEINBACH-REIMANN, Projekt „Studium und Praxis" (wie Anm. 8), S. 11-14.

- Wissenschaftliche Kompetenzen: Überblickswissen, Materialbeschaffung und -recherche, Textarbeit, Strukturieren und Zusammenfassen von Texten und Informationen, Präsentation der erarbeiteten Ergebnisse.
- Fremdsprachenkenntnisse.
- „Schlüsselqualifikationen", die helfen, mit dem Fachwissen und den wissenschaftlichen Fähigkeiten situativ angemessen, stimmig und kompetent umzugehen und damit in möglichst vielen Bereichen Probleme lösen und Handlungsfähigkeit erlangen zu können sowie ständige Lernfähigkeit zu sichern: Eigeninitiative, Kontakt- und Kommunikationsfähigkeit, Kreativität und Flexibilität.[12]
- Praxiserfahrung – erworben vor allem durch Praktika. Letztere werden sehr häufig dazu genutzt, persönliche Kontakte aufzubauen, die für die Berufsfindung wichtig sind.

Die Universität vermittelt – selbstverständlich – die fachwissenschaftliche Kompetenz, die eine ganz entscheidende Grundlage für den beruflichen Erfolg darstellt, und gegebenenfalls Fremdsprachenkenntnisse. Mit der Einführung in das wissenschaftliche Arbeiten und durch den Studienbetrieb fördern die Hochschulen aber auch den Erwerb von Schlüsselqualifikationen, insbesondere von Kommunikations- und Kontaktfähigkeit. Gerade „das Geschichtsstudium bildet [...] nicht nur den wissenschaftlichen Fachmann aus, sondern auch den Generalisten, der sprachliche, arbeitsorganisatorische und intellektuelle Fähigkeiten im Beruf ausüben kann".[13]

Bis vor kurzem gab es nur selten weitere Hilfen der Universität für die Berufsfindung und den Berufseinstieg ihrer Studierenden. Auf das Projektstudium an einigen deutschen Reformuniversitäten wurde eingangs hingewiesen. Mittlerweile bestehen jedoch an etlichen Universitäten Praxisinitiativen, um Hochschulabsolventen den Berufseinstieg zu erleichtern.[14] Beliebt ist dabei der vielversprechende Name „Career Service". Zum Teil

---

[12] Dazu ORTH, Schlüsselqualifikationen (wie Anm. 7), S. 3-43 und bes. S. 107. Aus der Fülle der Literatur zu Schlüsselqualifikationen seien nur die Studie von Christoph RICHTER: Schlüsselqualifikationen, Alling 1995, bes. S. 29-41, genannt, dem es gelingt, empirisch nachweisbare Indikatoren für die Beherrschung von Schlüsselkompetenzen zu entwickeln.
[13] HOFMANN/VOGELER, Geschichtsstudium und Beruf (wie Anm. 9), S. 53.
[14] Dazu Holger EHLERT/Ulrich WELBERS (Hg.): Handbuch Praxisinitiativen an Hochschulen. Berufsorientierende Angebote für Studierende an Universitäten, Neuwied-Kriftel 1999; www.verwaltung.uni-muenchen.de/Studium_und_Arbeitsmarkt.

richten sich diese Maßnahmen an einzelne, meist geisteswissenschaftliche Fächer, häufiger jedoch an ganze Fakultäten bzw. mehrere oder alle Fachrichtungen einer Universität. Meistens können die Studierenden verschiedene Angebote in Anspruch nehmen, die das fachwissenschaftliche Studium ergänzen sollen:

- Vortragsreihen über Berufsperspektiven,
- Praktikumsvermittlung,
- Praxisprogramme zum Erwerb von Schlüsselqualifikationen, EDV-Kenntnissen und betriebswirtschaftlichem Grundwissen in Seminaren, Workshops, Trainings,
- Berufsberatung,
- Messen, um Studierende und Unternehmen in Verbindung zu bringen.

HIP will wie diese Praxisinitiativen den Studierenden helfen, sich über ihre beruflichen Perspektiven und Möglichkeiten klar zu werden und ihnen den Berufseinstieg erleichtern. Daher bietet auch HIP Vortragsreihen an, deren Referenten über Berufsfelder von Historikern informieren und den Studierenden ihre Erfahrungen vermitteln, auf welche Weise ein Geschichtsstudent bzw. Geisteswissenschaftler seinen Berufswunsch am ehesten realisieren kann. Trainingsveranstaltungen oder Workshops sollen helfen, Schlüsselqualifikationen, rhetorische Fähigkeiten, journalistisches Schreiben oder EDV-Kenntnisse zu erwerben bzw. zu erweitern. Darüber hinaus hilft HIP gleichfallsbei der Suche nach Praktikumsplätzen (siehe auch den Anhang).

Im Unterschied zu den meisten Praxisinitiativen versteht HIP sich aber nicht nur als Serviceeinrichtung, die das Fachstudium ergänzt, sondern als Studienreformprojekt, das bereits in die wissenschaftliche Ausbildung einen verstärkten Praxisbezug einbringt, ohne dass die wissenschaftliche Qualität des Studiums darunter leidet. Anders als bei den sehr weitgehenden Reformideen der ausgehenden sechziger und beginnenden siebziger Jahre,[15] soll das Fachstudium nicht eingeschränkt werden – das wäre für die Berufsperspektiven der Studierenden geradezu kontraproduktiv –, vielmehr sollen praxisorientierte Veranstaltungen hinzutreten.

Wie eingangs erwähnt, ist für HIP das Projekt die wichtigste Form der Lehre, um das Studium praxisorientierter zu gestalten und den Gedanken einer Studienreform zu verwirklichen. Im Übrigen sei darauf verwiesen,

---

15 Dazu oben, bei Anm. 1 und 4.

Erfahrungen mit Projekten im Studium 99

dass auch für die Bielefelder Berufswerkstatt die Durchführung von Projekten ein zentrales Handlungsfeld darstellt.[16]

4. Projektarbeit bei HIP

Was ist eigentlich ein Projekt? Welche Besonderheiten weisen HIP-Projekte auf? Eine allgemein akzeptierte Projektdefinition speziell für die Hochschullehre gibt es nicht. Daher soll hier bei der Bestimmung des Begriffes „Projekt" auf pädagogische Ansätze zurückgegriffen werden, denn der Projektunterricht wird in der Pädagogik schon seit den zwanziger Jahren intensiv diskutiert[17] und spielt in der Schule seit gut zwei Jahrzehnten eine große Rolle. Selbstverständlich muss der schulische Projektbegriff den universitären Anforderungen und den Zielsetzungen von HIP im Besonderen angepasst werden.

Üblicherweise werden Schulprojekte mit folgenden Merkmalen gekennzeichnet:

- Ziel und Inhalt eines Projekts sollen aus Problemen und Erfahrungen der Schüler bzw. Projektteilnehmer resultieren. Projekte suchen die Verknüpfung von Schule und Leben, von (schulischer) Theorie und (außerschulischer) Praxis und sind daher grundsätzlich fächerübergreifend angelegt, können nur selten der Systematik der Fächer folgen.
- Lehrende und Lernende erarbeiten gemeinsam eine Problemlösung und darauf basierend einen Projektplan. Ein Projekt ebnet daher tendenziell die Hierarchie zwischen Lehrern und Schülern ein.
- Der Plan wird in einer Simulation ausprobiert oder direkt ausgeführt, so dass in letzterem Fall die Fertigstellung eines Produktes (im weiteren Sinne) den Abschluss des Projekts bildet.
- Da ein Projekt sich stark vom traditionellen Unterricht unterscheidet, müssen die Teilnehmer und Teilnehmerinnen immer wieder in einer Me-

---

16 Vgl. HÄNKE-PORTSCHELLER, Berufswerkstatt Geschichte (wie Anm. 7), S. 10f.; ORTH, Schlüsselqualifikationen (wie Anm. 7), S. 81. Das größte Kooperationsprojekt der Bielefelder Berufswerkstatt Geschichte ist die Wanderausstellung „Das Dritte Reich im Fest" (Werner FREITAG [Hg.]: Das Dritte Reich im Fest. Führermythos, Feierlaune und Verweigerung in Westfalen 1933-1945, Bielefeld 1997), die von der Berufswerkstatt konzipiert und realisiert wurde und die zwischen Juni 1997 und Januar 1999 in elf westfälischen Städten zu sehen war.
17 Vgl. oben, Anm. 2 und 3.

tadiskussion die Arbeit im Projekt, ihre Rolle usw. reflektieren und gegebenenfalls neu bestimmen. Das Projekt hat auch sich selbst zum Gegenstand.[18]

In letzter Konsequenz stellen Projekte in der Schule eine „Grenzform von Unterricht" dar, da sie auf eine „Überwindung von Unterricht durch Unterricht" (Dagmar Hänsel) zielen.[19]

Vor dem Hintergrund des eben skizzierten Projektbegriffs bilden die Projekte von HIP eine ganz bestimmte Projektvariante, die sich aus den Zielsetzungen dieser universitären Initiative erklären. In HIP-Projekten geht es wie in schulischen Projekten um die Verknüpfung von Theorie und Praxis, Projekte sind für HIP das Scharnier zwischen Wissenschaft und Anwendung. Selbstverständlich soll in HIP-Projekten kooperativ und im Team gearbeitet werden. Und HIP versteht sich als Initiative zur Studienreform, daher hat es innerhalb der Projekte immer eine intensive Diskussion über die Projektarbeit gegeben.

Für die HIP-Projekte ist darüber hinaus zum einen sehr wichtig, dass sie in der Regel mit außeruniversitären Partnern und Partnerinnen durchgeführt werden: dem Kieler Stadtmuseum, dem Landesarchiv Schleswig-Holstein, dem Schleswig-Holsteinischen Landtag, der Bundeswehr usw. Denn gerade solche Projekte sind äußerst geeignet, um im Studium erworbenes, fachwissenschaftliches Wissen praktisch und berufsbezogen anzuwenden, interdisziplinär zu arbeiten und zugleich Schlüsselqualifikationen, wie Eigeninitiative, Flexibilität und Teamfähigkeit zu fördern. Wird im schulischen Projektunterricht oft eine schülerorientierte Initiative gefordert, so setzen die Projekte von HIP nicht bei den studentischen Erfahrungen an, da die Projekte auf die spätere berufliche Tätigkeit, mit der die Studierenden nicht vertraut sind, vorbereiten sollen. Der Zweck der HIP-Projekte liegt gerade darin, dass im Interesse der Studierenden ihr Erfahrungshorizont überschritten wird.

---

[18] Vgl. Werner BOLDT: Projektarbeit. In: Annette KUHN/Jörn RÜSEN/Gerhard SCHNEIDER (Hg.): Handbuch der Geschichtsdidaktik, Düsseldorf ³1985, S. 436-438, bes. S. 437; FREY, Die Projektmethode (wie Anm. 3), bes. S. 16f.; Dagmar HÄNSEL: Projektmethode und Projektunterricht. In: Dagmar HÄNSEL (Hg.): Projektunterricht. Ein praxisorientiertes Handbuch, Weinheim/Basel ²1999, S. 54-92, bes. S. 73-77.
[19] HÄNSEL, Projektmethode (wie Anm. 18), S. 74.

Zum anderen erarbeiten Lehrende und Studierende in einem Projekt gemeinsam auf wissenschaftlicher Grundlage ein Produkt, das in der Öffentlichkeit präsentiert wird. Dabei kann es sich um die Organisation einer Tagung, eine Veröffentlichung, ein Ausstellungskonzept, die Betreuung einer Ausstellung usw. handeln. Da HIP oft mit auswärtigen Institutionen und Einrichtungen zusammenarbeitet, die von den Studierenden eine bestimmte Leistung erwarten und diesen einen Arbeitsauftrag übertragen, kann HIP es nicht bei dem Simulieren der Praxis in einem Experiment belassen, sondern muss eine Aufgabe bzw. ein Problem praktisch lösen. HIP-Projekte sind immer produktorientiert.

Wie sieht die Projektarbeit bei HIP konkret aus? Sehr häufig hat HIP die Betreuung von Ausstellungen übernommen. Das größte Projekt dieser Art ist die didaktische Begleitung der Ausstellung „Vernichtungskrieg. Verbrechen der Wehrmacht 1941 bis 1944" gewesen, die im Januar/Februar 1999 im Kieler Landtag präsentiert wurde.[20] Das jüngste Beispiel bildet die Betreuung der Fotoausstellung „nachbelichtet", die vom November 2001 bis zum Januar 2002 im Kieler Stadtmuseum zu sehen war. Diese Ausstellung ist gewissermaßen eine „kleine Wehrmachtsausstellung", sind doch ca. 100 Bilder des pensionierten Lehrers Helmut Hoffmann zu sehen, die ihn als überzeugten Nationalsozialisten, Antisemiten und begeisterten Kriegsteilnehmer während der Jahre 1935 bis 1945 zeigen.

Die Projekte untergliederten sich in mehrere Phasen:

Phase 1: *Projektinitiative*

Der Schleswig-Holsteinische Landtag und das Kieler Stadtmuseum fragten bei HIP nach und boten die pädagogische Betreuung von „Vernichtungskrieg" bzw. „nachbelichtet" an. HIP warb interessierte Studierende für diese Aufgaben an. Die Wehrmachtsausstellung begleiteten ungefähr 15 Studierende, im Projekt „nachbelichtet" arbeiteten knapp 10 Studierende mit.

Phase 2: *Fachliche Vorbereitung*

Die fachliche Vorbereitung erfolgte bei der „Wehrmachtsausstellung" in einem Seminar (und verschiedenen Blockveranstaltungen), bei „nachbelichtet" mussten aus zeitlichen Gründen mehrere Blockveranstaltungen genügen. Die fachliche Leitung lag bei den Lehrenden der EWF bzw. des Histori-

---

20 Dazu POHL, „HIP" – Historiker in der Praxis (wie Anm. 5), S. 354-356.

schen Seminars: Prof. Dr. Karl Heinrich Pohl („Wehrmachtsausstellung") und PD Dr. Thomas Hill („nachbelichtet"). Ganz traditionell wurden auch Referate gehalten. Besondere Bedeutung kam selbstverständlich den Papern zu, die die Studierenden für ihre Referate anfertigten, da sie für alle Mitwirkenden das fachliche Basiswissen der weiteren Arbeit lieferten.

Phase 3: *Ausstellungsdidaktische Vorbereitung*

Zusammen mit der Verwaltung und Presseabteilung des Landtages („Vernichtungskrieg") bzw. der Museumspädagogin Kerstin Dronske des Kieler Stadtmuseums („nachbelichtet") wurde die Vermittlung der Ausstellungen vorbereitet. Zum einen halfen die Studierenden, die Eröffnungsveranstaltungen, Vortragsreihen und Diskussionsforen zu den Ausstellungen zu organisieren. Zum anderen – und dies ist die weitaus wichtigere Aufgabe gewesen – wurden die Führungen vorbereitet: Es wurde jeweils ein gemeinsames Konzept für die Führungen erarbeitet, zum Teil übten und probten die Studierenden auch die Rundgänge. Wenn die Ausstellungen während dieser Phase in nicht allzu großer Entfernung zu sehen waren, besichtigten die Projektgruppen diese gemeinsam.

Phase 4: *Betreuung der Ausstellung*

Schließlich wurden die Ausstellungen gezeigt und von den Studierenden betreut. Diese Arbeit war besonders bei der „Wehrmachtsausstellung" sehr umfangreich. HIP organisierte im Wintersemester 1998/99 eine Vortragsreihe mit Fachwissenschaftlern zum Thema „Wehrmacht im Zweiten Weltkrieg", die später auch als Buch erschien[21], sowie ein Jugendforum, auf dem ca. 100 Besucher drei Wochen nach Beendigung der Ausstellung noch einmal über „Vernichtungskrieg" diskutierten. Zu der Ausstellung absolvierten die „HIPianer" nicht weniger als ca. 300 Führungen. Bei „nachbelichtet" waren es ungefähr 30 Rundgänge.

Phase 5: *Nachbereitung*

Abschließend wurde die gemeinsame Arbeit ausgewertet. Nach Möglichkeit ist die kritische Retrospektive der Projekte schriftlich festgehalten worden, um deren Ergebnisse und Einsichten bei der zukünftigen Planung und Durchführung von Projekten gezielter einbringen zu können.

---

21 Karl Heinrich POHL (Hg.): Wehrmacht und Vernichtungskrieg. Militär im nationalsozialistischen System, Göttingen 1999.

Die Studierenden verdienten mit jeder Führung 30 oder 50 DM. Welche Kompetenzen aber erwarben sie durch ihre Mitarbeit? Kann solche ausstellungsdidaktische Tätigkeit den Studierenden gar bei der Berufsfindung und dem Berufseinstieg helfen? Der Nutzen dieser Projekte liegt für die Studierenden sicher darin, dass sie sich im Bereich des Faches Geschichte außerhalb der Universität ausprobieren können und erste Erfahrungen sammeln. Die Studierenden hoben nach Abschluss der Projekte die „tollen Erfahrungen" oder gar die „Supererfahrungen" hervor, die sie während der Führungen hätten machen können. Man darf die Aufgabe nicht unterschätzen, sich von den thematisch-sachlichen Fragestellungen, die im universitären Lehrbetrieb vorherrschen, zu lösen und stattdessen bei der Planung von Führungen durch eine Ausstellung die Ziele einer Führung in den Vordergrund zu rücken, die Interessen, Vorkenntnisse, Wünsche usw. der Ausstellungsbesucher zu berücksichtigen und sich über unterschiedliche Methoden der Präsentation klar zu werden. Es ist eben ein erheblicher Unterschied, ob man über Auswahlkriterien bzw. „didaktische Reduktion" spricht oder ob man diese praktisch umzusetzen gezwungen ist. Ganz entsprechend können die Führungen selbst ganz neue Erfahrungen vermitteln, zeigen Stärken, aber auch Schwächen der Kommunikations- und Darstellungsfähigkeit usw. Sie fördern damit eine realistische Selbsteinschätzung und führen zu einem verstärkten Problembewusstsein hinsichtlich der eigenen kommunikativen und rhetorischen Kompetenzen, was im Idealfall zu weiteren Bemühungen führt, Defizite in diesen Bereichen abzubauen.

Weitergehende Erfahrungen machten die studentischen Begleiter der „Wehrmachtsausstellung". Sie mussten bei den Führungen ihre Gruppen, die meistens sehr emotional auf die Ausstellung reagierten und sich häufig verbal abreagierten, durch große Besuchermengen lotsen. Die Studierenden standen nicht selten unter psychischem und physischem Stress und waren gezwungen, sich in kontrovers geführten, zum Teil heftigen Diskussionen zu behaupten. Der „Wehrmachtsausstellung" wurden bekanntlich methodische Fehler vorgeworfen, aufgrund derer sie im November 1999 zurückgezogen wurde. Die Mängel der Ausstellung haben die Lernerfolge und Leistungen der Kieler Studierenden bei ihren Führungen nicht beeinträchtigt.

Diese Projekte führen also nicht nur praktisch in Museologie und Ausstellungsdidaktik sowie eventuell auch in Kulturmanagement und Öffentlichkeitsarbeit ein, sie unterstützen darüber hinaus die Studierenden auch in der Entwicklung von Schlüsselqualifikationen, die später im Beruf – gleichgültig in welcher Branche – immer von Bedeutung sind.

Ein Vorteil der Begleitung von Ausstellungen ist, dass solch ein Projekt relativ leicht zu organisieren ist und überschaubare Anforderungen an die Teilnehmerinnen und Teilnehmer stellt. Das Projekt führt die Mitarbeiter gewissermaßen behutsam an die Praxis heran, ermöglicht dort eine gewisse Handlungsfähigkeit, ohne dass die Gefahr einer Überforderung der Studierenden besteht. Gleichwohl muss HIP aufgrund seiner Zielsetzung und seines Selbstverständnisses auch versuchen, die Studierenden intensiver und umfassender mit der Praxis vertraut zu machen. Im Ausstellungsbereich sind daher auch Projekte anzubieten, die nicht nur Ausstellungen betreuen, sondern diese auch selbst konzipieren und realisieren. Dafür sollen wieder zwei Beispiele vorgestellt werden:

a) Das Projekt: „Die Ministerpräsidenten Schleswig-Holsteins" [22]

Von allen schleswig-holsteinischen Ministerpräsidenten aus der Zeit zwischen 1946 bis 1971 gibt es Ölgemälde, die ursprünglich im Kabinettssaal der Landesregierung hingen. Da diese sog. Ahnengalerie zum größten Teil von Uwe Barschel (CDU), Ministerpräsident Schleswig-Holsteins 1982 bis 1987, in Auftrag gegeben worden war, hatte sein Nachfolger Björn Engholm (SPD) sie 1988 aus dem Kabinettssaal entfernen und im Erdgeschoss des Landeshauses unterbringen lassen.[23] Der Verbleib der Porträts im Landeshaus war seit 1998 umstritten und führte zu politischen Auseinandersetzungen. Es ging vor allem um die Frage, ob die Gemälde einen Beitrag zur Formung eines modernen schleswig-holsteinischen Geschichtsbewusstseins leisten könnten oder ob sie Relikte einer vergangenen, obrigkeitlich orientierten bzw. feudalstaatlichen Zeit seien.[24] Die Landtagsfraktion der Grünen, in de-

---

[22] Zum Folgenden siehe auch POHL, „HIP" – Historiker in der Praxis (wie Anm. 5), S. 357f.

[23] Barschels Medienberater Reiner Pfeiffer hatte während des Wahlkampfes 1987 Engholm unter anderem durch Detektive überwachen lassen, um belastende Aussagen gegen ihn aufstellen zu können, ließ in einer anonymen Anzeige Engholms Steuerzahlungen überprüfen usw. Nachdem im September 1987 die gegen Engholm gerichteten Aktionen publik geworden waren, wurde allgemein davon ausgegangen, Pfeiffer habe im Auftrag Barschels gehandelt. Hätte Engholm die Ahnengalerie im Kabinettssaal beibehalten, so hätte dies in letzter Konsequenz bedeutet, dass sein Porträt einmal neben dem von Barschel hängen würde. Dieser Gedanke war für ihn offensichtlich unerträglich, und daher verzichtete er auf eine Fortführung der „Ahnengalerie". Zu der sog. Barschel-Affäre bzw. Barschel-Pfeiffer-Affäre siehe Uwe DANKER: Die Jahrhundertstory, Bd. 3, Flensburg 1999, S. 208-227.

[24] Ministerpräsidentin Heide Simonis nannte im Frühjahr 1998 die „Darstellung

ren Flur die Bilder hingen, wandte sich unter anderem an HIP und bat um Vorschläge für eine neue Verwendung der Bilder. Die Grünen hatten HIP von der „Wehrmachtsausstellung" her in guter Erinnerung. HIP schlug vor, im Landeshaus mit den Gemälden als Basis eine kleine – kritische – Ausstellung zur Nachkriegsgeschichte Schleswig-Holsteins zu präsentieren.

b) Das Projekt: „Theodor Mommsen-Gedenkjahr"

1902 wurde dem aus dem schleswig-holsteinischen Garding stammenden Althistoriker Theodor Mommsen (1817-1903), der auch politisch aktiv war, sich unter anderem 1848 an der schleswig-holsteinischen „Erhebung" beteiligte und bis zum Lebensende seinen liberalen Idealen der Revolution von 1848 treu blieb, der Literaturnobelpreis verliehen. 2002/03 wird daher in Schleswig-Holstein ein Mommsen-Jahr mit zahlreichen Veranstaltungen und Aktivitäten begangen.[25]

Seit dem Sommersemester 2001 befasst sich ein HIP-Projekt mit Theodor Mommsen: Zum einen wird eine kleine Wanderausstellung vorbereitet, die in den schleswig-holsteinischen Gymnasien und anderen interessierten Einrichtungen gezeigt werden soll. Neben einigen Stellwänden werden ein Faltblatt und ein Reader mit Unterrichtsmaterialien erarbeitet. Zum anderen widmet HIP sich dem „Mommsen-Gedächtnis", der bestehenden kleinen Ausstellung zu Mommsen in dessen Heimatstadt Garding. Für das Museum wird eine neue Homepage erstellt, und später soll nach Fertigstellung der Wanderausstellung und auf der Grundlage der Erfahrungen des Mommsen-Gedenkjahres das Mommsen-Gedächtnis in Garding überarbeitet bzw. neu gestaltet werden.

Diese Projekte sind natürlich aufwändiger in der Vorbereitung und Durchführung als die Betreuung bereits bestehender Ausstellungen. Bei den Teilnehmern eines Projekts, in dem eine historische Ausstellung konzipiert und realisiert werden soll, ist eine höhere fachliche und museologische Kompetenz vonnöten. Teamarbeit ist hier noch stärker gefordert als bei der reinen Ausstellungsbegleitung. Zudem stellt sich ganz konkret das Problem

---

von ‚Landesfürsten' in Öl [...] eine Fortführung höfischer Gebräuche"; zitiert nach: Die Welt 5.5.1998.

[25] Zu Mommsen sei hier nur auf die jüngste Biographie verwiesen: Stefan REBENICH: Theodor Mommsen. Eine Biographie, München 2002; zu den Aktivitäten in Schleswig-Holstein aus Anlass des Mommsen-Jubiläums siehe Bernd BRANDES-DRUBA: Initiative „Mommsen-Jubiläum" 2002/03. In: Mitteilungen der Gesellschaft für Schleswig-Holsteinische Geschichte 60 (2001), S. 10f. und www.mommsen-initiative.de.

der Finanzierung, an dem ein Projekt auch scheitern kann. Weitere Unwägbarkeiten können hinzutreten, die die Fertigstellung einer Ausstellung unmöglich machen.

So wurde etwa bei dem Projekt „Ministerpräsidenten in Schleswig-Holstein" zunächst vom Landtagspräsidenten das Geld für eine Hilfskraftstelle zugesagt, die Mittel dafür waren letztlich jedoch nicht vorhanden. Und es kam weitaus schlimmer: Der politische Streit um die Bilder eskalierte, so dass die Landtagsverwaltung und die Staatskanzlei schließlich froh waren, dass sie die Bilder Ende 2000 an das Schleswig-Holsteinische Landesarchiv in Schleswig abgeben konnten. Glücklicherweise sollen die Porträts im Landesarchiv dauerhaft präsentiert werden. So konnte das HIP-Projekt mit leicht geänderter Zielsetzung gerettet werden. Die Projektgruppe hat für die Ausstellung der Gemälde eine kleine Begleitpublikation erarbeitet, die sich mit der verfassungsrechtlichen Stellung des Ministerpräsidenten, den einzelnen Amtsinhabern sowie den Bildern auseinandersetzt und im Herbst 2002 vom Landesarchiv publiziert wurde.

Im Falle des Mommsen-Projekts konnten dank intensiver Gespräche mit der Sparkassenstiftung, dem Kultusministerium und dem Museumsamt des Landes Schleswig-Holstein sowie der Stadt Garding die Ziele des Projektes bestimmt sowie seine Rahmenbedingungen und seine Finanzierung gesichert werden. Die Sparkassenstiftung übernimmt die Kosten der Wanderausstellung, für die Anfertigung der Schautafeln durch ein professionelles Designbüro und den Transport der Ausstellung zu den Schulen. Die finanzschwache Stadt Garding zahlt den Studierenden für die Erstellung einer neuen Homepage des Mommsen-Gedächtnisses immerhin ein Honorar von 500 Euro. Die Finanzierung der Überarbeitung bzw. Neugestaltung der kleinen Mommsen-Ausstellung in Garding ist noch nicht geklärt, im Gespräch ist eine Mischfinanzierung durch die Sparkassenstiftung, das Museumsamt des Landes Schleswig-Holstein und die Stadt Garding.

Seitdem Ziele, Aufgaben und finanzielle Basis des Mommsen-Projekts im Herbst des letzten Jahres geklärt worden sind, schreitet die Arbeit an dem Projekt gut voran. Vielfältige Arbeiten im Zusammenspiel von wissenschaftlicher Recherche und öffentlicher Präsentation haben die Studierenden und Lehrenden wahrzunehmen. Alle haben sich zu Mommsen sachkundig zu machen, es müssen Abbildungen aufgespürt und Bildrechte geklärt werden, informative und zugleich ansprechende Ausstellungstexte sind zu formulieren usw.

Aber die Grenzen praktischer studentischer Arbeit werden auch deutlich.

Verhandlungen z. B. mit potentiellen Geldgebern können sicher nur im Ausnahmefall von Studierenden geführt werden, da sie mit solch einer Aufgabe überfordert sind und von den Partnern kaum akzeptiert werden.

HIP-Projekte stellen mit ihrem ausgeprägten Praxisbezug eine „Grenzform" der Hochschullehre dar, so wie schulische Projekte eine „Grenzform" des Unterrichts (Hänsel) bilden.[26] Auch ein Projekt wie das zu Mommsen bleibt immer eine universitäre Lehrveranstaltung, allerdings vermittelt es den Studierenden beispielhaft umfangreiche, praktische Kenntnisse auf dem Gebiet historischer Ausstellungen und fördert die Entwicklung von Schlüsselqualifikationen, insbesondere die Fähigkeit zur Teamarbeit.

5. Zukünftige Aufgaben

Wie ist die bisherige Projektarbeit von HIP insgesamt zu bewerten? Was für Projekte sollte HIP in Zukunft anbieten und durchführen? Die Projektarbeit hat sich bewährt, die Studierenden der HIP-Projekte haben ihre wissenschaftlichen Kompetenzen vertieft, etliche praktische Fähigkeiten erworben und an der Ausbildung ihrer Schlüsselqualifikationen gearbeitet. Einige Studierende haben zudem über ihre Mitarbeit bei Projekten den Zugang zu Praktika gefunden.

Intensiviert werden müsste meines Erachtens die Betreuung der einzelnen Teilnehmer. Ein Exempel: Bei Projekten, die sich der Ausstellungsbegleitung widmen, können Studierende durch Supervision mit Hilfe einer Videokamera gezielter beraten, ihre Stärken und Schwächen bei Führungen besser erkannt und ihnen leichter verdeutlicht werden. Auf der anderen Seite waren die Projekte ein wenig zu „naiv", zu sehr auf die Arbeit am Produkt, das am Ende des Projekts zu stehen hatte, ausgerichtet. Die theoretischen Grundlagen der praktischen Projektarbeit müssten in höherem Maße als bisher berücksichtigt werden. Auch die Aktivitäten in den Projektgruppen sollten von diesen noch intensiver reflektiert werden.

Zum anderen muss HIP sich darum bemühen, die Projektarbeit außerhalb von Museen und historischen Ausstellungen zu verstärken, sind doch Geschichtsabsolventen überwiegend in anderen Bereichen tätig, wie z.B. dem Journalismus, der Erwachsenenbildung, der Werbung usw. Erste Schritte zur Ausweitung der Projektarbeit in neue Praxisfelder sind unternommen. Im Sommersemester 2002 hat HIP ein Projekt angeboten, das den

---

[26] Dazu oben, Anm. 19.

Bogen vom Geschichtsstudium zum Journalismus schlägt, in dem sicher der größte Teil der Geschichtsstudierenden, die den Magisterabschluss anstreben, nach dem Studium tätig sein möchte. Ein zweites Projekt erprobt praktisch Arbeitsmöglichkeiten für Historiker im Tourismus.

Das Projekt „Von der historischen Recherche zum journalistischen Schreiben" wird zusammen mit dem Schleswig-Holsteinischen Zeitungsverlag (sh:z) durchgeführt, der seit Ende 2000 die „Schleswig-Holstein: Topographie" herausgibt. Alle 1132 Gemeinden des Landes sollen darin in den Zeitungen des sh:z, in einer Buchreihe, im Internet und im Radio (NDR, Welle Nord) vorgestellt werden. Ein wichtiger Aspekt ist dabei die Geschichte der Gemeinden. Hier setzt das HIP-Projekt ein, dessen Teilnehmer jeweils eine oder mehrere Ortsgeschichten recherchieren und verfassen sollen. Die allgemein verständlich und flott zu schreibenden Darstellungen werden dann in den genannten Medien veröffentlicht.

In dem Projekt „Tourismus und Geschichte. Neue Vermarktungsmöglichkeiten" soll es konkret darum gehen, ein Nutzungskonzept für historische Gastronomie am schleswig-holsteinischen Ochsenweg zu erarbeiten. Der Ochsenweg führte von Flensburg bis zu Elbe und war von vorgeschichtlichen Zeiten an bis zur Verkehrsrevolution des 19. Jahrhunderts (Anlage von Chausseen und Eisenbahnen) Schleswig-Holsteins zentrale Landverbindung mit Skandinavien und Mitteleuropa. Entlang des alten Weges zeugen noch heute zahlreiche Gasthöfe, die zum Teil bereits im Mittelalter entstanden sind, von der einstigen Funktion des Weges als Reiseweg. Seit einigen Jahren ist die Arbeitsgemeinschaft Ochsenweg dabei, den Weg einer größeren Öffentlichkeit bekannt zu machen und ihn touristisch zu erschließen.[27] Das Projekt soll dazu einen verwertbaren Beitrag leisten.

Der Vorteil der beiden Projekte zum Journalismus und zum Tourismus liegt nicht zuletzt darin, dass Vorarbeiten seitens der auswärtigen Kooperationspartner vorhanden sind und diese ein großes Interesse am Erfolg der Projekte haben. Finanzierungsprobleme stellen sich nicht. Die studentischen Teilnehmer wiederum erarbeiten sich Produkte, die durchaus als Arbeitsproben bei Bewerbungen vorgelegt werden können.

---

[27] Dazu Thomas HILL: Zur Konstruktion regionaler historischer Identität: das Beispiel des Ochsenweges. In: Bea LUNDT (Hg.): Nordlichter. Geschichtsbewusstsein und Geschichtsmythen nördlich der Elbe (im Druck).

6. Schluss

Projekte, wie sie bei HIP organisiert und durchgeführt worden sind, haben durchaus erfolgreich an der Schnittstelle von Studium und Praxis gewirkt. Sie sind erfreulicherweise am Historischen Seminar der Kieler Universität seit kurzem reguläre Lehrveranstaltungen, müssen aber leider nur von den Lehramtsstudierenden absolviert werden.[28] Projekte erfordern sicher häufig noch ein Umdenken auf Seiten der Lehrenden, die nicht bei rein fachwissenschaftlichen Fragestellungen stehen bleiben dürfen. Die Dozenten müssen sich bei der Projektarbeit außeruniversitären Aufgaben und Problemen öffnen, dadurch können sie den Studierenden praktische Erfahrungen vermitteln sowie mehr Eigeninitiative und Eigenverantwortung ermöglichen. Die Studierenden müssen aber ebenfalls die Bereitschaft zeigen, neue Wege im Studium zu gehen und sich nicht auf die Erfüllung des Studienplans zu beschränken.

Projekte sind ein kleiner, aber nicht unwesentlicher Beitrag zur Studienreform, die heute sehr viel pragmatischer verstanden wird als in den sechziger und siebziger Jahren. Es lohnt sich, sie weiterhin anzubieten und sie als universitären Lehrveranstaltungstyp weiterzuentwickeln. Denn sie helfen, den Bedürfnissen der Studierenden und dem eigenen Anspruch von HIP nach einem verstärkten Praxisbezug des Studiums gerecht zu werden.

ANLAGE:
AKTIVITÄTEN VON HIP IM SOMMERSEMESTER 2002

Projekte:

Das Historische Seminar der CAU Kiel im Dritten Reich
2-std., Do., 9-11 Uhr
PD Dr. Thomas Hill

Theodor Mommsen: Althistoriker, Politiker, Literaturnobelpreisträger – ein Ausstellungsprojekt zum Mommsen-Gedächtnisjahr 2002/3
Z.n.V.
Prof. Dr. Manfred Jessen-Klingenberg / PD Dr. Thomas Hill

---

[28] Nachrichtenblatt des Ministeriums für Bildung, Wissenschaft, Forschung und Kultur des Landes Schleswig-Holstein vom 4.2.2000.

Geschichte und Internet. Recherche und Präsentation
2-std., Mo 13-15
Sascha Urbatzka / PD Dr. Thomas Hill

Tourismus und Geschichte. Neue Vermarktungsmöglichkeiten
2-std., 14-tägig, Fr. 11-13 Uhr, mit Exkursion
Dr. Bernd Zich / PD Dr. Thomas Hill

Von der historischen Recherche zum journalistischen Schreiben
2-Std., Z.nV.
Dr. Jann M. Witt / PD Dr. Thomas Hill

Workshop:
Lydia Drews (Berlin): Rhetorik und Vortragstechnik
Mittwoch, 5.6., 9.00-17.30 Uhr

Vortragsreihe „Historiker und Beruf":
Donnerstag, 23.5., 18.00 Uhr
Dr. Jan Kolb (Allianz): Historiker und Geisteswissenschaftler in der Wirtschaft

Donnerstag, 30.5., 18.00 Uhr
Kerstin Dronske (Stadtmuseum Kiel): Historiker im Museum

Donnerstag, 6.6., 18.00 Uhr
Dr. Thomas Kahlcke (NDR): Geisteswissenschaftler beim Rundfunk und Fernsehen

Donnerstag, 13.6., 18.00 Uhr
Dr. Gabi Romig (Kultusministerium des Landes Schleswig-Holstein): Historiker und Geisteswissenschaftler in der Verwaltung

Praktikumsdatenbank:
Hilfe bei der Suche nach Praktikumsplätzen

Projektmanagement und Projektarbeit in studentischen Organisationen

Kooperationsprojekte von HIP mit außeruniversitären Partnern

Von Juliet Ingram

1. Warum ein studentisches Kooperationsprojekt mit außeruniversitären Partnern aus Kultur, Politik und Wirtschaft?

Nach traditionellen Vorstellungsmustern soll die Hochschule den Absolventen befähigen, eine wissenschaftliche oder künstlerische Tätigkeit auszuüben.[1] Dem Studierenden sollen die fachlichen Kenntnisse, Fähigkeiten und Methoden so vermittelt werden, dass er zu wissenschaftlicher oder künstlerischer Arbeit befähigt wird. Eine Berufsausbildung hat das Studium ausdrücklich nicht zum Ziel.[2] Schaut man sich an, wie heutzutage an deutschen Hochschulen Wissen vermittelt wird, so stellt man fest, dass immer noch zu 80 % die Form des klassischen Frontalunterrichts gewählt wird.[3]

Wie wirklichkeitsnah sind diese „klassischen inhaltlichen und didaktischen Maximen" an deutschen Hochschulen angesichts der heutigen schnellen Veränderungen des Arbeitsmarktes und der gewandelten Ansprüche an den Einzelnen? Hödl und Zeglin bringen den Konflikt auf den Punkt: Das Problem liegt in der Definition einer an der gesellschaftlichen Perspektive orientierten Identität der Hochschule – in der Realität besteht eine Vielzahl von Abstimmungsproblemen zwischen den gesellschaftlichen Erwartungen und den realen Leistungen in Forschung und Lehre.[4]

---

[1] Hochschulrahmengesetz (HRG), 4. Novelle (1990), § 2, Absatz 1.
[2] Ebd. § 7.
[3] Vgl. Arbeitsgruppe Hochschuldidaktischer Weiterbildung an der Albert-Ludwig-Universität Freiburg im Breisgau: Besser Lehren. Praxisorientierte Anregungen und Hilfen für Lehrende in der Hochschule und Weiterbildung, H. 4, Weinheim 1998, S. 4.
[4] Vgl. Erich Hödl, Erich/Wolf Zeglin: Hochschulreform und Hochschulmana-

Einerseits erklärt das klassische Humboldtsche Bild der Universität die Wissenschafts- und Forschungsfunktion der Universität zum obersten Prinzip, andererseits werden die Anforderungen des Arbeitsmarktes an die Hochschule weitergegeben, nämlich Schlüsselqualifikationen, „Soft Skills" und emotionale Intelligenz. Gefordert werden zudem kurze Studienzeiten, Praxisbezug und Auslandsaufenthalte.[5]

Konsequent wäre es demnach, dass die sich heutzutage rasch verändernde Lebens- und Arbeitswelt auch eine Wandlung des traditionellen Aufgabenfeldes und der Formen der Wissensvermittlung innerhalb der Hochschule nach sich zieht. Die Realität in deutschen Hörsälen sieht jedoch anders aus. Treffend stellt Karl-Heinz Minks fest, dass die Universität in der Praxis nur einen begrenzten Beitrag zur Befähigung der Absolventen leistet, sich mit den erworbenen Qualifikationen in einer Arbeitswelt zurechtzufinden, die weitaus mehr als diese Qualifikationen abverlangt.[6] Dies ist ein Problem, das im besonderen Maße die Absolventen geisteswissenschaftlicher Studiengänge betrifft.

1.1 Berufsfähigkeit – aber wie?

Die Übergangsphase zwischen Examen und Beruf ist besonders für Geisteswissenschaftler in den seltensten Fällen ein ebener Weg. Verschiedene empirische Untersuchungen resümieren,[7] dass für den Berufseinstieg folgende Kompetenzen wichtig sind:

---

gement: eine kritische Bestandsaufnahme der aktuellen Diskussion, Marburg 1999, S. 54.

[5] Vgl. Ruth KUNTZ-BRUNNER: Der ideale Absolvent. In: DUZ – Das unabhängige Hochschulmagazin 1998, H. 4, S. 18f.

[6] Karl-Heinz MINKS/Ralf-Rüdiger NIGMANN: Hochschulabsolventen 1988/89 zwischen Studium und Beruf, Hannover 1991, S. 115.

[7] Vgl. etwa Martin BAETHGE: Studium und Beruf. Neue Perspektiven für die Beschäftigung von Hochschulabsolventen. Denkanstöße für eine offensive Hochschul- und Beschäftigungspolitik, Freiburg im Breisgau 1986; Martha MEYER-ALTHOFF: Philologen auf dem Markt, Alsbach 1989; Rüdiger BERGHAHN u. a.: Berufsfelderkundungen: Beispiele aus Medizin-, Natur- und Geisteswissenschaften, Hamburg 1995; Ulrike VOGLER/Ingeborg KOSLOWSKI: Zum beruflichen Verbleib von Magisterabsolventen, Hamburg 1995; Rolf HOLTKAMP u. a.: Hochschulabsolventen auf dem Weg in den Beruf: Eine Untersuchung des Berufsübergangs der Absolventenkohorten 1989, 1993 und 1997, Hannover 2000.

- Wissenschaftliche Kompetenzen: Überblickswissen, Materialbeschaffung und Recherche, Textarbeit, Strukturieren und Zusammenfassen von Texten und Informationen, Präsentation der erarbeiteten Ergebnisse.
- Fremdsprachenkenntnisse.
- Praxiserfahrung: vor allem durch Praktika erworben, diese werden häufig zum Aufbau eines persönlichen Netzwerks genutzt, das wiederum für den Berufseinstieg wichtig ist.
- Schlüsselqualifikationen, die man nach Rolf Arnold definieren kann als[8] „Wissen und Können sowie die Einstellungen, die für die Bearbeitung vieler beruflicher Aufgaben einsetzbar sind. Darüber hinaus ermöglichen sie die Erweiterung bestehender und den Erwerb neuer Fähigkeiten und Fertigkeiten. Sie sind mehr als die sogenannten Arbeitstugenden, wie z.B. Genauigkeit, Sorgfältigkeit, denn sie umfassen sowohl grundlegendes Wissen und Können zur Informationsaufnahme und Verarbeitung (lesen, schreiben, rechnen) als auch soziale Kompetenzen (Zusammenarbeit und Austausch mit anderen)."

Die Bedeutung von Schlüsselqualifikationen zur Förderung der Berufsfähigkeit ist derzeit in der Hochschulreformdebatte wieder hochaktuell. Dieter Mertens als Begründer dieses Begriffs betont die Relevanz dieser Fähigkeiten, indem er Schlüsselqualifikationen als Kenntnisse, Fähigkeiten und Fertigkeiten beschreibt, die keinen begrenzten Bezug zu bestimmten praktischen Tätigkeiten haben, sondern vielmehr die Eignung für eine große Zahl von Positionen und Funktionen fördern.[9]

So lässt sich zusammenfassend sagen, dass „die wachsende Bedeutung von überfachlichen Kompetenzen im Kontext arbeitsweltlicher und allgemeingesellschaftlicher Veränderungen"[10] auch von Seiten der Universität theoretisch erkannt worden ist. Doch besteht immer noch eine große Lücke zwischen theoretischer Erkenntnis und praktischer Umsetzung – besonders innerhalb der geisteswissenschaftlichen Disziplinen.

Denn wie kann die Hochschule tatsächlich zur Förderung der Berufsfähigkeit beitragen und (auch) diese von der Arbeitswelt geforderten Qualifi-

---

[8] Rolf ARNOLD: Schlüsselqualifikationen – Ziele einer ganzheitlichen Berufsausbildung. In: Kölner Zeitschrift für Wirtschaft und Pädagogik 7 (1992), S. 65-88.
[9] Vgl. Helen ORTH: Schlüsselqualifikationen an deutschen Hochschulen: Konzepte, Standpunkte, Perspektiven, Neuwied 1999, S. 5.
[10] Ebd., S. 42.

kationen vermitteln? An dieser Stelle greift nun das Konzept des „studentischen Kooperationsprojektes mit außeruniversitären Partnern aus Kultur, Politik und Wirtschaft", ein Versuch, die von der Arbeitswelt gestellten Ansprüche an den Absolventen von Seiten der Hochschule zu erfüllen. Dies soll im Folgenden erläutert werden.

1.2 Aktueller Entwicklungsstand

Projektarbeit als „wahre Möglichkeit der Erziehung zur Demokratie" gehört seit Jahrzehnten zum methodischen Kern der progressiven Pädagogik. Das Modewort der Innovationszeit (Frey) der siebziger Jahre hat im Zuge des Wiederaufflammens der Studienreformdiskussion der letzten Jahre einen einzigartigen Aufschwung erlebt. Nicht nur in Schulen, auch in Universitäten soll die Arbeitsform „Projekt" nun endlich Einzug halten und das bestehende System grundlegend reformieren.

Wie bereits festgestellt, sollen (theoretisch) die konträren Welten des „Elfenbeinturms Universität" und des pragmatischen Arbeitsmarktes besser aufeinander abgestimmt werden, um den Absolventen der Universitäten den Einstieg in den Beruf zu erleichtern – diese also im Vorfeld besser auf die spätere Berufspraxis vorzubereiten. Sinnvolle Maßnahme, diese bestehende Lücke zwischen dem Anspruch (des Arbeitsmarktes) und der „Wirklichkeit" (an deutschen Universitäten) zu füllen, ist die Einführung des studentischen Kooperationsprojektes als ein Konzept, das Theorie und Praxis interdisziplinär verbindet und in dessen Rahmen alle am Bildungsprozess Beteiligten sowie Vertreter des Arbeitsmarktes zusammenarbeiten.

Bisher hat die Forschung zum Thema „studentischer Kooperationsprojekte mit außeruniversitären Partnern aus Kultur, Politik und Wirtschaft" im Bereich der Historikerausbildung recht wenig beigetragen. Reforminitiativen an verschiedenen Universitäten (auch in anderen geisteswissenschaftlichen Disziplinen) vermögen keine systematischen und wissenschaftlich abgesicherten Erkenntnisse darzulegen. Zwar existieren an verschiedenen deutschen Hochschulen Praxisinitiativen, die sich zum Ziel gesetzt haben, Geisteswissenschaftlern – und hier vor allem Historikern – den Übergang in den Beruf zu erleichtern,[11] doch ist dies längst nicht die Regel.

---

[11] Vgl. etwa Holger EHLERT/Ulrich WELBERS (Hg.): Handbuch Praxisinitiativen an deutschen Hochschulen. Berufsorientierte Angebote für Studierende an Universitäten, Neuwied/Kriftel 1999.

So ist etwa das Leuchtturmprojekt der Bielefelder Universität, die „Berufswerkstatt Geschichte", das erste wichtige Konzept zur Entwicklung einer universitären Lehre für Historiker, das sich an den Ansprüchen der Zeit orientiert.[12] Auch das Projekt „Studium und Praxis" der Humboldt-Universität in Berlin richtet sich an angehende Historiker, vor allem durch praxisorientierte Angebote für Studierende. Eine Reform der Hochschullehre steht hier nicht im Vordergrund.[13]

Die an etlichen Hochschulen in den letzen Jahren in den Geisteswissenschaften nach anglo-amerikanischem Vorbild eingeführte „Arbeitsvermittlungsinstanz" Career-Service bietet auch keine wirkliche Lösung, da diese zu spät greift. Zudem stellen diese auf Kontaktvermittlung zwischen Absolvent und Arbeitgeber beschränkten Institutionen keine Verbindung zwischen Reflexion der Aktivitäten und hochschuldidaktischer Reform her. Vielmehr gilt es jedoch, das Problem bei der Wurzel zu packen und nicht erst am Ende, sondern schon am Anfang der Ausbildung anzusetzen.

Einen Meilenstein im Bereich arbeitsmarktorientierter Hochschulreform durch Einführung innovativer Unterrichtsformen im Bereich der Historikerausbildung stellt die Studienreforminitiative „HIP" („Historiker in der Praxis") an der Universität Kiel dar. Hier wird diese Thematik seit Jahren erforscht – die Praxis wird auch theoretisch begleitet. Das Studienreformprojekt baut auf dem Grundsatz auf, dass eine bessere Abstimmung von Studium und Arbeitsmarkt voraussetzt, alle am Prozess Beteiligten einzubeziehen: Studierende, Hochschullehrer und potentielle Arbeitgeber. Konsequenz ist somit die Schaffung einer „Institution" (quasi einer Schnittstelle der verschiedenen Bereiche aller Betroffenen), die notwendige Reformen initiieren, entwickeln und letztendlich umsetzen kann. Im bisherigen Hochschulsystem ist im Regelfall eine solche arbeitsmarktorientierte Reforminstanz der Hochschullehre nicht vorgesehen. Evaluationen nach anglo-amerikanischem Vorbild halten zwar langsam auch in deutschen Hochschulen Einzug – eine Institution, die jedoch Ergebnisse theoretisch erforscht und zugleich praxisorientiert in ständiger Kooperation mit dem Arbeitsmarkt

---

[12] Vgl. Michaela HÄNKE-PORTSCHELLER: Berufswerkstatt Geschichte. In: Handbuch Hochschullehre, GS C 2.3, Bonn 1998; Michaela HÄNKE-PORTSCHELLER: Aus der Geschichte lernen. In: Handbuch Hochschullehre, GS C 4.1, Bonn 1998.
[13] Cornelia LANZ/Claudia DREISBACH/Marcel STEINBACH-REIMANN: Drei Jahre Projekt „Studium und Praxis". Ergebnisse – Ziele – Perspektiven, Berlin 1999.

umsetzt, existiert längst nicht an allen Hochschulen.[14] Eine solche Instanz für den Fachbereich Geschichte ist noch die Ausnahme.

Genau diese Lücke füllt die Praxisinitiative HIP – Historiker in der Praxis, eine Organisation, die sich dieser Herausforderung stellt. Durch einen ausgewiesenen Bezug zum Arbeitsmarkt sollen frühzeitig und gezielt zusätzliche berufliche Qualifikationen in den universitären Lehrbetrieb eingebunden und damit den Studierenden der Übergang ins Berufsleben erleichtert werden. Auf der Basis eines Drei-Säulen-Konzeptes wurden verschiedene berufsfördernde Elemente entwickelt: Vortragsreihen, Werkstattseminare, Kooperationsprojekte mit außeruniversitären Partnern aus Kultur, Politik und Wirtschaft. Zentrale Kontrollinstanz für diese drei Säulen des Projektes ist die Evaluation der einzelnen Organisationselemente, aus der heraus die gegenwärtige Hochschulausbildung Reformanstöße erhalten soll.

Die HIP-Ziele verlangen nach einer entsprechenden Methode, um sie zu verwirklichen. So wurde das studentische Kooperationsprojekt mit außeruniversitären Partnern aus Kultur, Politik und Wirtschaft ins Leben gerufen, eine Form des studentischen Projektseminars, das ausdrücklich den Arbeitsmarkt in den Bildungsprozess integriert. Bisherige außeruniversitäre Kooperationspartner waren etwa Verlage (unter anderem der Verlag für Regionalgeschichte und der Schleswig-Holsteinische Zeitungsverlag), Museen (unter anderm das Kieler Stadtmuseum „Warleberger Hof"), die Bundeswehr, der Schleswig-Holsteinische Landtag usw. Ausgewählte HIP-Kooperationsprojekte sind etwa: Projekte im Bereich Museumsdidaktik und Öffentlichkeitsarbeit (unter anderem die Erstellung von didaktischen Konzeptionen für die Ausstellungen „Vernichtungskrieg. Verbrechen der Wehrmacht 1941–1944" und „Aufstand des Gewissens – Militärischer Widerstand gegen Hitler und das NS-Regime 1933–1945" in Zusammenarbeit mit der Pressestelle des Schleswig-Holsteinischen Landtags), Online-Publishing-Projekte (Realisierung einer virtuellen Zeitung in Zusammenarbeit mit dem Schleswig-Holsteinischen Zeitungsverlag) wie auch die Aufbereitung touristischer Konzepte (im derzeit in Planung befindlichen Projekt „Tourismus und Geschichte. Neue Vermarktungsmöglichkeiten") und vieles mehr.

---

14 An einzelnen Hochschulen gibt es hochschuldidaktische Forschungszentren, etwa das wissenschaftliche Forschungszentrum für Berufs- und Hochschulforschung an der Gesamthochschule Kassel oder das Interdisziplinäre Zentrum für Hochschuldidaktik an der Universität Hamburg, die sich fächerübergreifend mit hochschuldidaktischen Reformen beschäftigen.

Im HIP-Ressort Praxisprojekte wird die neue Lehrform der „Kooperationsprojekte mit außeruniversitären Partnern" mit Studierenden ausprobiert und evaluiert. Doch schon an dieser Stelle soll kritisch hinterfragt werden, wo die Grenzen einer solchen demokratischen Arbeitsweise wie der pädagogischen Projektarbeit für so ein Konzept liegen können? Ist es nicht vielmehr notwendig, sich als Kooperationspartner der Arbeitswelt den Arbeitsweisen bzw. gewissen Spielregeln dieser in wesentlichen Punkten anzupassen? Wie hat idealerweise ein studentisches Kooperationsprojekt mit außeruniversitären Partnern aus Kultur, Politik und Wirtschaft auszusehen? Und nicht zuletzt: Was ist bei einer solchen Arbeitsweise gerade im studentischen Umfeld zu beachten und zu bedenken?

Alle diese Fragestellungen können an dieser Stelle sicherlich nicht erschöpfend und wissenschaftlich befriedigend beantwortet werden. Vielmehr soll es darum gehen, aus der langjährigen Erfahrung im Rahmen der Praxisinitiative HIP zu berichten und ein Resümee zu ziehen.

Zunächst wird der pädagogische Projektbegriff definiert, um ihn im Anschluss um die betriebswirtschaftliche Definition des „Projektmanagements" zu ergänzen und zugleich von diesem abzugrenzen. Beide zunächst völlig konträr erscheinenden Methoden sollen letztendlich wieder in einer dialektischen Verschränkung zusammengeführt werden, um somit eine Art „Muster" für ein studentisches Kooperationsprojekt mit außeruniversitären Partnern aus Kultur, Politik und Wirtschaft zu bilden.

2. Grundlagen und Abgrenzung: Pädagogische Projektarbeit und betriebswirtschaftliches Projektmanagement

2.1 Was bedeutet im pädagogischen Sinn „Projektarbeit"?

Eine einheitliche, übergreifende Definition des studentischen Projektseminars liegt bisher in der Fachliteratur nicht vor. Einzelne Modellversuche geben wertvolle Anregungen, lassen jedoch ein interessantes Untersuchungsfeld offen.[15]

---

15 Rudolf TIPPELT u. a.: Projektstudium. Exemplarisches und handlungsorientiertes Lernen an der Hochschule, München 1979; Projektkoordination (Hg.): Projektstudium in der Lehrerbildung der Gesamthochschule Kassel aus Sicht der Betroffenen, Kassel 1981; EHLERT/WELBERS (Hg.), Handbuch Praxisinitiativen an Hochschulen (wie Anm. 11); Stephanie Voss/Jörg ZIEGENSPECK: Das Projekt: eine hochschuldidaktische

118 *Juliet Ingram*

Widmen wir uns zunächst den grundsätzlichen Prinzipien der „Projektarbeit". Die Konzepte der „Projektarbeit" und des „Projektunterrichts" sind in der Vergangenheit hinreichend in der Fachliteratur behandelt worden. Zwei Forschungsansätze sind dabei besonders herauszuheben: die Beschäftigung mit Projektunterricht im schulischen Rahmen (exemplarisch erwähnt sei hier das Projektverständnis nach Herbert Gudjons[16]) und Karl Freys „Projektmethode",[17] die aus der schulischen Arbeit herausgeht und auch auf den Bereich Erwachsenenbildung/Universität Bezug nimmt.

In der Pädagogik existiert keine einheitliche Definition des Projektbegriffes, gleichwohl lassen sich zwei grundsätzliche Definitionsversuche herausstellen: einerseits der Versuch, den Projektunterricht durch Merkmalkataloge[18] zu umreißen, andererseits der Ansatz, diesen durch das Herausarbeiten bestimmter Komponenten zu definieren.

Karl Frey spricht von der „Projektmethode", um damit ein allgemeines Verständnis des Gegenstandes anzudeuten, das über „institutionell organisierten Unterricht" hinausgeht.[19] Die Projektmethode definiert er als Form der lernenden Betätigung, die bildend wirkt. Frey nennt sieben Komponenten eines idealisierten Projektunterrichts:

2.1.1 Projektinitiative

Basisgedanke ist, dass grundsätzlich alle Erscheinungen unseres Lebens sowie der natürlichen und „hergestellten" Umwelt als Projektthema dienen können. In dieser Stufe des Projekts regt ein Mitglied der Lerngruppe oder auch ein Außenstehender ein Projekt an, wobei dieser Prozess durch zwei charakteristische Merkmale geprägt ist: offene Ausgangssituation und die

---

Herausforderung – historische Wurzeln, schulpädagogische Reflexion und hochschuldidaktische Anregungen, Lüneburg 1999.

[16] Herbert GUDJONS: Was ist Projektunterricht? In: Westermanns pädagogische Beiträge 36 (1984), S. 260-266 sowie Johannes BASTIAN/Herbert GUDJONS (Hg.): Das Projektbuch II. Über die Projektwoche hinaus – Projektlernen im Fachunterricht, Hamburg ³1998.

[17] Karl FREY: Die Projektmethode, Weinheim/Basel ⁸1998.

[18] Den wohl umfassendsten Versuch, einen Merkmalkatalog aufzustellen, unternahm 1984 GUDJONS, Was ist Projektunterricht? (wie Anm. 16). Nach Gudjons bestimmen zehn Merkmale ein Projekt, die er wiederum in Projektschritte einbindet. Er bezieht sich vor allem auf den schulischen Projektunterricht.

[19] FREY, Projektmethode (wie Anm. 17), S. 11.

Tatsache, dass der Vorschlag zunächst keinen Bildungswert haben muss. Grundgedanke ist hierbei, dass jedes Thema durch die Art der Auseinandersetzung damit einen Bildungswert erhält.

2.1.2 Auseinandersetzung mit der Projektinitiative

Ergebnis dieses Schrittes soll die Entwicklung einer Projektskizze sein. Zunächst wird ein Rahmen vereinbart, der Punkte wie allgemeine Spielregeln und ein Zeitlimit beinhaltet. Der nächste Schritt ist die Auseinandersetzung der Teilnehmer mit der Initiative, hierzu gehört die Kommunikation untereinander, das Äußern von Wünschen sowie das Aufsuchen von Kontaktpersonen und kompetenten Fachleuten. Wesentlich ist hierbei, dass eine offene Diskussion aller Teilnehmer stattfindet und die Betätigungswünsche aller Teilnehmer zur Sprache kommen. Ergebnis ist eine Projektskizze, die das Gebiet umreißt, in dem die Teilnehmer zukünftig tätig werden wollen.

2.1.3 Gemeinsame Entwicklung des Betätigungsplans

Im Rahmen dieses Schrittes soll ein konkreter Projektplan erstellt werden. Die Teilnehmer entwickeln konkrete, praktisch durchführbare Arbeitsschritte, legen fest, „wer was wie" tut. Wesentlich ist dabei für Frey, dass das anschließende Handeln der Projektteilnehmer zu einer „aus ganzem Herzen gewollten Tätigkeit" wird. Die Teilnehmer sollen sich mit dem Projekt identifizieren, ihm ihre persönlichen Konturen verleihen.

2.1.4 Projektdurchführung

Die Teilnehmer führen nun das Projekt durch, wobei der Projektablauf immer von dem Projektplan begleitet wird. Verschiedene Formen der Tätigkeitsorganisation sind möglich, z.B. Einzelarbeit, Gruppenarbeit, steuernde und ausführende, körperliche und geistige Tätigkeiten. Der Ablauf des Projektes ist hier natürlich auch abhängig von externen Faktoren wie Raum, Zeit und Geld.

2.1.5 Beendigung des Projektes

Hierbei sind drei Arten der Beendigung zu unterscheiden: der bewusste Abschluss, die Rückkopplung zur Projektinitiative oder das schlichte Auslaufen. Handelt es sich um ein produktzentriertes Projekt, bestimmt die Fertigstellung dessen das Projektende, standen Aktivitäten im Mittelpunkt der Initiative, dann markiert eine besondere Ausprägung (z.B. eine besondere Qualität des Tuns) das Ende.

2.1.6 Fixpunkte

Fixpunkte sind die organisatorischen Schaltstellen des Projektes. Sie werden bei Bedarf und unter Abstimmung der Projektteilnehmer im Verlauf eines Projektes eingeschoben. Die Projektteilnehmer finden sich zusammen, um sich gegenseitig über ihre Tätigkeiten und den Stand der Aktivitäten angesichts des Gesamtvorhabens einzuordnen. Fixpunkte bilden somit eine reflektorische Instanz, um „blindes" Tun zu vermeiden.

2.1.7 Metainteraktionen

Diese Zwischengespräche bezeichnet Frey auch als Instanz zur Qualifizierung von Tätigkeit als bildende Tätigkeit. Aus einer gewissen Instanz, auf einer übergeordneten Ebene setzen sich die Teilnehmer mit ihrem Handeln auseinander.

Diese Komponenten gelten für sämtliche Bildungsbereiche, also auch für studentische Projekte an der Universität. Nach Frey sind in den Projekten, die nach dem von ihm aufgestellten „Grundmuster" verlaufen, idealerweise alle von ihm genannten Komponenten vorhanden. Er betont zugleich, dass ein Projekt auch erfolgreich verlaufen kann, wenn nicht alle Schritte Berücksichtigung finden. Er spricht dann von projektartigem Lernen. Diese Methode wurde zunächst als Basis für HIP-Praxisprojekte gewählt, da sie sich am besten für die Umsetzung studentischer Projektarbeit eignet.

Zusammenfassend und übergreifend lassen sich folgende Strukturmerkmale für ein Projektseminar definieren, dessen Ziel ist, vor allem die Methoden- und Sozialkompetenz zu fördern:
- Produkt- und Handlungsorientierung,
- Interdisziplinarität,
- Orientierung an den Interessen der Beteiligten,
- Situations- und Gesellschaftsbezug,
- gemeinsame Organisation von Lernprozessen.

Diese übergeordneten Prinzipien vereint das gemeinsame Grundprinzip der demokratischen Mitbestimmung und der Selbstkontrolle durch die Projektteilnehmer. Übergeordnetes Ziel der Projektmethode ist vor allem der Erwerb von Schlüsselqualifikationen (Selbstkompetenz, Sozialkompetenz und Methodenkompetenz) und Fachwissen.

Soweit die theoretische Seite. Auf die Studienreforminitiative HIP bezogen bilden diese Prinzipien zunächst den Organisationsrahmen und die Arbeitsweise der studentischen Kooperationsprojekte. Diese Idealvorstellung wurde in der Praxis binnen kurzem durch pragmatische Richtlinien ergänzt. Was ist zu tun, wenn neben den pädagogischen Wertmaßstäben auch Ansprüche der außeruniversitären Arbeitswelt zu erfüllen sind, wenn Erfolg eines Projektes nicht allein von einer frei veränderbaren Produkt- und Prozessorientierung abhängen, sondern vielmehr auch von handfesten Maßgaben des Auftraggebers (also des externen Kooperationspartners)? Ein Konzept für eine äußerst effiziente Arbeitsweise stellt hier das Projektmanagement in Wirtschaft und Industrie dar.

2.2 Was bedeutet Projektmanagement in Wirtschaft und Industrie?

An dieser Stelle greift nun das betriebswirtschaftliche Konzept des Projektmanagements. Verschiedene Arbeitsschritte sollten im Verlauf der Kooperationsprojekte aus dieser Konzeption übernommen und in das pädagogische Grundkonzept integriert werden. Es sei an dieser Stelle noch einmal ausdrücklich erwähnt, dass HIP-Kooperationsprojekte einerseits pädagogische Herausforderungen, andererseits jedoch auch stets „Auftragsarbeiten" von außeruniversitären Partnern aus Kultur, Politik und Wirtschaft sind – gemäß der Zielsetzung von HIP, Bildungssektor und Arbeitsmarkt zu verbinden. Mit dieser Zielsetzung ist es sinnvoll und notwendig, die Arbeitsweisen dem angestrebten Ergebnis anzupassen, also pädagogische Projektarbeit und strategisches und operatives Projektmanagement zusammenzubringen. Der pädagogische Projektbegriff ist im vorherigen Abschnitt hinreichend erläutert worden. Was nun also charakterisiert Projektmanagement in Industrie und Wirtschaft?[20]

Zweck eines Wirtschaftsunternehmens ist die Leistungserstellung- und vermarktung. Für den langfristigen Unternehmenserfolg unabdingbar sind neben den durchgeführten standardisierten Routineprozessen (Linienar-

---

[20] Die folgenden Ausführungen nach Georg KRAUS/Reinhold WESTERMANN: Projektmanagement mit System. Methoden, Organisation, Steuerung, Wiesbaden 1998.

beit) auch Innovationsprozesse. Diese Innovationsaufgaben erfordern eine von der Linienorganisation abweichende Vorgehensweise und werden somit als Projekte definiert.

Projekte in der Wirtschaft können produkt- und/oder prozessorientiert sein. Zentraler Unterschied zum pädagogischen Projektverständnis ist, dass sie sich immer am obersten Unternehmensziel, der Gewinnerwirtschaftung, orientieren. Projektmanagement hat somit immer auch eine ökonomische Motivation, die sich letztlich in finanziellem Gewinn messen lässt. Es sind verschiedene Projekttypen zu unterscheiden, so stellen die Erarbeitung und Einführung eines neuen Produktes auf dem Markt (Typ: Neue Produkte) aber auch die Anpassung der Organisation/Abteilung an die neuen Erfordernisse des Unternehmens/Marktes (Typ: Organisationsentwicklung) typische Projekte dar.[21]

Ein Projekt in einem Wirtschaftsunternehmen ist gekennzeichnet durch:

– Neuartigkeit (Innovation): Da nur begrenzte Erfahrungswerte vorhanden sind, sind Projekte auch immer risikobehaftet. Ob Ziele erreicht werden, lässt sich nicht mit absoluter Sicherheit voraussagen – vieles muss man schlichtweg ausprobieren. Hieraus ergeben sich in der strategischen Planung eine große Dynamik und ein Bedarf an Änderungen.
– Zeitliche Begrenzung: Projekte enden meist mit der Erreichung des vorab definierten Zieles. Es gibt auch Ausnahmen. Hierbei werden Projekte zu kontinuierlichen Einrichtungen und Teil der Linienorganisation. Sie verlieren dann aber ihren Projektcharakter und werden zu Routineprozessen umgewandelt.
– Komplexität: Machbarkeit, Einschätzung, Planung, Durchführung und wirtschaftliche Folgen bilden einen komplexen Gesamtzusammenhang des Projektes. Eine Vielzahl von Faktoren und Wirkungszusammenhängen sind zu beachten.
– Beteiligung mehrerer Stellen: Die Komplexität von Projekten bedingt die Einbeziehung und Beteiligung verschiedener interner und auch externer Stellen. Um diese Interdisziplinarität zu steuern, ist eine einheitliche Arbeitsmethodik innerhalb des Projektteams unerlässlich. Diese Koordination und Abstimmung erfordern einen großen Zeitaufwand.

Projektmanagement in Wirtschaft und Industrie ist demnach ein eigenes Managementsystem, das wie andere Systeme auch Planungsinstrumente,

---

[21] Ebd., S. 15.

Steuerungsinstrumente, Führungsmethoden und Organisationsmodelle beinhaltet. Die Arbeitsweise ist geprägt durch Ziel- und Ergebnisorientierung, Ganzheitlichkeit und flache Hierarchien

Ziel- und Ergebnisorientierung verlangen, die Motivationsfunktion von Zielen zu nutzen, aber auch genügend Freiraum für alternative Lösungswege und Innovationen zu geben. Wichtig ist hierbei auch die Identifikation der Mitarbeiter mit den Zielen des Projektes und die Übernahme von Verantwortung, um das Ziel zu erreichen. Durch das Mitwirken bei der Zieldefinition wird eine starke Identifikation mit dem Projekt garantiert, was wiederum zu höherer Motivation und somit Produktivität führen kann.

Ganzheitlichkeit steht in diesem Zusammenhang vor allem für die integrierte Betrachtung und Behandlung einer Aufgabe, also für den Teamgedanken. Wesentliche Frage ist immer: „Wie erreichen WIR das Ziel?" Drei Größen sind im Rahmen der ganzheitlichen Betrachtung bei der Abwicklung eines Projektes stets im Auge zu behalten: Ergebnis/Output, Termine/Zeit, Aufwand/Kosten/Input.

An diesen drei Faktoren orientiert sich die Produktivität eines Projektes. Der Projektleiter steht somit vor der schwierigen Aufgabe, die drei Faktoren im Blick zu behalten und ideal aufeinander abzustimmen.

In diesem Zusammenhang ist auch die Einhaltung von flachen Hierarchien zu sehen. Durch kurze Informations- und Entscheidungswege ist eine bessere Koordination möglich. Wesentlicher Erfolgsfaktor des Projektmanagements ist es, die Arbeit zu personifizieren. Teammitglieder wie Projektverantwortliche müssen sich mit der Ausgabe identifizieren, denn darin liegt die Basis für eine enge Zusammenarbeit, direkte Abstimmung und optimale Koordination.

Doch auch eine solche flache Organisationsstruktur verlangt nach klaren Regeln als Grundlage der Projektorganisation. Zu unterscheiden sind die Aufbauorganisation und die Ablauforganisation. In der Aufbauorganisation werden die Regeln der Zusammenarbeit der Projektbeteiligten festgelegt, während die Ablauforganisation die Phasen, Formalismen und Methoden des Projektes umfasst.

In der Aufbauorganisation werden die unterschiedlichen Ebenen der Mitarbeit definiert. Kraus unterscheidet grundsätzlich zwischen dem Auftraggeber (der das Projekt will) und dem Auftragnehmer (der das Projekt macht):

Die Ebene Auftraggeber (Projektinitiator) kann in Auftraggeber und Entscheider unterteilt werden. In den meisten Fällen genehmigt der Auftraggeber das Projekt und übergibt es dann an den Entscheider. Dieser trägt die unternehmerische Verantwortung für das Projekt und verfügt über umfassende, allgemein anerkannte Entscheidungskompetenz. Diese Aufteilung ist nicht zwingend, der Projektentscheider kann auch gleichzeitig Auftraggeber sein.

Der Projektleiter steht in der Hierarchie unter dem Entscheider. Er erhält seine Anweisungen vom Entscheider und berichtet direkt an diesen. Seine Aufgabe umfasst die Projektplanung, das Ingangsetzen, Koordinieren und Kontrollieren der Projektarbeiten.

Diesem untergeordnet sind die Projektteammitglieder, die jedoch nicht nur Anweisungen ausführen, sondern auch die Planung und Steuerung des Projektes aktiv mit gestalten. Sie erhalten ihre Anweisungen direkt vom Projektleiter und berichten auch an ihn.

(Temporäre) Projektmitarbeiter führen die von der Projektleitung und dem Team geplanten Aufgaben für die Dauer der Bearbeitung aus. Ein temporärer Projektmitarbeiter ist daher nur zeitweilig in das Gesamtprojekt eingebunden.

Innerhalb der Ablauforganisation eines Projektes ist zu unterscheiden zwischen Projektphasen (abgeschlossener Arbeitsabschnitt) und den sogenannten Meilensteinen (überprüfbares Zwischenergebnis).

Die Meilensteine innerhalb eines Projektes sind inhaltlich und terminlich definiert. Zweck ist der Informationsaustausch der Mitarbeiter unter der Maßgabe der Gesamtbeurteilung des Projektes. Ergebnis dessen kann sein: Wiederholung der letzten Phase, Nachbesserung bis zu einem festen Termin, Genehmigung der nächsten Phase oder sogar der Projektstopp. Ein Meilenstein wirkt als Motivation und Orientierungshilfe für alle Beteiligten wie auch als Führungsinstrument für die Projektleitung.

Besonders im Bereich der Motivation ist häufig ein typischer Verlauf von einer gewissen Anfangseuphorie über einen Sättigungspunkt in der Mitte bis hin zum Endspurt zu beobachten. Hier kann der Meilenstein helfen, Kontinuität in die Arbeit zu bringen, da an dieser Stelle Zwischenergebnisse „gebracht" werden müssen. Auch hilft ein solcher „Zwischenstand" bei der Orientierung. Liegt eine Projektziel noch „in weiter Ferne" und wird nicht anhand von „Zwischenstopps" überprüft, wo das Projekt eigentlich steht, besteht die Gefahr, dass das gesamte Geschehen in eine falsche Richtung läuft. Letztlich ermöglicht ein Meilenstein der Projektleitung, rechtzeitig Zielabweichungen zu erkennen und entsprechend frühzeitig „Kurskorrekturen" vorzunehmen.

Eine Möglichkeit, ein Projekt zu strukturieren und somit den Gesamtüberblick für alle Beteiligten zu bewahren, ist ein sogenannter Phasenplan. Standardprojektphasen sind:

- Ideenkonkretisierung: Hierzu gehört die Entscheidung über den Projektauftrag, die Benennung des Projektleiters und des Entscheiders und die Entscheidung über die Freigabe der nachfolgenden Diagnosephase.
- Diagnose: In dieser Phase erfolgt die Entscheidung über das Projektkonzept mit folgenden Inhalten: Nutzendarstellung, Kostenschätzung, Zeitrahmen, Risikobeurteilung, Umfeldanalyse und Vorstellung der Alternativen. An dieser Stelle erfolgt somit die Konkretisierung des Projektauftrags und die Entscheidung über die Freigabe der Planungsphase.
- Planung: Zu diesem Zeitpunkt erfolgt die Freigabe der Realisierung anhand von: Projektstrukturplan, Meilensteinplan der Realisierungsphase, Feinplanung der zu diesem Zeitpunkt überschaubaren Aktivitäten.
- Realisierung: Diese Phase umfasst die Dokumentation des Gesamtprojektes, den Projektergebnisbericht und die Präsentation der Ergebnisse sowie die Nachrechnung der Kosten. Wichtig ist, dass innerhalb jeder Projektphase mehrere Meilensteine „eingebaut" sind. Weiterhin schließt jede Projektphase mit einer Zusammenfassung der Ergebnisse der „Meilensteine" ab, anhand derer das weitere Vorgehen geplant wird.

3. Die Symbiose: studentische Kooperationsprojekte mit außeruniversitären Partnern aus Kultur, Politik und Wirtschaft innerhalb der Studienreforminitiative HIP

Nachdem im vorangegangen Abschnitt die theoretischen Konzepte der Projektmethode nach Frey und des Projektmanagements nach Kraus/Westermann dargestellt worden sind, wird im folgenden Abschnitt auf der Basis der Erfahrungen im Bereich der studentischen Kooperationsprojekte bei HIP die „ideale" Symbiose beider Ansätze in Form eines übergeordneten theoretischen Konstruktes dargestellt.

Die Vorteile beider Modelle wurden herausgefiltert und zu einem erfolgreichen Praxismodell zusammengefügt. Grundlage ist die Erkenntnis, dass HIP als Bildungsinstitution sich in der Zusammenarbeit mit der Arbeitswelt in wesentlichen Punkten der Arbeitsweise dieser anpasst, um die Projektziele zu erreichen – ohne jedoch die pädagogischen Maßgaben der Projektmethode nach Frey in den Grundprinzipien zu vernachlässigen.

Die pädagogischen Ziele der Projektmethode nach Frey wurden somit in der Methodik um die pragmatische Arbeitsweise des Projektmanagements hilfreich ergänzt. Sämtliche Strukturmerkmale der pädagogischen Projektarbeit sollten erhalten bleiben (also Produkt- und Handlungsorientierung, Interdisziplinarität, Orientierung an den Interessen der Beteiligten, Situations- und Gesellschaftsbezug und die gemeinsame Organisation der Lernprozesse). Der grundlegende Unterschied zwischen Projektmanagement und Projektmethode ist dadurch gekennzeichnet, dass HIP-Kooperationsprojekte Non-Profit-Projekte sind. Ziel ist es nicht, Gewinn zu erwirtschaften, sondern kostendeckend zu arbeiten. Während bei HIP-Kooperationsprojekten das „bildende Tun" und die Praxiserfahrungen im Vordergrund stehen, zählt dies im Projektmanagement zu den untergeordneten Projektzielen (wobei auch im Unternehmen auf die Förderung etwa sozialer und methodischer Kompetenzen im Rahmen eines Projektes durchaus Wert gelegt wird). In HIP-Kooperationsprojekten halten sich „bildende" Ziele und die Auftragserfüllung die Waage. Vorrangige übergeordnete pädagogische und pragmatische (arbeitsmarktbezogene) Ziele dieser studentischen Kooperationsprojekte für den teilnehmenden Studierenden sind:

- Sammeln berufsrelevanter Praxiserfahrungen,
- Aufbau eines Netzwerkes (für den späteren Berufseinstieg),
- Erwerb von Schlüsselqualifikationen,
- Erwerb von Fachwissen.

3.1 Aufbauorganisation

Auf die Studienreforminitiative HIP bezogen stellt sich dieses Organisationsmodell der Kooperationsprojekte folgendermaßen dar:

- *Entscheider/Auftraggeber*:
Dies sind gemeinschaftlich die pädagogische HIP-Leitung und der jeweilige externe Kooperationspartner. HIP-Kooperationsprojekte werden zunächst von der akademischen HIP-Leitung und dem externen Kooperationspartner grob geplant, mit der HIP-Geschäftsführung und dem Ressortleiter Praxisprojekte abgestimmt und letztlich genehmigt. Die akademische HIP-Leitung bestimmt dann zusammen mit der HIP-Geschäftsführung und dem Leiter des Ressorts Praxisprojekte den jeweiligen (studentischen) Projektleiter. Diesem wird die Ausführung des Projektes übertragen. Dieser Projektleiter ist nicht nur ausführende Kraft, sondern verantwortet (zunächst) die

erfolgreiche Durchführung. Aufgrund der studentischen Struktur (nonprofessionals) ist eine ständige (beratende) Rückkopplung zur HIP-Leitungsebene (akademische Leitung, Geschäftsführung und Ressortleitung Praxisprojekte) vorgesehen.

– *Projektleiter*:
Der studentische Projektleiter ist demnach mit der erfolgreichen Durchführung des Projektes betraut. Er berichtet an die HIP-Leitungsebene. Dieser Punkt wird im weiteren Verlauf gesondert betrachtet werden.

– *Projektmitarbeiter*:
Die Projektmitarbeiter werden aus der Gesamtheit der Kieler Geschichtsstudierenden rekrutiert. Sie sind als feste „Teammitglieder" durchgehend im Projekt beschäftigt. Sie berichten an den Projektleiter. Auch auf diese Ebene wird im weiteren Verlauf näher eingegangen werden.

Wichtige Modifikation des Projektmanagements ist hierbei also zunächst die demokratische Basis der studentischen Kooperationsprojekte. In den Anfängen von HIP sollten alle Projektmitarbeiter ein gleichberechtigtes Mitspracherecht haben, eine stark abgegrenzte Hierarchie war anfangs nicht vorgesehen. Grundsätzlich sollte dieses zentrale Strukturmerkmal der Projektmethode – die aktive gleichberechtigte Mitbestimmung aller Beteiligten – erhalten bleiben. Diese Grundidee wurde jedoch zugunsten einer klaren Organisationsstruktur modalisiert, gemäß der Maxime: Hierarchie wo nötig – Mitbestimmung wo möglich. Auf die Gründe wird im weiteren Verlauf des Beitrags detailliert eingegangen werden.

3.2 Ablauforganisation

Die Ablauforganisation bezieht sich auf die Durchführung eines Projektes. Im Folgenden werden die Kriterien der Ablauforganisation der Studienreforminitiative HIP als Symbiose der pädagogischen Projektarbeit (anhand der Projektmethode nach Frey) und des betriebswirtschaftlichen Projektmanagements (nach Kraus) aufgeführt:[22]

---

[22] Vgl. hierzu die Ausführungen in den Abschnitten „Projektarbeit" und „Projektmanagement".

3.2.1 Konkretisierung der Projektidee (Beginn: Projektstart)/Auseinandersetzung mit der Projektinitiative

– *Projektidee*:
Die Projektidee wird in der Regel im Vorfeld in den Grundzügen zwischen akademischer Leitung von HIP und dem externen Kooperationspartner abgestimmt.
Projektaufträge entstehen auf zwei Wegen. Auf der einen Seite wird das Netzwerk des akademischen Leiters als Rekrutierungsweg genutzt oder HIP spricht potentielle Kooperationspartner aktiv an, für die HIP als Dienstleister in Frage kommt. Dieser Punkt wird an späterer Stelle genauer ausgeführt werden. Andererseits kommen potentielle Partner aufgrund von Empfehlungen auf HIP zu und schlagen Projekte vor. Vorteile für die außeruniversitären Partner aus Kultur, Politik und Wirtschaft sind unter anderem Kostenersparnis gegenüber professionellen Dienstleistern, die Mitarbeit hochmotivierter Studierender (auch unter dem Aspekt Nachwuchsrekrutierung) und die Qualitätsgarantie (belegt durch zahlreiche zufriedene HIP-Referenzkunden).
Am Anfang jedes Kooperationsprojektes besteht demnach ein konkreter „Projektauftrag", erst dann wird das Projektteam gebildet, das die Idee erfolgreich verwirklicht. Fachwissenschaftliche Hintergründe historischer oder didaktischer Natur werden von der akademischen Leitung (zwei Professoren und ein wissenschaftlicher Mitarbeiter) mit den teilnehmenden Studierenden (dies schließt den studentischen Projektleiter ein) aufbereitet. Das so gebildete Projektteam entscheidet als ganzes über die weitere Organisation des Projektes. Auf die Punkte Projektaufbau und Mitarbeiterorganisation wird im letzten Abschnitt dieses Beitrags detailliert eingegangen werden.

– *Projektziel*:
Die verschiedenen Projekte sind produkt- bzw. prozessorientiert. Das Produkt (z.B. Erstellung einer didaktischen Konzeption für die Ausstellung „Vernichtungskrieg" oder die Erstellung einer Online-Zeitung) eines jedes Projektes wird vom externen Kooperationspartner, der akademischen Leitung von HIP in Abstimmung mit der HIP-Geschäftsführung und der HIP-Ressortleitung Praxisprojekte im Vorfeld definiert und schließlich mit dem Projektleiter besprochen. Zugleich geht es im Projektverlauf für jeden Einzelnen um den Erwerb von Schlüsselqualifikationen (Methodenkom-

petenz, Sozialkompetenz, Selbstkompetenz), Praxiserfahrung und Fachwissen.

3.2.2 Planung/gemeinsame Entwicklung des Betätigungsplans

– *Projektplanung:*
Ein detaillierter Ablauf- und Zeitplan wird am Anfang jeden Projektes auf Basis des im Vorfeld entwickelten Grundkonzeptes von den Mitarbeitern erstellt und im Laufe des Projektes stets kritisch evaluiert und eventuell auch modifiziert.

– *Zeitplan:*
Ein studentisches Kooperationsprojekt geht über den Zeitraum von mindestens einem und bisher maximal drei Semestern. Der Zeitrahmen orientiert sich vor allem an den Maßgaben des Auftraggebers (also des außeruniversitären Kooperationspartners aus Kultur, Politik und Wirtschaft).

– *Projektorganisation:*
Grundsätzlich ist jedes Projekt nach den Grundzügen der bereits aufgezeigten Aufbauorganisation strukturiert. Die detaillierte Aufgabenverteilung bzw. Feinplanung werden am Anfang des Projektes aufgrund der Qualifikation der Mitarbeiter demokratisch festgelegt.

– *Projektfinanzierung:*
– Personal:
Die Studienreforminitiative HIP wurde zunächst durch eine Anfangsfinanzierung vom Land Schleswig-Holstein unterstützt. Die festen Mitarbeiter (10 bis 15) haben meist Hilfskraft- bzw. Werkverträge. Die studentischen Projektleiter innerhalb des Ressorts Praxisprojekte und der Ressortleiter selbst erhalten Gelder aus diesem Topf. Die Studierenden, die an Praxisprojekten teilnehmen und ihre Arbeitsleistung im Rahmen dessen für außeruniversitäre Partner aus Kultur, Politik und Wirtschaft einbringen, erhalten von diesen eine Aufwandsentschädigung.

– Projektkosten:
Im Rahmen des Projektes entstehende Kosten werden in der Regel von den externen Kooperationspartnern getragen (etwa Materialkosten usw.). Zum Teil stellt jedoch auch die Studienreforminitiative die entsprechenden Mittel (z.B. für das Marketing der Mitgliederanwerbung), Räumlichkeiten für Treffen und Büromaterialien.

3.2.3 Realisierung/Projektdurchführung (Abschluss: Projektende)

Die studentischen Kooperationsprojekte sind zum einen produktorientiert. Sie enden mit Fertigstellung eines Produktes (z. B. einer Online-Zeitung, der didaktischen Konzeption und Durchführung von Führungen zur Ausstellung „Vernichtungskrieg" usw.). Zum anderen sollen die Studierenden im Rahmen der Projekte Praxiserfahrungen in verschiedenen Bereichen und Berufsfeldern sammeln, ein Kontaktnetz zu potentiellen Arbeitgebern aufbauen und Schlüsselqualifikationen erwerben.

3.2.4 Meilensteine/Fixpunkte: kritische Reflexion des Projektstandes

Fixpunkte und Meilensteine sind die regelmäßig stattfindenden Projektsitzungen, bei denen sämtliche Projektmitglieder über ihre Tätigkeiten berichten und ein Erfahrungsaustausch stattfindet. Dies umfasst Rechenschaftsberichte einzelner Teilnehmer und des Projektleiters wie auch die Termin- und Kostenkontrolle. Der jeweilige Stand der Aktivitäten wird an dieser Stelle dokumentiert. Auf dieser Basis werden am Ende der Sitzung die weiteren Projektschritte beschlossen. Jedes Projekttreffen schließt mit einem öffentlich auszuhängenden Protokoll, um den Gesamtverlauf des Projektes für alle transparent zu machen. Dieser Erfahrungsaustausch ist in diesem studentischen Rahmen auch vor allem zwischen den Leitern der einzelnen parallel laufenden Projekte und der HIP-Leitungsebene wichtig, da die Projektleiter als Studierende nicht über professionelle Erfahrung in der Leitung von Projekten verfügen. Die studentischen Projektleiter und die HIP-Leitungsebene treffen sich in regelmäßigen HIP-Sitzungen, um sich über Erfahrungen auszutauschen und Anregungen zu sammeln.

Auf die detaillierte inhaltliche Darstellung der Ablaufplanung der einzelnen Praxisprojekte ist an dieser Stelle verzichtet worden.[23] Es soll vielmehr darum gehen, auf der Basis der Praxisprojekte, die bereits bei HIP stattgefunden haben, eine übergeordnete Systematik zu entwickeln.

Im Rahmen der dargestellten Aufbauorganisation und Ablauforganisation der studentischen Kooperationsprojekte sind verschiedene (kritische) Punkte besonders zu beachten. Im Folgenden sollen studentische Kooperationsprojekte auf der Basis meiner Mitarbeit bei HIP kritisch betrachtet werden.

---

[23] Es sei hier besonders auf den Beitrag von Thomas Hill in diesem Band verwiesen.

4. Kritische Reflexion: Merkmale studentischer Kooperationsprojekte mit außeruniversitären Partnern aus Kultur, Politik und Wirtschaft

Bei HIP müssen pragmatische Notwendigkeit und pädagogische Prinzipien miteinander in Einklang gebracht werden, um effizient und effektiv zugleich mit der außeruniversitären Arbeitswelt zusammenzuarbeiten. Diese Aufgabe im Bereich der Non-Profit-Organisation mit Non-Professionals (Studierenden) weicht in manchen Aspekten von dem dargestellten theoretischen Idealfall ab. Stellt man Soll- und Ist-Zustand in einem kritischen Vergleich gegenüber, so wird deutlich, dass verschiedene Punkte gerade im Rahmen studentischer Arbeit besondere Aufmerksamkeit erhalten müssen. Im Folgenden sollen solche kritischen Merkmale studentischer Projektarbeit exemplarisch aufgezeigt werden.

4.1 Akquisition von Kooperationspartnern/Kommunikationsregeln

Wie schon in der Aufbauorganisation beschrieben, gibt es im Rahmen von HIP zwei Wege, Projektaufträge (und somit externe Kooperationspartner) zu generieren. Zum einen werden potentielle Kooperationspartner aufgrund des Netzwerkes der akademischen Leitung gewonnen. Zum anderen werden diese von HIP aktiv angesprochen. Auch hierbei ist zu beachten, dass die Arbeitsweise der „Akquise" den wenigsten Studierenden vertraut sein dürfte. Wesentliche Fragen sind also zunächst: Wem gegenüber vermarktet man sich? Wie spricht man diese Kooperationspartner überzeugend an? Bevor man aktiv wird, sollte dieser Prozess genau geplant werden. Kommunikationswege (per Telefon, per e-mail, persönlich oder schriftlich) und Vorgehensweise müssen genau überlegt sein. Auch die in der Arbeitswelt selbstverständlichen Umgangsformen und Kommunikationsregeln sollte sich jeder Studierende zuvor bewusst machen. So gibt es z.B. für den Aufbau eines Geschäftsbriefs bestimmte Regeln, die unbedingt eingehalten werden müssen, um überhaupt ernst genommen zu werden. Auch sollte man sich vorher eine wirkungsvolle Akquisitionsstrategie überlegen. Ein Beispiel könnte etwa sein:

Zunächst die genaue Information über den potentiellen Kooperationspartner und die Feststellung, an welcher Stelle HIP als Dienstleister diesem nützen oder „voranbringen" kann. Es folgen die Identifizierung des richtigen Gesprächspartners, ein gut durchdachter Anruf bei diesem, um Interesse zu wecken (man sollte mögliche Alternativen des Gesprächsverlaufs vorher durchgespielt haben), die Versendung von Informationsmaterial und darauf folgend wiederum ein Anruf, um möglichst einen persönlichen Termin zu vereinbaren und die Kooperation festzulegen usw. Und wie gesagt: Dies ist nur ein möglicher Weg der Akquisition.

Sämtliche Akquisitionswege wurden in der Gründungsphase von HIP gemeinschaftlich überlegt und werden in der Praxis immer wieder optimiert. Mit dem laufenden Ausbau des Ressorts Praxisprojekte geht selbstverständlich eine Erweiterung des HIP-Kooperationspartnernetzwerkes einher, was zum Vorteil hat, dass HIP auch von zufriedenen „Referenzkunden" wieder beauftragt oder auch weiterempfohlen wird. Wichtig ist natürlich aufgrund der Diskontinuität der HIP-Mitgliederstruktur, alle Erkenntnisse „von Generation zu Generation" der HIP-Mitglieder weiterzugeben.

4.2 Aufbau eines studentischen Kooperationsprojektes / Mitarbeitergewinnung

Die Aufbauphase eines Kooperationsprojektes ist vor allem geprägt durch die Herausforderung, geeignete Mitarbeiter zu finden. „Geeignet" in diesem Zusammenhang beinhaltet verschiedene Kriterien für die Mitarbeiterauswahl: etwa hohe Motivation und die Bereitschaft, sich (zusätzlich zum Studium) fachliche Inhalte anzueignen sowie über einen längeren Zeitraum zusätzliches Engagement auch unter Druck zu erbringen und bis zum Schluss dabeizubleiben, weiterhin Zuverlässigkeit (regelmäßige Mitarbeit und Teilnahme an den Projektsitzungen). Voraussetzung für die Rekrutierung ist ein klares Konzept der Projektleitung, wie neue Projektmitarbeiter zu motivieren sind; dies heißt vor allem aufzuzeigen, welchen Nutzen neue Mitglieder auch für sich aus ihrem Engagement ziehen (Anreiz). Dank eines gut durchdachten Konzeptes und engagierter fester HIP-Mitarbeiter ist es stets gelungen, zahlreiche Studierende zur Teilnahme zu motivieren. Rekrutierungswege sind etwa Ankündigungen im regulären Lehrbetrieb durch Professorinnen/Professoren und Lehrende, Informations- und Rekrutierungsveranstaltungen von HIP am Semesteranfang (auch Veranstaltungen nur für Erstsemester), PR-Aktionen (Messestände auf Absolventenmessen und am „Tag der offenen Tür" der Universität, die HIP-Homepage, das Verteilen von Flyern, Broschüren und nicht zuletzt auch Mundpropaganda und persönliche Kontakte). Doch selbstverständlich muss im Laufe des Projektes darauf geachtet werden, die Mitarbeiter kontinuierlich zu motivieren, damit diese „dabeibleiben".

4.3 Kommunikation zwischen den Mitgliedern

Wesentlicher Bestandteil eines studentischen Kooperationsprojektes auf Basis des freiwilligen Zusatzengagements ist die ständige Kommunikation der Mitglieder untereinander. Der Projektleiter beruft in regelmäßigen Abständen Treffen der Mitarbeiter ein, um einen Informationsaustausch zu ermöglichen. Klassische Probleme hierbei sind:

Das Finden eines Termins, an dem alle Teilnehmer neben den regulären Vorlesungen und Veranstaltungen Zeit haben, erweist sich als nicht immer einfach. Die Einführung der Pflichtteilnahme an Projekttreffen, um sicherzugehen, dass alle Mitarbeiter auf dem aktuellen Informationsstand sind, ist nicht unproblematisch. Hierbei ist auch immer der Konflikt zu sehen, dass man engagierte Studierende, die ohnehin eine zusätzliche Arbeitsbelastung auf sich genommen haben, „unter Druck setzt" (motivationsmindernd). Dies gilt genauso für die Anfertigung von Rechenschaftsberichten der Projektleiter, denn auch die Projektleiter sind Studierende mit üblichen Studienpflichten. Diese Maßnahme ist jedoch notwendig, denn diese Berichte dokumentieren den aktuellen Stand der Projektaktivitäten „schwarz auf weiß" (daran orientiert sich das weitere Vorgehen).

Zudem werden die Berichte in Form eines Sitzungsprotokolls am schwarzen Brett zur Information aller Teilnehmer ausgehängt. So kann sich der Einzelne noch einmal in Ruhe über alles informieren (Nachbereitung) und auch bei der Sitzung nicht Anwesende können nachlesen, wie der Stand der Dinge ist. Aus meiner Erfahrung waren die Mitarbeiter in der Regel mit einer „Anwesenheitspflicht" und einer „Dokumentationspflicht" einverstanden, denn solche „Pflichten" dienen auch als Motivation und Selbstkontrolle für den Einzelnen.

Nicht immer ganz offen ist – vor allem bei neuen Mitgliedern – der Austausch von Kritik, zu dem am Anfang jeder Sitzung aufgefordert wird. Grundsätzliches Problem hierbei ist, dass so mancher sich gehemmt fühlt, Störfaktoren oder Fehler von Kommilitonen offen anzusprechen. Man will den anderen nicht „anschwärzen" oder sogar „kränken" („wo er/sie sich doch freiwillig bemüht"). Wichtig ist eine für alle Teilnehmer angenehme und entspannte Atmosphäre (auch gern einmal mit Kaffee und Kuchen) und das Bewusstsein, dass konstruktive Kritik das Projekt in wichtigen Punkten voranbringt, ja sogar unerlässlich ist.

4.4 Hierarchien

Die grundsätzliche Idee der gleichberechtigten demokratischen Mitbestimmung aller soll bei HIP-Praxisprojekten zunächst gewahrt bleiben, denn dies bildet das Kernstück der pädagogischen Projektarbeit. Es ist jedoch notwendig, gewisse Hierarchien einzuführen, um eine klare Organisationsstruktur zu schaffen (auch als Orientierung für alle) und somit eine zielorientierte, strukturierte Arbeitsweise zu gewährleisten. Bestimmte leitende Mitarbeiter werden innerhalb des Projektes unter der Projektleiterebene mit gewissen „Machtfaktoren" ausgestattet, um Teilbereiche des Projektes, für die ihnen die Verantwortung übertragen wird, stets wieder in die gezielte Richtung zu lenken. Es besteht hierbei auch die Gefahr des „Verdiskutierens", was gemäß dem Motto „viele Köche verderben den Brei" enden kann. Wenn jeder Mitarbeiter glaubt, unbedingt um jeden Preis gleichberechtigt in allen Punkten mit entscheiden zu dürfen (und dies bezieht sich vor allem auf dominante Persönlichkeiten), so kann es für den Projektleiter unter Umständen schwierig sein, die Gruppe in eine gemeinsame Richtung zu lenken, vom Zeitaufwand solcher Diskussionen ganz abgesehen. Folglich werden in HIP-Kooperationsprojekten klare „Entscheider" für Teilziele bestimmt, die gewisse Projektteilziele „absegnen" und sich auch für diese verantwortlich fühlen.

Zu bedenken ist hierbei wiederum die studentische Mitarbeiterstruktur, innerhalb derer es für statusgleiche Studierende nicht selbstverständlich ist, hierarchisch zu arbeiten. Wesentliche Persönlichkeitsmerkmale der studentischen Projektleiter, um eine Akzeptanz innerhalb der Projektmitarbeiter zu erreichen, sind somit fachliche Kompetenz und ein hohes Maß an sozialer Kompetenz, die sie befähigt, nicht unbedingt auf autoritär-befehlende Weise, aber dennoch bestimmt Entscheidungen (die durch Wirtschaftlichkeit oder den externen Auftraggeber bestimmt sind) zu fällen und alle Mitarbeiter von der Notwendigkeit und Richtigkeit der Entscheidung zu überzeugen. Dies ist notwendig, da der Projektleiter auch an den externen Kooperationspartner berichtet, der wiederum klare Ergebnisse innerhalb eines gewissen Zeitrahmens erwartet. Auch hat der Projektleiter den Gesamtüberblick zu wahren und gegebenenfalls auf Schwierigkeiten rechtzeitig hinzuweisen (Treffen einzuberufen usw.).

Bei der Einführung dieser Hierarchien ist auch das „Gefälle in Alter und Semesterzahl" innerhalb der Studierendenschaft zu überwinden – sollen z.B. Studierende aus den Anfangssemestern Projekte leiten, an denen auch

Mitarbeiter teilnehmen, die etwa kurz vor dem Examen stehen, so muss auch hier die hierarchische Struktur von allen akzeptiert werden. Wichtig hierbei ist jedoch, trotz Entscheidungsdruck allen Studierenden die Möglichkeit zu geben, sich zu äußern und auf diese Äußerungen im höchstmöglichen Maße einzugehen. Sollte ein Studierender sich nicht akzeptiert fühlen oder den Eindruck haben, er könne sich ungerechtfertigterweise nicht genügend einbringen, führt dies zu Motivationsverlust und letztendlich dazu, dass er aus dem Projekt aussteigt.

Eine Möglichkeit, eine breite Akzeptanz der Projektleitung zu gewährleisten, wäre etwa ihre demokratische Bestimmung/Wahl. Im Rahmen der Studienreforminitiative HIP ist dies jedoch nicht sinnvoll, da die Projektidee von den Grundzügen im Vorfeld von den Projektleitern mit dem externen Kooperationspartner abgestimmt und erst dann die Projektgruppe gebildet wird. Man hat also schon eine relativ klar umrissene Projektidee (die Projektinitiative nach Frey war somit schon abgeschlossen), die dann mit den Mitarbeitern erfolgreich verwirklicht wird.

Ein wichtiger Punkt ist hier auch die Arbeitsweise der studentischen Projektleiter. Zu Problemen kann führen, dass ein Verantwortlicher, um die Aufgabe „gut" zu erfüllen, Schwierigkeiten hat, Teilaufgaben an die Mitarbeiter zu delegieren. Hier ist ein sinnvolles Mittelmaß zwischen Kontrolle und Selbstkontrolle zu finden. Die Folge wäre sonst, dass sich Mitarbeiter nicht ernst genommen fühlen und somit die Motivation verlieren.

4.5 Identifikation

Ein wesentlicher Punkt ist die Identifikation der einzelnen Projektmitglieder mit dem Projektziel. Da es sich bei HIP-Kooperationsprojekten um freiwilliges Zusatzengagement zum regulären Studienbetrieb handelt, ist das Maß der Identifikation und Motivation bei den Teilnehmenden von vornherein sehr hoch. Wichtig ist natürlich, dieses auch im Projektverlauf aufrechtzuerhalten (etwa durch positives Feedback, Aufzeigen der bereits geleisteten Ergebnisse im Rahmen der Meilensteine/Fixpunkte). Denn letztlich gewährleistet in solchen Projekten auf freiwilliger Basis nur die Identifikation mit dem Projektziel eine hohe Motivation und kontinuierliche Mitarbeit.

4.6 Zeitaufwand/Motivation

Dieser Punkt greift noch einmal explizit den Aspekt des freiwilligen Zusatzengagements auf. Kernarbeitszeit von HIP-Kooperationsprojekten ist die Vorlesungszeit. Zu bedenken ist, dass alle Teilnehmer neben den regulären Studienverpflichtungen an den Projekten mitarbeiten. Dies erfordert einen zusätzlichen Zeitaufwand – für die theoretische Aufbereitung der Thematik, die Projektdurchführung, die Teilnahme an Projekttreffen usw. Zwar erhalten Mitarbeiter in Kooperationsprojekten in der Regel eine Vergütung, diese allein ist in ihrer Höhe nicht Motivation genug für eine kontinuierliche Mitarbeit. Vielmehr muss den Studierenden auch aufgezeigt werden, worin für sie persönlich die Vorteile einer Projektteilnahme liegen (Praxiserfahrung, Aufbau eines Netzwerkes, Erwerb von Schlüsselqualifikationen usw.). Der teilnehmende Studierende sollte überzeugt sein, dass der Nutzen bzw. der Vorteil bei ihm liegt.

Mit dieser Kernarbeitszeit von HIP-Kooperationsprojekten geht noch ein weiterer zu bedenkender Aspekt einher. Die Arbeitswelt kennt selbstverständlich keine vorlesungsfreien Zeiten und denkt auch nicht in Semestern und Prüfungszeiträumen. Diese Besonderheiten der Zeiteinteilung werden zwischen HIP-Leitungsebene, Projektleiter, Projektmitarbeitern und Kooperationspartner im Vorfeld sorgfältig abgestimmt.

4.7 Zuverlässigkeit/Durchhaltevermögen

Auch dieser Punkt bezieht sich stark auf das Maß der Motivation der Projektmitarbeiter. Die vielzitierte „studentische Lockerheit" oder das im Studium nicht immer geschulte Pflichtbewusstsein „bis zum Schluss" zeigen sich gelegentlich auch in der Praxis. Ein wirksames „Gegenmittel" ist auch hier wiederum die Überzeugungsarbeit: Können sich die Mitglieder mit dem Projektziel identifizieren und haben sie das Gefühl, einen persönlichen Nutzen daraus zu ziehen, fühlen sie sich für den erfolgreichen Projektabschluss mitverantwortlich, so treten derartige Schwierigkeiten nicht auf.

Für die HIP-Leitungsebene bedeutet dies vor allem eine möglichst gezielte Auswahl der studentischen Projektleiter und Abklärung ihrer Motivation im Vorfeld: Für das Berufsleben wichtige Fähigkeiten wie etwa die Bereitschaft zur Verantwortungsübernahme oder der Wille, auch unter Druck zuverlässig auf Ausschlussfristen hin zu arbeiten, sind für Projektleiter unerlässliche Eigenschaften. Ein Abspringen der Leitung im Projektverlauf ist natürlich unbedingt zu vermeiden, da diese am schwierigsten zu ersetzen ist.

4.8 Fachliche Kompetenz

In der Praxis werden fachliche Fragen aus dem Bereich Geschichte und Didaktik (also etwa historische Hintergründe, museumsdidaktische Fragestellungen) mit der akademischen Leitung von HIP (zwei Professoren und ein wissenschaftlicher Mitarbeiter) abgestimmt. Von Studierenden (gerade jüngeren Semesters) ist nicht zu erwarten, von vornherein über einen komplexen Wissensstand zu sämtlichen historischen oder fach- bzw. museumsdidaktischen Fragestellungen zu verfügen. Die akademische HIP-Leitung stellt entsprechende Fachinformationen zur Verfügung. Wichtig ist natürlich die Bereitschaft der Projektmitarbeiter, sich (zeit-)intensiv mit den fachlichen Anforderungen auseinander zu setzen. Motivierend wirkt hierbei oftmals die Perspektive, dass eine oder andere Wissensgebiet auch eventuell im Examen wieder verwerten zu können (also wieder einmal der Eigennutz).

4.9 Kontinuität der Mitgliederstruktur/Besetzung verantwortlicher Positionen

Dieser Aspekt nimmt wiederum bereits angeführte Aspekte auf. Geradezu typisch für studentische Organisationen auf freiwilliger Basis (man kennt es von anderen Praxisinitiativen wie etwa dem ASTA oder AIESEC) ist die Fluktuation der Mitarbeiter. So ist es immer möglich, dass über den Zeitraum eines Projektes (zwischen einem und drei Semestern) einzelne Projektmitglieder aus zwingenden Gründen (Prüfungen, Hausarbeiten, Krankheitsgründe usw.) nicht mehr in dem Maße am Projekt teilnehmen können wie ursprünglich geplant oder sogar ganz ausscheiden. Dies kann durch zeitgleiche Prüfungs- oder Examenstermine auch mehrere Teilnehmerinnen und Teilnehmer gleichzeitig betreffen. Je weiter ein Projekt fortgeschritten ist, desto schwieriger ist es, die eingearbeiteten Mitarbeiterinnen und Mitarbeiter zu ersetzen (für die Projektleitung ist dies im vorhergehenden Teil bereits besprochen worden). Um so wichtiger ist somit die durchgehende Offenheit bzw. Transparenz im Projektgeschehen und die Wahrung des Gesamtüberblicks durch den Projektleiter. Wenn alle Mitglieder über das Gesamtgeschehen ständig informiert sind, ist es einfacher, füreinander einzuspringen und die Aufgaben des „Ausfallenden" zu übernehmen.

In diesem Zusammenhang ist noch einmal auf die Besetzung bestimmter verantwortungsvoller Positionen einzugehen. Im Idealfall – bei einer hohen Mitarbeiterdichte – gibt es unter den teilnehmenden Studierenden eine Konkurrenz um diese Positionen. Doch kann es zu manchen Zeiten ebenso sein, dass gerade genug Mitarbeiter überhaupt vorhanden sind und man solche Positionen auf die vorhandenen Teilnehmer lediglich verteilt.

5. Fazit

Abschließend bleibt festzustellen, dass die pädagogischen Prinzipien der Projektmethode nach Frey im Rahmen einer externen Kooperation sinnvoll um die effizienten Strukturen des betriebswirtschaftlichen Projektmanagements zu ergänzen sind. Ebenso sinnvoll ist es, langfristig studentische Kooperationsprojekte mit außeruniversitären Partnern aus Kultur, Politik und Wirtschaft in den regulären Lehrbetrieb einzubinden. Die Vorteile der Projektarbeit gegenüber dem heutzutage gängigen Frontalunterricht sind hinreichend in der Fachliteratur dokumentiert und auch in diesem Beitrag noch einmal dargestellt worden. Durch Projekte als reguläre Veranstaltung könnten zusätzliche Anreize (wie etwa ein Scheinerwerb) für die studentische Mitarbeit geschaffen werden. Wenn der Hochschullehrer als Entscheider und Projektleiter sich – unter Verabschiedung vom Frontalunterricht – auf diese Arbeitsform einlässt, ist im Bereich der Förderung der Berufsfähigkeit der Hochschulabsolventen viel gewonnen.

„Projektunterricht" oder „Forschungen im Team"?

Erfahrungen aus dem IZRG

Von Uwe Danker

„Durch Erfahrung lernen heißt das, was wir den Dingen tun, und das, was wir von ihnen erleiden, nach rückwärts und vorwärts miteinander in Verbindung bringen. Bei dieser Sachlage aber wird das Erfahren zu einem Versuch, zu einem Experiment mit der Welt zum Zwecke ihrer Erkennung." (Dewey)[1]

Zum Einstieg eine Erinnerung, die auch eine Erfahrung darstellt: Wir schreiben das Jahr 1984. Es sitzt an seinem Schreibtisch ein junger Mann, vor ihm der große Karteikasten mit gekennzeichneten Karten, die alles liefern, was die Dissertation enthalten wird, vorhanden ist auch eine klare, fein ausdifferenzierte Gliederung, der Argumentationsgang steht, die Karten sind entsprechend geordnet, ja das Vorhaben ist inhaltlich – im Kopf sozusagen – abgeschlossen, die Schreibphase perfekt vorbereitet, das Stipendium trotz Verlängerung längst abgelaufen – und keine Zeile entsteht. Der Mann muss eine Hürde nehmen, die sich aufgebaut, ja aufgetürmt hat. Sie lautet: Jeder Satz, der jetzt verfasst wird, der kann einem ewig vorgehalten werden. Der Ernstfall scheint erreicht: Es geht nicht mehr um Seminar- oder Examensarbeiten, die unter Ausschluss der Öffentlichkeit von Lehrenden bewertet werden, Adressaten und Bedeutung haben sich gewandelt, es geht um den Schritt in die eigenverantwortliche, autonome Präsenz in der wissenschaftlichen Öffentlichkeit. Ein einsamer Moment für den jungen Mann! – Die Bedeutung ist klar: So gut die Studienmöglichkeiten, Lehre und Lehrende an der Universität waren, die Brücke zwischen Simulation und Wirklichkeit, zwischen Ausbildung und Beruf, sie wurde nicht geboten. Ich halte das für

---

[1] Der „Vater" der Projektmethode, John Dewey, zitiert in Martin Speth: John Dewey und der Projektgedanke. In: Johannes Bastian u.a. (Hg.): Theorie des Projektunterrichts, Hamburg 1997, S. 19-38, hier S. 22f.

ein Defizit. Meine Lehre aus dieser persönlichen Erfahrung lautet: Intergenerationellen Wiederholungszwang unterlassen, stattdessen Brücken zwischen Theorie und Praxis, Simulation und Wirklichkeit bauen.

Zu liefern ist ein Praxisbericht aus einer kleinen zeithistorischen Forschungseinrichtung, dem „Institut für schleswig-holsteinische Zeit- und Regionalgeschichte" (IZRG), zu dessen Kennzeichen neben Forschung und ausdrücklich breiter Vermittlungsarbeit auch zählt, dass die Wissenschaftler zugleich Hochschullehrer an der Universität Flensburg in deren Schwerpunkt Lehrerausbildung sind. So ganz fremd sind uns also fachdidaktische und methodische Fragen und das Feld der schulischen Vermittlung von Geschichte nicht, ja, auch wenn wir uns am IZRG vorrangig anderen Aufgaben widmen, so verfügen wir doch über begrenzte, eigene schulische Projekterfahrungen. Mein Beitrag folgt den Fragen, ob kleinere und zeitlich begrenzte Forschungsprojekte, die wir am IZRG in den vergangenen Jahren durchführten, von dieser spezifischen Konstruktion profitierten, wie ihr Verhältnis zu jenem Projektbegriff, der in diesem Band den Mittelpunkt bildet, aussieht, ob und wie weit diese IZRG-Vorhaben – in Konstruktion, Ablauf und Produkt – jenen Bedingungen genügen, die man gemeinhin an Projektunterricht richtet.

Vorweg und ehrlich eingestanden: Wir handeln oft intuitiv, wenn ich etwa an das Zustandekommen der eigenen IZRG-Projektkultur denke. Gleichwohl gilt für uns die grundlegende Regel, deren Beachtung wir auch von Studierenden, Referendaren und Lehrkräften erwarten, nämlich immer einordnen, kennzeichnen, begründen und reflektieren zu können, was man betreibt.

Zur Abstützung meiner Überlegungen gehe ich vor, wie man so vorgeht: Ich suche theoretische Fundierung, Anregungen und Maßstäbe in der einschlägigen Literatur.[2] Ausgehend von Deweys Diktum des Erfahrungsler-

---

[2] Grundlegend und facettenreich: Johannes BASTIAN u.a. (Hg.): Theorie des Projektunterrichts, Hamburg 1997. Vgl. Johannes BASTIAN/Herbert GUDJONS (Hg.): Das Projektbuch. Theorie – Praxisbeispiele – Erfahrungen, Hamburg [4]1994; Johannes BASTIAN/Herbert GUDJONS (Hg.): Das Projektbuch II. Über die Projektwoche hinaus – Projektlernen im Fachunterricht, Hamburg [3]1998; Dagmar HÄNSEL (Hg.): Handbuch Projektunterricht. Ein praxisorientiertes Handbuch, Weinheim/Basel [2]1999; Schülerwettbewerb Deutsche Geschichte (Hg.): Forschendes Lernen im Geschichtsunterricht, Stuttgart 1992; Lothar DITTMER/Detlef SIEGFRIED (Hg.): Spurensucher. Ein Praxisbuch für historische Projektarbeit, Weinheim/Basel 1997; Lothar DITTMER (Hg.): Historische Projektarbeit im Schülerwettbewerb Deutsche Geschichte. Eine Bestandsauf-

nens gibt es eine überbordende Fülle an Beiträgen über die Projektmethode oder das Projekt und dessen Methoden,[3] meistens formuliert aus der Perspektive der Erziehungswissenschaft oder der schulischen Unterrichtspraxis, nicht einen eindeutigen, aber doch deutlich gerichteten Projektbegriff liefernd, manchmal Theoriedefizite beklagend,[4] jedoch die eigentlichen Fachdidaktiken begrenzt und selten erreichend: So findet sich in der letzten Auflage des von Bergmann und anderen herausgegebenen „Handbuchs der Geschichtsdidaktik"[5] – trotz Offenheit für methodische Fragestellungen – kein eigenständiger Beitrag zum Thema Projekt, das letzte Schwerpunktheft der GWU zu diesem Bereich datiert aus dem Jahr 1987,[6] „Geschichte Lernen" mied bisher das Thema Projekt. Als Hochschullehrer, der Geschichte und auch Fragen des Geschichte-Lehrens lehrt, suche ich natürlich universitätsbezogene methodische Beiträge – und muss Defizite behaupten: Soweit ich es überblicke, gibt es – jedenfalls bezogen auf unser Fach – kaum bis keine Literatur zu Projekten an Universitäten.

Das ist die Stunde der Praktiker, und diese Bemerkung soll leicht bitter klingen, wenn zugleich darauf verwiesen wird, dass nach der seit 1999 geltenden Prüfungsordnung in Schleswig-Holstein alle Lehramtsstudierenden gehalten sind, mindestens ein von Hochschullehrern betreutes Projekt durchzuführen. – Entgegen unseren hehren Erwartungen an Universitäten möchte ich bei dieser Ausgangslage aus teilnehmender Beobachtung die Befürchtung äußern, dass der Projektbegriff in diesem Kontext zu einem Allerweltsbegriff werden könnte. – Das ist schon deshalb nahe liegend, weil unter Projekten in der Wissenschaft alles und jedes verstanden wird.

---

nahme, Hamburg 1999; Bernd SCHÖNEMANN/Uwe UFFELMANN/Hartmut VOIT (Hg.): Geschichtsbewusstsein und Methoden historischen Lernens, Weinheim/Basel 1998; Peter KNOCH: Der schwierige Umgang mit Geschichte in Projekten. In: GWU 38 (1987), S. 527-540; Peter GAUTSCHI: Geschichte lehren. Lernwege und Lernsituationen für Jugendliche, Bern [2]2000; Michael SAUER: Geschichte unterrichten. Eine Einführung in die Didaktik und Methodik, Seelze 2001.
[3] Vgl. Wolfgang EMER/Klaus Dieter LENZEN: Methoden des Projektunterrichts. In: BASTIAN u.a. (Hg.), Theorie des Projektunterrichts (wie Anm. 2), S. 213-230, hier S. 213; Ulrich SCHÄFER: Internationale Bibliographie zur Projektmethode in der Erziehung. 1895-1982, 2 Bde., Berlin 1988.
[4] Vgl. Johannes BASTIAN u.a.: Einführung in eine Theorie des Projektunterrichts. In: BASTIAN u.a. (Hg.), Theorie des Projektunterrichts (wie Anm. 2), S. 7-15, hier S. 7.
[5] Vgl. Klaus BERGMANN u.a. (Hg.): Handbuch der Geschichtsdidaktik, Seelze [5]1997.
[6] Vgl. GWU 38 (1987).

Nutzt man den Begriff in unserem engeren Sinne, so wäre die Universität gleichwohl eigentlich der natürliche und nahe liegende Ort für Projekte: Soll in ihnen doch kooperatives „Forschendes Lernen" verwirklicht werden. Es scheint nur wenige dokumentierte Praxisbeispiele aus dem Universitätsbereich zu geben. Die konfliktträchtige Geschichte der Reformuniversität Roskilde in unserem Nachbarland Dänemark mit ihrem Projektstudium bietet intensive und langjährige Praxiserfahrungen bis hin zur Evaluation der Berufschancen der Absolventen: In Roskilde macht der Projektanteil im Studium mindestens 50%, meist jedoch mehr aus, die ortsüblichen radikaldemokratischen Strukturen der Projektarbeit schaffen ein bis zweisemestrige Gruppen, die konsequent problemorientiert, thematisch sehr frei, meist fachsprengend, exemplarisch arbeiten und als Gruppe gemeinsam mit den betreuenden Dozenten strikt gleichberechtigt die Projektleitung innehaben.[7] Eine inzwischen nicht mehr existierende Initiative am Institut für Allgemeine Pädagogik der Universität Flensburg unter dem Namen „Pro-Jetzt" nahm sich Roskilde zum Vorbild und propagierte 1999/2000 die Übernahme des Projektstudiums. Die zentrale These lautete: „Schlüsselqualifikationen wie Kooperation, Teamfähigkeit, selbstständige Arbeit, selbstreflexive und kommunikative Kompetenz, Übernahme von Verantwortung, Umgehen mit Freiheit sind neben Wissensvermittlung den Studierenden auch nahe zu bringen."[8]

Der Projektbegriff scheint in Schule wie Universität recht eigenständig neben den Fächern und Wissenschaften zu stehen: So klagt Gerd Heursen, in der Schule ständen derzeit Projektunterricht und Fachunterricht „für zwei unterschiedliche Lernkulturen".[9] Er sieht das in einem „Widerspruch von Wissenschaft und Leben" begründet.[10] Und die erwähnte Gruppe „Pro-Jetzt" schreibt in ihrem programmatischen Papier: „Im Studium dürfen also nicht ausschließlich wissenschaftliche Inhalte vermittelt werden, sondern es müssen innovative, kreativ-kritische Potentiale bei den Studierenden entfaltet werden. Das muss Konsequenzen für die Lehr- und Lern-

---

[7] Vgl. Hochschulgruppe „Pro-Jetzt" (Hg.): Universität an der Schwelle zum 3. Jahrtausend. Zukunftsorientierte Lehr- und Lernformen an der Universität Flensburg – Einführung in die Idee des Projektstudiums, Flensburg 1999, S. 7ff.
[8] Ebd., S. 4.
[9] Gerd Heursen: Projektunterricht und Fachdidaktik. In: Bastian u.a. (Hg.), Theorie des Projektunterrichts (wie Anm. 2), S. 199-212, hier S. 199.
[10] Ebd., S. 200.

formen an der Universität haben."[11] – Aus einem berechtigten Methoden- und Emanzipationsanspruch droht manchmal eine Fach- und Wissenschaftsferne zu entstehen. Dem könnte man entgegenhalten: Ich kann nur lehren, was ich wirklich kenne. Die Hauptaufgabe der universitären Phase der Lehrerausbildung bleibt in unserem Fach das intensive Kennenlernen der historischen Wissenschaft, ihrer Grundlagen und Methoden, Erkenntnisziele und Rolle, Arbeitsweisen und Grenzen. Den vermeintlichen Gegensatz zwischen Wissenschaft und Leben zumindest kennen und leben wir nicht im IZRG. Wir agieren im Fach, in der historischen Wissenschaft, wir bieten mitwirkenden Studierenden, so die Ausgangsthese, nach Dewey Erfahrungslernen in ihrem zukünftigen Beruf, sei er dann wissenschafts- oder vermittlungsorientiert.

Das wesentliche Kriterium der Zuordnung der IZRG-Projekte der vergangenen zwei Jahre zu jenen, die uns hier beschäftigen, liefert die weitgehend eigenständige, von Lehrenden verantwortlich betreute Arbeit von (und mit) Studierenden. Einige Vorhaben mit Laufzeiten zwischen vier und acht Monaten lassen sich in diese Kategorie einordnen. Beispielhaft seien genannt:

- Eine fachdidaktisch ambitionierte kleine Ausstellung über die Konfliktgeschichte des Kernkraftwerks Brokdorf, im Auftrag – abgesichert mit völliger Ergebnisoffenheit und Gestaltungsfreiheit – der Landtagsfraktion der Grünen, erstellt von vier Studierenden aus Flensburg, zwei aus unserem Fach sowie zwei angehenden Kunstlehrerinnen.
- Die Entwicklung eines fachdidaktisch begründeten, sich abgrenzenden und zugleich marktfähigen Konzeptes für eine neue deutsche historische Sachbuchreihe mit der Zielgruppe „junge Jugendliche!"; von zwei Lüneburger Studentinnen und mir schließlich einem großen Verlag in aller Form präsentiert, also abgeschlossen – indes aus Kostengründen auf Eis gelegt.
- Insgesamt drei Projekte zum Themenbereich „NS-Zwangsarbeit": Das im Auftrag der Landesregierung durchgeführte Gutachten „Zwangsarbeitende in Schleswig-Holstein",[12] Kernlaufzeit Januar bis Juni 2000, das von der AOK finanzierte Folgeprojekt „Zwangsarbeit und Krankheit in

---

[11] Hochschulgruppe „Pro-Jetzt" (Hg.), Universität an der Schwelle (wie Anm. 7), S. 3.
[12] Uwe DANKER u. a. (Hg.): „Ausländereinsatz in der Nordmark". Zwangsarbeitende in Schleswig-Holstein 1939-1945, Bielefeld 2001.

Schleswig-Holstein",[13] Laufzeit Januar bis Juni 2001, sowie ein örtliches Vorhaben „Zwangsarbeit in Flensburg",[14] Laufzeit Januar bis Juni 2002 (?).

Ich stütze mich hier exemplarisch auf die Erfahrungen des ersten Zwangsarbeits-Projektes, weil dessen Umfang und Ablauf es nahe legen und in Ansätzen eine Evaluation stattfand, insbesondere auch ein im Namen der beteiligten Studierenden verfasster Erfahrungsbericht von einem Teilnehmer vorliegt,[15] aus dem ich – in den Anmerkungen – ausgiebig und begleitend zitiere.

Aufgrund des damals laufenden Gesetzgebungsverfahrens für das „Stiftungsgesetz" zur Entschädigung ehemaliger NS-Zwangsarbeitender trat die schleswig-holsteinische Landesregierung zur Jahreswende 1999/2000 an das IZRG mit der Anfrage heran, ob es möglich sei, eine umfängliche, auf das Land bezogene historische Statuserhebung zur Zwangsarbeit beziehungsweise Ausländerbeschäftigung während des Zweiten Weltkriegs vorzunehmen. Die politische Vorgabe lautete, sehr kurzfristig, jedenfalls noch vor der Jahresmitte 2000, ein derartiges Gutachten abzuschließen.

Drei Ziele formulierte unser Konzept:

1. Eine vollständige Dokumentation des regionalhistorischen Forschungsstandes sowie eine möglichst umfassende Dokumentation der auf die ehemalige Provinz Schleswig-Holstein bezogenen Aktenüberlieferung in regionalen und überregionalen Archiven.
2. Eine wissenschaftlich abgesicherte Statuserhebung zur Ausländerbeschäftigung in Schleswig-Holstein, die möglichst präzise Zahlen und Daten über Strukturen und Entwicklungen des „Fremdarbeitereinsatzes" bieten sollte.
3. Exemplarische fachwissenschaftliche Studien über spezifische Fragestellungen und ausgewählte Regionen des Landes.

---

[13] Uwe DANKER u.a. (Hg.): „Wir empfehlen Rückverschickung, da sich der Arbeitseinsatz nicht lohnt". Zwangsarbeit und Krankheit in Schleswig-Holstein 1939-1945, Bielefeld 2001.

[14] Robert BOHN u.a. (Hg.): Der „Ausländereinsatz" in Flensburg. Zwangsarbeit in einer Grenzstadt 1939-1945, Bielefeld 2002.

[15] Vgl. Claus Heinrich BILL: Der Weg ist das Ziel! Erfahrungsbericht über Verlauf und Organisation des Gutachtenprojektes aus der Sicht eines Mitarbeitenden. In: Gutachtenversion und Internet-Fassung (www.izrg.de) des IZRG-Projektes „Zwangsarbeitende in Schleswig-Holstein 1939-1945".

Wir rekrutierten Studierende und Doktoranden der Universitäten in Kiel und Flensburg, die, ausgestattet mit sehr kurzen „HiWi"-Verträgen, zusammen mit uns ein 15-köpfiges Team bildeten. Sämtliche Recherchen im Land, in Berlin, Bad Arolsen und Freiburg sowie die Vorstudien wurden gemeinschaftlich nach standardisierten Verfahren durchgeführt, so dass in der Bearbeitungsphase Dritte den Fundus nutzen konnten – und seither auch interessierte Regionalhistoriker.

Die meisten Mitwirkenden arbeiteten ohne Finanzierung am Projekt weiter. So entstanden eine ganze Reihe substantieller Beiträge. Von Beginn an bemühten wir uns auch nach außen um Transparenz des Vorgehens und um Kooperation. Ausgelöst von zwei Fachkonferenzen bezogen wir externe Regionalhistoriker und einen Juristen mit ein, die früher bereits einschlägige Arbeiten vorgelegt haben. Daraus resultierten ebenfalls Beiträge. Das Endprodukt ist die Buchfassung mit mehr als 600 Druckseiten. Für diese Publikation wurden die Aufsätze noch einmal überarbeitet, einzelne Aspekte der Gutachtenfassung ausgelassen, dafür weitere Beiträge aufgenommen. Und: Zwei der ehemaligen studentischen Mitarbeiter agierten als Mitherausgeber. Schließlich haben öffentliche Konferenzen und Vortragsreihen mit den Autorinnen und Autoren als Referenten stattgefunden. – Das Folgeprojekt „Zwangsarbeit und Krankheit" verlief quasi abbildungsgetreu.

Nach der kursorischen Vorstellung ist eine erste Qualifizierung, ja Abgrenzung der IZRG-Projekte abzuleiten: Projektunterricht an Schulen wie Universitäten versucht, die Brücke zur Wirklichkeit[16] wie folgt zu bauen: Problem- und handlungsorientiert wird in einem weitgehend selbstbestimmten forschenden Prozess ein Produkt erstellt und anschließend einer gewissen Öffentlichkeit präsentiert. Aus pädagogischer Perspektive gelten Weg und Arbeitsprozesse als entscheidend, Produkt und Präsentation als Motivationsinstrument und Wirklichkeitsabbildung. Es mag sein, dass schulische Projekte eher unterrichts- und methodenbezogen, Projekte an Universitäten eher wissenschafts- und berufsbezogen erscheinen. Aber: Gemeinsam ist ihnen, dass es sich um Simulationen, um ernstes Spiel also handelt. Dieser inszenierende Charakter fehlt IZRG-Vorhaben: Sie sind immer der Ernstfall. Es gibt Auftraggeber, die für ein Produkt mit Qualitätsstandards zahlen, es gibt Termine, die nicht verfehlt werden dürfen, es gibt die

---

[16] Vgl. Herbert GUDJONS: Lernen – Denken – Handeln. Lern-, kognitions- und handlungspsychologische Aspekte zur Begründung des Projektunterrichtes. In: BASTIAN u. a. (Hg.), Theorie des Projektunterrichts (wie Anm. 2), S. 111-132, hier S. 112.

kritische Öffentlichkeit, der das Produkt präsentiert wird. Dieses ungleiche Mehr an Verbindlichkeit hat Konsequenzen: Auch ein schlechtes Spiel lässt sich nicht abbrechen, Institut und dessen Mitarbeiter stehen mit ihren Namen ein; all das geht in die Auswahl der Mitwirkenden ein und es reduziert die Freiheit der inhaltlichen Entwicklung des Projektes, auch das Produkt der Arbeit hat mehr Gewicht als in der Theorie des Projektunterrichts. – Dieser aus der Erfolgsorientierung resultierende Kontrast ähnelt jenem zwischen Industrie- und Schulprojekten;[17] die unbestreitbaren pädagogischen Nachteile der Projektarbeit mit Arbeitsplatzrisiko wären – in abgeschwächter Form – zu übertragen.

Wählen wir die Perspektive der an IZRG-Projekten Teilnehmenden, so bleibt der Weg der eigentliche Lernprozess, aber auch sie tragen mehr Verantwortung als sonst, sind dafür mitten im Leben, erfahren den Ernstfall. Für die Perspektive der Betreuer gilt, dass sie als Ausgleich für das erhöhte persönliche Risiko hehre Rekrutierungsregeln, die ansonsten in Schule und Universität gelten, brechen dürfen: Das Projekt ist für beide Seiten keine „Pflichtnummer", es basiert auf Freiwilligkeit. Aber es gibt auch keinen Anspruch auf Mitwirkung, alle Teilnehmer werden handverlesen, und zwar nach den Kriterien der Projektleiter. – Es ist also ein luxuriöser Standort, von dem aus ich berichte: der Standort des Labors. Zu diesem Labor gehört mit dem IZRG in Schleswig ein Interaktionsort, an dem die Professores als Projektkollegen ständig – und meist auch ansprechbar – anzutreffen sind.

Um weitere Kennzeichen unserer Projekte zu bestimmen, werden theoretische Setzungen und praktische Anforderungen des (schulischen) Projektunterrichts zum Vergleich herangezogen, Analogien und Unterschiede herausgearbeitet:

Dewey formulierte 1933 vier Projekt-Bedingungen, sie lauten ungefähr: Das Projekt soll im subjektiven Interesse der Lernenden sein („Interessenbezug"), der Beschäftigungsgegenstand beziehungsweise das Problem soll wesentlich sein („übergreifende Bedeutung"), im Arbeitsprozess sollen sich neue Fragen und Interessen entwickeln können („Entwicklungsorientierung") und schließlich soll die nötige Zeit für eine intensive, frei entwickelte Beschäftigung vorhanden sein („Kontinuität").[18] – Ohne das im Einzelnen auszuführen, will ich unterstellen dürfen, dass diese Konditionen bei unse-

---

[17] Dieser Hinweis stammt von Wolfgang Emer.
[18] Vgl. Martin SPETH, John Dewey und der Projektgedanke (wie Anm. 1), S. 34f.

ren Vorhaben erfüllt sind, so dass ein Operieren mit diesem Projektbegriff zulässig scheint.

Das Erfahrungslernen, das man sowohl allgemein auf die ganze Breite des Lebens beziehen, als auch fachlich eingrenzen, fächerübergreifend oder durchaus auch fachbezogen realisieren kann,[19] sei in unserem Fall, dem Studium der Geschichte, eng gefasst: In das Zentrum der Projekte gehören die Vermittlungsinhalte und -ziele des Geschichtsstudiums, also das Kennenlernen der Geschichtswissenschaft, um später in ihr zu arbeiten oder die Befähigung zu erwerben, Geschichte zu vermitteln. Wer frühzeitig in enger Gruppenkooperation an realen Forschungsvorhaben von Anfang bis Ende mitwirkt, Quellenrecherchen und -auswertung, angewandte Methodik und Arbeitsweisen, Erkenntnis- und Argumentationswege, Abbildungs- und Interpretationsverfahren der historischen Wissenschaft aktiv teilnehmend erlebt, so meine These, macht einschlägige Erfahrungen im Sinne Deweys: Aus exemplarischer eigener praktischer Erfahrung, die anlagegemäß intensiver als die durch Referate und Hausarbeiten inszenierte Simulation im Seminarbetrieb ausfällt, kennt er oder sie fortan den Forschungsprozess, die reflektierte Anwendung der historischen Methode und weiß um das Zustandekommen von jenen Rekonstruktionen beziehungsweise Konstruktionen, die wir „Geschichte" nennen.

Unter den skizzierten Laborbedingungen unterstelle ich eine in hohem Maße intrinsische Motivation: Es geht um die Sache, das freiwillig auch in seinen Ausmaßen bestimmte Vorhaben, um die eigenen Lernfortschritte und Leistungen darin, nicht um eine Bewertung durch Dozenten oder um Scheine.[20] Da Noten und gute Eindrücke an der Universität selbst bei den gleichen Leuten billiger zu haben sind, spielt der Aspekt einer sekundären Motivation zumindest keine relevante Rolle. Ausgerechnet deshalb an einem Vorhaben mitzuwirken, wäre unökonomisch und auch riskant. – Dass beide Beteiligte, Dozent und Studierender, sich nach einem intensiven, ge-

---

[19] Vgl. SAUER, Geschichte unterrichten (wie Anm. 2), S. 113; Emer und Lenzen sprechen von der Orientierung an „den Lebens- und Berufsinteressen von Lernenden und Lehrenden": EMER/LENZEN, Methoden des Projektunterrichts (wie Anm. 3), S. 216.

[20] Vgl. zum angedeuteten Entfremdungsaspekt durch Leistungsmessungssysteme: GUDJONS, Lernen (wie Anm. 16), S. 111. Zur pädagogischen Funktion der Produktorientierung vgl. EMER/LENZEN, Methoden des Projektunterrichts (wie Anm. 3), S. 217. Wie bereits betont, fehlt im IZRG-Beispiel dem Produkt und seiner Verwertung zudem der künstliche Charakter.

meinsamen Projekt auch in Hochschule und Prüfungen anders, nämlich vertrauter und stabiler begegnen, steht auf einem anderen Blatt. Wie schon bemerkt, entstehen die Projektgruppen auf atypische Weise. Wir sind uns dessen bewusst. Auf der Grundlage unserer Erfahrungen wenden wir im Wesentlichen drei Rekrutierungskriterien an:[21]

- Studierende, die wir ansprechen, sollen über Engagement, thematisches wie methodisches Interesse und Lernbereitschaft verfügen („Dicke-Backen-Kriterium").
- Sie müssen bereit und fähig zur Kooperation mit anderen und verträglich mit einem entsprechenden Gruppenklima sein („Sozialverträglichkeits-Kriterium").
- Die entstehenden Gruppen sollen sich durch eine ausdrückliche Heterogenität auszeichnen: Fortgeschrittene und Anfänger, Experten und Generalisten, auch unterschiedliche Charaktere im Mix. Der bereits erreichte Leistungsstandard der Einzelnen erscheint also eher nachrangig („Heterogenitäts-Kriterium").

---

[21] BILL, Der Weg ist das Ziel! (wie Anm. 15): „Damit war der Kern des Novums bereits angesprochen: es mußte rasch gelingen, ein geeignetes Team von fachlich kompetenten Historikern, im Themengebiet erfahrenen Laienforschern und Studenten mit fachlichem Interesse zusammenzutrommeln. Außerdem mußten für die spezifischen Vorarbeiten, namentlich das Bibliographieren der Literatur und die Ermittlung, Durchsicht und Bewertung der Archivalien Spürnasen und im Umgang mit Quellen Bewanderte eingestellt werden." – Diese bunte Mischung war von vornherein beabsichtigt und im Nachhinein muss konstatiert werden, dass die Vorauswahl der beiden organisatorischen „Chefs" äußerst gelungen war. Das zeigte sich an der geringen Fluktuation, nur eine der in Aussicht genommenen Studierenden sprang schon bei Beginn des Projektes ab, alle anderen Angesprochenen fanden sich bereit, nicht nur intensiv mitzuarbeiten, sondern auch sich selbst einzubringen. Beachtet werden muss dabei, dass alle Mitarbeitenden diese Verpflichtungen noch neben ihrer eigentlichen Beschäftigung vornahmen und namentlich die Studierenden unter ihnen mit einer Mehrfachbelastung sowohl ihre Examina schrieben oder sich darauf vorbereiteten und trotzdem noch den Weg nach Schleswig fanden und ihr Scherflein zum Gelingen beitrugen. – Die Rekrutierung der Mitarbeitenden geschah ausschließlich über die persönlichen Kontakte von Prof. Dr. R. Bohn und Prof. Dr. U. Danker. Auf diese Weise schälte sich ein harter Kern von Mitarbeitenden heraus, darunter Studierende der Universität Flensburg, der Kieler Christian-Albrechts-Universität, darunter aber auch Promotionskandidaten, alle aus den Bereichen Sport, Erziehungswissenschaften, Geschichte und Deutsch. Vom Erstsemester bis hin zum fertigen Magister waren alle Stufen vertreten.

Die beiden erstgenannten Kriterien liefern, das ist uns bewusst, eine pädagogische Flanke, aber soziale oder fachliche Problemfälle können bei dem Erfolgsdruck nicht ausgewählt werden. Und insbesondere das letzte Kriterium mag paradox erscheinen. Aber unsere Lehrerfahrung besagt, dass genau dann die Prognose für das kooperative Lernen aller von allen am ehesten eintritt, wenn viele Rollenangebote und Tauschmöglichkeiten bestehen, also unterschiedliche Menschen mit ihren Stärken und Schwächen an einem gemeinsamen Vorhaben zusammenwirken: Unerfahrene profitieren methodisch von den Erfahreneren, diese wiederum sozial und kommunikativ oder durch die Selbstvergewisserung in der Weitergabe des bereits Erworbenen usw. usf.

Ein ganz zentraler Aspekt für jede Projektarbeit ist jener des ungenierten Fragens: Fragen jeder inhaltlichen wie methodischen Art müssen zugelassen, aufgeworfen und bearbeitet werden.[22] Bastian und Combe fordern, bezogen auf Schulprojekte, schlicht die „vorbehaltlose Mobilisierung von Schülerfragen".[23] Wie die Autoren bemerken, bildet jedoch die Schule einen Ort, an dem Fragen mangelndes Wissen signalisiert.[24] Paradoxerweise stellen in der Schule die wissenden Lehrkräfte die Fragen und die Lernenden gehen aus guten Gründen sorgsam mit dem Instrument um. Diese Beobachtung gilt erst recht für die Universität mit ihrem eigenartigen Milieu der klugen und wissenden Gesichter. Mitwirkende Studierende in Projekten müssen also förmlich eine kulturelle Hürde nehmen, sich anders verhalten, als sie immer wieder – und oft bitter – lernten. Ein elegantes Ausweichen funktioniert kaum, denn in der eng kooperierenden – und im Zweifelsfall auch subtil kontrollierenden – Projektgruppe lassen sich mangelnde methodische oder inhaltliche Kenntnisse nicht kaschieren, was aber vor allem als Chance zu begreifen ist.

Wie sollte es vor diesem Hintergrund in einer leistungsorientierten Konkurrenzgesellschaft auch anders sein: Projektabläufe und gerade ihr Beginn sind durchaus problematisch: „Anfänger" durchleben Selbstzweifel, wenn die „Experten" das große Wort schwingen und kluge Mienen machen. Ja,

---

[22] Vgl. SAUER, Geschichte unterrichten (wie Anm. 2), S. 113.
[23] Vgl. Johannes BASTIAN / Arno COMBE: Lehrer und Schüler im Projektunterricht. Zur Theorie einer neuen Balance zwischen der Verantwortung des Lehrenden und der Selbstverantwortung der Lernenden. In: BASTIAN u. a. (Hg.), Theorie des Projektunterrichts (wie Anm. 2), S. 245-257, hier S. 254.
[24] Vgl. ebd., S. 253.

150 Uwe Danker

nach Auftaktkonferenzen wollen Einzelne weglaufen; wenige tun es auch. Jene, die bleiben, profitieren schnell und legen mit Erfolgserlebnissen und Lerneffekten ihre Zweifel ab.

Die Heterogenität der Gruppen liefert ein zweites kennzeichnendes Problem, das des ungleichen Niveaus beim thematischen Zugang, also auch bei der für uns so zentralen Formulierung von Fragen an die zu recherchierenden Quellen, die schließlich gemeinsam, arbeitsteilig und später für Dritte nutzbar ersterschlossen werden sollen. Am Anfang des Projektes stehen deshalb die Verabredung einer gemeinsamen Basislektüre und eine inhaltliche Auftaktkonferenz. Mit ihr konstituiert sich die Gruppe. Zudem werden Thema und Ziele präzisiert, die Planung diskutiert. Anlagegemäß wird also die Planungsphase aus der Perspektive der Lernenden nicht so frei wie im idealtypischen simulativen Schul- oder Universitätsprojekt gestaltet:[25] Thema und Ziel stehen weitgehend fest, selbst wenn durchaus gemeinsame Entwicklungen und Modifikationen stattfinden. Denn auch die Projektplanung kann Rahmenbedingungen nicht ausblenden, was indes auch besondere Lebenswirklichkeit impliziert.

Soweit als möglich sind Projekte auf Kooperation angelegt. Die nicht sehr häufigen (etwa nur fünf) Gruppenkonferenzen dienen der Normierung: Hier werden in der Planungsphase übereinstimmende Fragen erarbeitet, analoge Verfahrensweisen vereinbart, jedoch auch spezifische Interessen der Teilnehmer geäußert und entsprechend die fortan immer wieder wechselnden Teams gebildet. Die Literaturrecherche und -zusammenstellung in wenigen Händen wird später allen dienen. Und die Quellenauswertung findet gestuft statt: Einer arbeitsteiligen Recherche aller Gruppenmitglieder[26]

---

[25] Vgl. EMER/LENZEN, Methoden des Projektunterrichts (wie Anm. 3), S. 222f.
[26] BILL, Der Weg ist das Ziel! (wie Anm. 15): „Zunächst mußten Quellen beschafft, gesichtet und sortiert und bewertet werden. Bei Beginn des Projektes war keinem von uns so recht klar, wie viel wir werden suchen müssen und finden können. Und gerade diese Punkte waren mit die spannendsten Momente des gesamten Forschungsprojektes, das sich zwar mit gewissen Vorgaben auseinanderzusetzen hatte, im übrigen aber ergebnisoffen bleiben sollte. [...] So wurden Erfahrene mit Archivneulingen gemischt. Eine erste Gruppe widmete sich der Literatursuche zum Thema, was hauptsächlich in der Kieler Landesbibliothek, der Universitätsbibliothek Kiel, dem Kieler Institut für Weltwirtschaft, aber auch in den Internetdatenbanken der bundesdeutschen Bibliothekskataloge (OPACs) geschah. Die zweite Gruppe fuhr für eine Woche nach Berlin ins Bundesarchiv, um die überregionalen Reichsbestände auf Rahmenrichtlinien und lokale Vorkommen zu Schleswig-Holstein zu sichten. Die letzte Gruppe schließlich setzte über mehrere Wochen von Februar bis April 2000 bei den provinziellen Behör-

schließt sich später die eigentliche Bearbeitungsphase durch Beiträger – allein oder in Teams – an. Deshalb muss die Recherche standardisiert erfolgen: übereinstimmende Fragen, absolute Transparenz der Recherchewege, vereinheitlichte Regeln für Kurzexzerpte und Kopierzeichnungen mit Hilfe vereinbarter Normen für klassische Karteikarten. Nach der abgeschlossenen Suche in den Archiven zeichnet ein Team sämtliche Karteikarten nach inhaltlichen, regionalen und weiteren Kriterien aus, so dass in der Bearbeitungsphase Einzelne oder Kleingruppen ihre Forschungsbeiträge auf der Basis der Gruppenrecherche bearbeiten können. – Unsere Karteikarte steht sozusagen als Symbol für Kooperation, Arbeitsteilung und Normierung.

Jetzt, in der Aktion, stoßen die – unerfahrenen wie erfahrenen – Studierenden auf ihre jeweils spezifischen Defizite, viel offensichtlicher und unmittelbarer als etwa im Pro- oder Hauptseminar, wo das wissenschaftliche Arbeiten und dessen theoretische Einbettung eigentlich – und intentional abschließend – diskutiert werden.[27] Offenheit und Ehrlichkeit in der Gruppe helfen bei der Lösung; Verschweigen oder Vertuschen dagegen müssen scheitern. Wichtig dabei ist: Nicht die Projektleiter sind es, die in der Praxis Quellenauswertungsprobleme lösen oder Zitierregeln rekapitulieren, diese Lernprozesse finden überwiegend innerhalb der Gruppe der „jungen Leute" statt.[28]

---

denakten im Landesarchiv an, namentlich bei den Kreisakten, den Akten der Entnazifizierung, der Wiedergutmachung und der Sondergerichtsbarkeit. [...] Als einmalig muß auch die Datenermittlung beim Internationalen Suchdienst des Roten Kreuzes in Bad Arolsen bezeichnet werden. Hier war es möglich, mit einem achtköpfigen Team die An- und Abmeldedaten der Zwangsarbeitenden in ausgewählten Orten/Kreisen Schleswig-Holsteins in einem Akkordverfahren an einem samstäglichen Sonderöffnungstag zu erheben; ebenso fuhren acht Mitarbeitende nach Freiburg in das Bundesarchiv-Militärarchiv."

[27] Dieses Phänomen und den entsprechenden Nachholbedarf kennen auch die Kollegen in Roskilde: Hochschulgruppe „Pro-Jetzt" (Hg.), Universität an der Schwelle (wie Anm. 7), S. 13.

[28] BILL, Der Weg ist das Ziel! (wie Anm. 15): „In den Archiven waren die Gruppen auf sich allein gestellt. Jeder Suchweg war transparent zu machen, zu dokumentieren. Akten mußten bestellt und durchgesehen werden, ob sie Relevantes enthielten, teilweise wurden Abschriften gefertigt, teilweise Kopien von den Verfilmungsstellen geordert, teilweise auch nur Regesten auf Karteikarten notiert. Die eigene Urteilsfähigkeit, Wichtiges von Unwichtigem zu trennen, wurde enorm geschult, durch regelmäßige Besprechungen abgestimmt und neue Prioritäten zu den kommenden Suchwegen bei neuen Funden festgelegt. Die Jüngeren erhielten dabei selbstverständlich Unterstützung

Die Arbeitsteilung erfolgt jeweils projektspezifisch: Teams oder auch Einzelne arbeiten die vereinbarten Schritte ab, treten in neue Teilgruppen und Vorgänge ein.[29] Und: Ganz individuell entscheiden die Einzelnen während der gesamten Laufzeit für sich, wie weit, intensiv und wie lange sie am Projekt mitwirken, es gibt weder starre Verträge noch Druck; diese Freiheit ist grenzenlos. Und sie führt natürlich zu unterschiedlicher Partizipation zwischen kurzer Teilnahme an der Recherche bis hin zur Mitwirkung in der informellen, ständig präsenten Spitzengruppe. Auf ordentlichen Gruppenkonferenzen und bei – wohl noch wichtigeren – informellen Treffen im Haus werden während der Recherchephase die Koordination reflektiert, auftretende Probleme besprochen, überraschende Funde präsentiert, inhaltliche Thesen entwickelt und sukzessive auch die zu bearbeitenden Teilthemen formuliert.[30] Bereits absolvierte Lernprozesse, vielfältige Forderungen

---

durch die Älteren, aber auch aus dem Kreis der Jüngeren kamen Anregungen, die in der Gruppe aufgenommen werden konnten; so profitierte jeder von jedem: Der Erfahrene vom Unbemittelten durch spontane, nicht eingefahrene Anregungen, der Unbemittelte durch den Erfahrenen in Routinearbeiten der Recherchen."

[29] Ebd.: „Nach den ersten Ergebnissen wurden die Gruppen zum Teil wieder aufgelöst und neu gemischt und jeder packte dort an, wo es Forschungsbedarf gab. So saßen an einem Tag im Frühjahr allein acht Studierende mit dem gleichen Arbeitsthema im Lesesaal des Landesarchivs, ein seltener Anblick. Aber nur durch diese Kooperation untereinander war es möglich, Sachfragen schnell und effektiv durch zugriffsorientierte Quellensuche optimieren zu können."

[30] Ebd.: „Teilweise löste sich die Gruppenarbeit auch auf und motivierte ‚Einzelkämpfer' erledigten kleinere Durchsichten, führten Zeitzeugeninterviews durch, stellten Kontakte her. Diese spannende, parallel ablaufende Quellensuche reichte von Mikrofilmrecherchen in kleinen Lesestübchen im obersten Stockwerk einer Bibliothek über Besuche bei ehemaligen Gutsverwaltern und Gesprächen mit Behörden, Versicherungen und Stadtwerken bis hin zu groß angelegten, fast flächendeckend zu nennenden Durchsichten großer Aktenbestände in staatlichen Archiven.

Wichtig war bei alledem, nicht den Zusammenhang zueinander zu verlieren. Kommunikation in solch einem Projekt ist äußerst wichtig, die mehrmalige tägliche Abstimmung bei auswärtigen Archivreisen war stets produktiv und ergebnisreich, auch effizient, denn wenn ein Mitarbeiter mit seinem Bereich fertig war, wurde dem Nachbarn geholfen. Eine große Kompatibilität der Mitarbeitenden machte sich daher als äußerst positiv bemerkbar.

Bei alledem wurde jedem weitgehend selbst überlassen, für welche Arbeitsbereiche er sich entscheidet. Selten kam es vor, dass für eine Aufgabenstellung niemand gefunden wurde, und keiner wurde gezwungen, einen bestimmte Tätigkeit zu übernehmen. Die regelmäßigen Konferenzen und auch die internen Gruppentreffen zur Vor- und

Erfahrungen aus dem IZRG 153

und gegenseitige Hilfen, Arbeitsfrust und Hängepartien, auch Reisen und Erlebnisse haben inzwischen Prozesse der Integration als auch der Differenzierung der Gruppe ausgelöst. An der zentralen Zäsur zur Bearbeitungsphase verfügen die Einzelnen über erstaunliche Rollensicherheit: Sie wissen jetzt zumeist, was sie sich zutrauen können und zumuten, wenn sie allein oder in der Kleingruppe verantwortlich einen Beitrag übernehmen; auch die Projektleiter verfügen zu diesem Zeitpunkt über relativ zuverlässige prognostische Möglichkeiten.

Ein entscheidender Schritt ist die Gliederung des Endprodukts. Wenn mehr als zehn Beiträger mitwirken wollen,[31] so kommt es auf die inhaltlich sinnvolle Zerlegung des gemeinsamen Gesamtthemas, auf die Begrenzung der einzelnen Forschungsaufgaben, an: Da werden zum identischen Gegenstand beispielsweise ausdrücklich drei verschiedene Perspektiven zum Inhalt einzelner Beiträge erhoben, wichtige Spezialaspekte ausgewählt, also jeweils gesonderte, überschaubare Fragestellungen formuliert. Die Verabredung besteht darin, dass die Beiträge auf teilidentischer Quellenbasis bis hin zu den gleichen, jedoch spezifisch ausgewerteten Zitaten zum einen stringent ihrer Fragestellung folgen und zum zweiten „für-sich-stehen" können sollen, also – fiktiv – verstreut in Zeitschriften platzierbar sein würden. Betrachtet man die Inhaltsverzeichnisse der Zwangsarbeiter-Publikationen, so lassen sich aus ihnen Gliederungen für Gesamtdarstellungen wie Dissertationen konstruieren, nur mit dem kennzeichnenden Unterschied, dass hier jeweils eine Reihe verschiedener Autoren und Autorinnen auftaucht und dass die Beiträge zu isolieren sind. Es ist ganz klar: So stellen wir sicher, dass die jeweilige Forschungsaufgabe überschaubar bleibt, in angemessenem

---

Nachbereitung von Quellensuchen erwiesen sich nicht nur als notwendig, sondern auch als anregend."
[31] Ebd.: „Man kann dabei die Quellensuche als Phase 1 des Projektes bewerten, die von Februar bis Mai andauerte. Als Phase 2 war die Umsetzung der Quellen in Ergebnisse und Analysen, die Verknüpfung der verschiedenen Bereiche miteinander Ausschlag gebend; sie dauerte von April bis zum Sommeranfang an. Namentlich in der zweiten Projektphase wurde von den Mitarbeitenden großes Engagement entwickelt: Schließlich fanden sich mehr Beiträger für das Gutachten als anfänglich erwartet. Während die knappen Haushaltsmittel von 55.000 DM für die Projektphase 1 in Material- und Lohnkosten für die Mitarbeitenden, zum Teil auf Werk-, Stunden- oder freien Verträgen beruhend, verbraucht wurden, waren alle Recherchen zu ‚eigenen Beiträgen' und alle Zeit der Verfassens der Beiträge allein durch die Autoren zu leisten, sozusagen als ihr Privatvergnügen."

Zeitrahmen leistbare Teilprodukte erstellt werden können, die zugleich Ausfluss der intensiven Auseinandersetzung mit den Bearbeitern der Nachbarthemen bilden. Vereinzelte Redundanzen sind eine Folge der Isolierbarkeit; sie mögen bei der Gesamtlektüre ein wenig stören, bei der Teillektüre von Vorteil sein. Da individuelle Bearbeiter unterschiedliche Herangehensweisen und Stilformen produzieren, wird das Gesamtprodukt, negativ bewertet, vielleicht durch mangelnde Stringenz auffallen, positiv gesehen aber wie ein Sammelband durch Buntheit gekennzeichnet erscheinen.

Die Plenarsitzungen, an denen meist auch weiterhin jene teilnehmen, die nicht mehr am Endprodukt mitwirken, dienen fortan der Vorstellung und Diskussion der Teilprodukte während ihres Entstehungsprozesses und auch einer kritischen Debatte nach deren Fertigstellung. Die letzte inhaltliche Überarbeitung findet dann unmittelbar zwischen Verfassern und Projektleitern statt, die technische Ausfertigung des Produkts übernimmt ein Team aus der Projektgruppe. Am Ende stehen reale Produkte, auf die alles folgt, was man so kennt: Öffentliche Wahrnehmung und Reaktionen von Lob bis bärbeißiger Kritik, wie sich das gehört. Aus dem IZRG-Auftrag ableitbar und bereits traditionell folgen die weiteren Vermittlungsschritte, sozusagen die Fortsetzung der Arbeit nach Projektende: Fachkonferenzen für Multiplikatoren, Vortragsreihen mit den wichtigsten Teilaspekten, Zeitungsserien mit extremen Kurzfassungen der Beiträge sowie populäre Broschüren auf ähnlicher Basis. Bei den Projekten zur Zwangsarbeit, die natürlich besondere gesellschaftliche Relevanz besitzen, fanden und finden alle Elemente dieser kommunikativen Vermittlung statt: Akteure sind wieder gemeinsam die Projektleiter und eine Reihe der jungen Beiträger. Diese lernen, fachwissenschaftliche Vorträge zu halten, populäre und zugleich abgesicherte Kurzfassungen zu verfassen, sie lernen auch die Gesetze der Medienwelt und Vortagskultur aus neuer Perspektive kennen.

Abgesehen von der zeitlich dazwischen liegenden Abschlussfeier evaluiert die Gruppe offiziell und – wieder wichtiger – informell das Vorhaben: Sie bewertet Prozess und Produkt, achtet auf Wirkung und Funktion, reflektiert Grenzen und Möglichkeiten der Vermittlung. Einzelne machen weiter, erarbeiten auch neue Aspekte, etwa Ideen für unterrichtliche Umsetzungen des Themas.[32] Ein Teil der Akteure bleibt ansprechbar oder bewirbt sich für ein

---

[32] Vgl. Birte CLAASEN: „Die Sonne scheint allen, sogar denen, die das Ost-Abzeichen tragen." Zwangsarbeit als Thema in der Schule. In: Demokratische Geschichte 13 (2000), S. 359-368.

Folgeprojekt oder steigt im IZRG in ein thematisch ganz anderes Vorhaben ein. Ehemalige „Anfänger" sind nun „Erfahrene" und arbeiten mit Neuen zusammen, sind die Projektkoordinatoren von morgen. Die Grenzen zwischen Projekten sind fließend, die Freiheit des Mitwirkens, des Ein- und Aussteigens ist groß: Die einen studieren weiter, machen Examen oder Referendariat, andere konzentrieren sich auf Promotionsvorhaben usw.

Die beschriebenen Arbeitsphasen und Teilaspekte kann man, soweit ich es überblicke, üblichen Ansprüchen, Ablaufmustern, Phasenfolgen, methodischen Schritten und Kompetenzkennzeichnungen aus der Theorie des Projektunterrichts zuordnen. So lassen sich die konventionellen Phasen der Initiierung und des Einstiegs, der Planung und Durchführung sowie der Präsentation, Auswertung und Weiterführung unschwer auf IZRG-Vorhaben abbilden, auch die Kriterien der Orientierung an den (Berufs-)Interessen der Lernenden, des selbstbestimmten Lernens mit dem Lehrenden als Berater, der intrinsischen (Produkt-)Orientierung, der kommunikativen Vermittlung, der Handlungsorientierung usw. scheinen erfüllt.[33]

Eine markante Ausnahme muss jedoch benannt werden: der Aspekt der Entwicklungsfreiheit während des Vorhabens. Simulative Projekte werden auf der Basis der pädagogisch begründeten weitgehenden Selbstständigkeit und Selbstverantwortung der Teilnehmer Produkt und Ziele selbst entwickeln, auch während des Prozesses fast beliebige Wege wählen können, soweit die pädagogischen Rahmenbedingungen erfüllt bleiben.[34] Dieser Kreativität sind, auch wenn wir durchaus eigenständige Entwicklungen erleben,[35] in unseren Projekten aus der strengen Sicht der Projektpädagogik sehr enge Grenzen gesetzt. – Paradoxerweise resultiert das aus der Wirklichkeitspartizipation!

Ein kursorischer Blick auf Lernprozesse: Von der ersten Gruppenbildung bis zur gemeinsamen Vortragsreihe sind viele Hürden zu nehmen, gibt es al-

---

[33] Vgl. EMER/LENZEN, Methoden des Projektunterrichts (wie Anm. 3), S. 216f., S. 220-227; GUDJONS, Lernen (wie Anm. 16), S. 128ff.

[34] Vgl. BASTIAN/COMBE, Lehrer und Schüler im Projektunterricht (wie Anm. 23), S. 245-257.

[35] BILL, Der Weg ist das Ziel! (wie Anm. 15): „Mit der Zeit entwickelte das Projekt daher bereits nach kurzer Zeit eine gewisse Eigendynamik, es kamen neue Vorschläge zur Sichtung von Quellen, die sich erst durch das Quellensuchen ergeben hatten und ähnliches mehr. Auf diese Weise war echte Kommunikation möglich, das Arbeitsteam und auch die wissenschaftliche Leitung offen und flexibel für neu einzubringende Aspekte."

so gestufte Angebote des Erfahrungslernens. Das ist keineswegs nur ein idealisierbarer fröhlicher Gruppenprozess: Da knirscht es schon mal, weil insbesondere bei klein dimensionierten Vorhaben die gegenseitige Abhängigkeit vor dem Erfolgsdruck spürbar wird. Da lässt sich vor den anderen kein methodisches Defizit verbergen, was ja gerade auch eine zentrale Funktion der Kooperation bildet. Da werden, dem hoch gesetzten persönlichen Ziel entsprechend, im Arbeitsprozess auch Nervenstärke und Durchhaltevermögen abverlangt, insbesondere wenn zum Beispiel Autoren oder Autorinnen an einem Zeitpunkt, an dem sie glauben, wirklich alles gegeben und abgesichert zu haben, noch einmal zusammen mit Betreuern Stück für Stück Quellenkritik, Argumentationsstränge und Formulierungsweisen hinterfragen und neu bearbeiten müssen, bevor die Publikationsreife erreicht ist. Da machen auch wir Projektleiter Fehler, in der fachlichen Arbeit und in der Kommunikation. Es ist echtes Leben.

Wer aber all das durchgehalten und seine methodischen Kompetenzen erweitert hat, der oder die hat Wissenschaft an einem realen Zipfel wirklich erfahren, alle Schritte einmal selbst vollzogen, die Fachwissenschaft durch eigenes Handeln kennen gelernt, sich selbst an seine aktuellen Leistungsgrenzen geführt, hoffentlich Kompetenzen des Fragens und der Hypothesenbildung, des Recherchierens, Auswertens und Interpretierens und schließlich des Darstellens beziehungsweise Präsentierens vertieft oder erworben.[36] Manches jedenfalls wird sie oder ihn nicht mehr schrecken! Um es in einem aktuellen Begriff auszudrücken: Die Probanden haben eine eindringliche Selbstwirksamkeitserfahrung gemacht.[37] Und sie verfügen über realistische Selbstwirksamkeitserwartungen der Art: „Ich kann das leisten", können deren Rahmen mit eigenem Erfahrungsbezug kennzeichnen.[38] – Erinnert sei an das Eingangsbeispiel des Doktoranden vor dem Karteikartenberg: Von Projekten wollen wir keine Wunder erwarten, aber im Fall des Gelingens einen spürbaren Autonomiegewinn.[39] Zumindest spricht man-

---

36 Vgl. den Katalog methodischer Kompetenzen, die nach Gautschi durch Forschendes Lernen gefördert werden: GAUTSCHI, Geschichte lehren (wie Anm. 2), S. 109.
37 Der Begriff stammt von Albert Bandura. Vgl. Wolfgang EDELSTEIN/Judith BÄSSLER: Selbstwirksamkeitsüberzeugungen in der Schulentwicklung. In: Rainer BROCKMAYER (Hg.): Selbstwirksame Schulen: Wege pädagogischer Innovation, Oberhausen 1997, S. 9-24.
38 Vgl. Ebd., S. 15 ff.
39 Vgl. Bodo VON BORRIES: Historische Projektarbeit: „Größenwahn" oder „Königsweg"?. In: DITTMER/SIEGFRIED (Hg.), Spurensucher (wie Anm. 2), S. 243-252, hier

Erfahrungen aus dem IZRG 157

ches dafür, dass die beschriebene Blockade auf der Basis anderer Erfahrungen leichter zu nehmen gewesen wäre.

Schließlich ein selbstreflexiver Blick auf die Rolle der Projektleiter: Ein Kennzeichen des Projektunterrichts ist bekanntlich das – meist ja nur auf Zeit verwirklichte – andere Verhältnis von Lehrenden zu Lernenden: Lehrende geben Rollenanteile ab, verfügen idealtypisch nicht mehr über das Planungs-, Informations- und Kontrollmonopol.[40] Bastian und Combe schlagen für diese neue Balance im Projekt als Schlüsselbegriff das „Arbeitsbündnis" vor.[41] Allerdings solle das Arbeitsbündnis weder inhaltliche Anforderungen noch Rollen verschleiern, etwa die „didaktische Gesamtverantwortung" der Lehrenden, in deren Verantwortung auch die Rahmenbedingungen lägen, innerhalb derer die Projektgruppe sich entfalten könne.[42]

In IZRG-Projekten gibt es jeweils verantwortliche Leiter aus dem Hause selbst, einzeln oder kollegial, sie haben Verträge gezeichnet und stehen für Produkte auch mit ihren Namen ein, zugleich aber wollen sie innovative, moderne Lehrende sein. In einer derartigen Gemengelage tut Rollenklarheit allen Beteiligten wirklich gut: Abgesehen vom Ursprungskonzept agieren wir im Projekt auf allen Stufen als Berater, als erfahrene Historikerkollegen, sind offen für Entwicklungen jeder Art, aber die Kommunikation findet nicht wirklich auf einer Augenhöhe statt, weil das Herrschaftsverhältnisse verschleierte, zu denen man später wieder zurückkehren wird. Denn am Ende bilden wir – bei aller eingehaltenen wissenschaftlichen Ergebnisoffenheit und Forschungsfreiheit – die letzte Instanz, die Publikationsreife feststellt, Vortragende rekrutiert, begegnen wir Studierenden und Doktoranden auch als Prüfer wieder. Im Projekt aber werden wir uns bemühen, Gruppenprozesse und Arbeitsabläufe sensibel zu beobachten, Defizite und fehlgehende Prozesse zu erkennen, wenn nötig auch Rat aufdrängen oder vorsichtig eingreifen, vor allem aber eines: immer an Bord sein. Denn wer Kooperation ernst meint, muss auch kooperieren, das heißt im Prozess ständig

---

S. 246, 250. Vgl. den ernüchternden, aber vom Autor mit Bedächtigkeit interpretierten empirischen Befund bei Bodo VON BORRIES: Historische Projektarbeit im Vergleich der Methodenkonzepte. In: SCHÖNEMANN/UFFELMANN/VOIT (Hg.), Geschichtsbewusstsein und Methoden historischen Lernens (wie Anm. 2), S. 276-306.
[40] Vgl. BASTIAN/COMBE, Lehrer und Schüler im Projektunterricht (wie Anm. 23), S. 246, 253 ff.
[41] Ebd., S. 247.
[42] Ebd., S. 250; vgl. S. 250-253.

ansprechbar für jedermann sein. Darunter läuft nichts, wenn man sich auf derartige Vorhaben einlässt!

Zum Konzept gehört aus der Perspektive der Leiter immer auch Risikoabschätzung: Bezogen auf die Gruppenbildungen wurde bereits einiges notiert, auch bei kleinen Vorhaben wird man versuchen, mehr als einen Bearbeiter zu rekrutieren, für große Projekte gilt, dass mit dem Mut zur Lücke geplant – und der Vertrag entsprechend zurückhaltend geschlossen – wird und dass alle Mitwirkenden auf den Projektstufen nein sagen und aussteigen dürfen, denn ohne deren positive Selbsteinschätzung und Motivation klappt nichts. – Dass Ernstfälle immer Risiken bergen und manches zur Gratwanderung werden kann, ist klar.

Zwei letzte Aspekte: Zeitabläufe und Produktionsniveau. Für Projekte im Sinne des Projektunterrichts stimmen unsere Laufzeiten von mehreren Monaten durchaus, für Forschungsprojekte im eigentlichen Sinne sind sie abenteuerlich. Wollten wir deshalb eine Anpassung vornehmen, so funktionierte das Modell nicht mehr: Ein Zeitrahmen von zum Beispiel zwei Jahren ist für Studierende inakzeptabel, selbst ein Jahr scheint unrealistisch. Dann fehlt jedenfalls die Dynamik der Gruppe und den Einzelnen schlicht die Zeit in ihrem Studienplan. Das Niveau unserer Produkte wird sich nicht mit einem Großforschungsprojekt messen lassen können: Zeit, Aufwand und Professionalität besorgen natürlich einen Unterschied. Aber: Die Arbeiten erfüllen den jeweils abgesteckten und transparenten Rahmen, sind seriös, genügen wissenschaftlichen Standards und müssen deshalb die fachliche Kritik keineswegs scheuen. Und: Es kommt in Projekten schon zur Ausbildung von Expertentum: Eine junge Studentin ist heute die Expertin für unterschiedliche Phasen im Umgang der Schleswiger Psychiatrie mit eingewiesenen Zwangsarbeitenden, ein Doktorand im Haus ist der Einzige, der wirklich alle von uns recherchierten Quellen zur Zwangsarbeit kennt und einzuordnen weiß, usw. usf. Sie, und nicht wir, beantworten denn auch noch Jahre nach Projektende einschlägige Anfragen, die im IZRG eingehen.

Nun zur Titelfrage: Man kann unsere Arbeit je nach Perspektive als „Projektunterricht" oder „Forschungen im Team" charakterisieren. Legen wir die Kriterien des Projektunterrichts an, so finden wir viele Entsprechungen. Abweichend bieten unsere Projekte volle Wirklichkeit, und nicht die Lehre, sondern das Vorhaben selbst generiert primär das jeweilige Ausgangsmotiv. Wir liefern Erfahrungslernen am Ernstfall, Studierende realisieren wissenschaftliche Produkte im Lernprozess. „Forschung im Team" steht zum einen für die Methode, mit der überwiegend die Lernenden selbst die Lernprozesse, die gegenseitigen Kontrollen und Hilfen, gewährleisten. „Forschung im Team" signalisiert zudem die Kooperation von Wissenschaftlern mit Studierenden an einer Schnittstelle von Forschung und Lehre, die wir als IZRG repräsentieren. Und dieses gemeinsame Forschen, das funktioniert trotz des Professionalitätsgefälles genau dann, wenn alle Beteiligten die Möglichkeiten wie Grenzen erkennen und zu achten wissen.

Geschichtsprojekte in Leistungskursen des Gymnasiums

Von ROLF SCHULTE

1. Ein Vorzeigeprojekt – oder: Wie ein Stein ins Rollen kam

1968 beschloss die Gemeindevertretung von Ulzburg bei Hamburg fast einstimmig, eine Straße umzubenennen: Sie sollte fortan den Namen des ehemaligen NSDAP-Ortsgruppenleiters und Bürgermeisters der Gemeinde, einem Heinrich Petersen, tragen. Der Ort Henstedt-Ulzburg liegt im Hamburger Großraum, gehört aber zu Schleswig-Holstein und ist mit bald 30.000 Einwohnern die größte Gemeinde dieses Bundeslandes. Fast 20 Jahre später griffen zwei Lehrer des ortsansässigen Gymnasiums die Namensgebung der Straße in einem besonderen Rahmen auf, nachdem immer wieder Schülerinnen und Schüler die Umbenennung im Unterricht thematisiert hatten: Die beiden Studienräte boten den Jugendlichen aus dem Leistungskurs Geschichte und der übrigen Oberstufe an, die lokale Geschichte des Nationalsozialismus in Henstedt-Ulzburg und die Rolle des Ortsgruppenleiters zu erforschen. Es war ein folgenreiches Projekt – nicht nur, weil sich eine Dynamik, die solchen Unternehmungen oft eigen ist, voll entfaltete. Die Petersen-Straße verlor nach Veröffentlichung der Projektbroschüre und der Projektausstellung aufgrund eines erneuten Gemeinderatsbeschlusses ihren Namen. Sie heißt heute unverdächtig-neutral „Clara-Schumann-Straße". Auch am ehemaligen Kultplatz der NSDAP, der in seiner Zeit überregional bekannt war, steht seitdem eine Dokumentationstafel der Projektgruppe.

Im Verlauf dieses schulischen Unternehmens lassen sich die verschiedenen Merkmale und Schritte der Projektarbeit wieder finden, wie sie regelmäßig in der didaktischen Literatur genannt werden:[1]

---

[1] Herbert GUDJONS: Projektunterricht – Ein umfassendes Konzept handlungsorientierten Lehrens und Lernens. In: Herbert GUDJONS: Handlungsorientiertes Lehren

– *In der Initiativ- oder Themenfindungsphase*
soll die Idee aus problemhaltigen Zuständen reifen, „die sich außerhalb der Schule darbieten, die im gewöhnlichen Leben Interesse erwecken oder zur Betätigung anregen".[2] Die Initiative und das Anliegen in dem vorgestellten Projekt entsprachen demnach dem „Situationsbezug", wie auch der „Orientierung an den Interessen der Beteiligten", da die Straßenumbenennung in der schleswig-holsteinischen Gemeinde immer wieder von Schülern und Schülerinnen angesprochen worden war. Das dritte Merkmal – „die gesellschaftliche Praxisrelevanz" – ist als Korrektur zur Orientierung an den Schülerinteressen und gegenüber zu unverbindlicher Themenauswahl in Projekten gedacht. Dieses Kriterium bei der Themenauswahl ergibt sich aus der zwingenden Notwendigkeit der Auseinandersetzung einer demokratischen Gesellschaft mit dem System des Nationalsozialismus. Die beiden Lehrer des Henstedt-Ulzburger Alster-Gymnasiums[3] organisierten somit lediglich den Rahmen des Unternehmens. Didaktisch gesehen erklärten beide mögliche Lehrziele nicht zu Lernzielen, gaben lediglich Anstöße und initiierten vorerst einen ergebnisoffenen Prozess.

– *In der Planungs- oder Strukturierungsphase*
entwickelten die Schülern und Schülerinnen in Eigenregie, aber noch in Zusammenarbeit mit den Lehrkräften Leitfragen zum Thema „Nationalsozialismus" am eigenen Ort. Sie planten dann die Verteilung von Aufgaben sowie die einzelnen Arbeitsschritte und grenzten so Raum und Zeit der Gruppenrecherche ab bzw. ein. In der Retrospektive erscheint diese Strukturierung weder realistisch noch umfassend, denn sie erwies sich sehr schnell als revisionsbedürftig. Dennoch gab sie einen Überblick über Arbeitsvolumen und Arbeitsrichtung.

– *In der Informations- oder Arbeitsphase*
sammelte, bearbeitete und bewertete die Projektgruppe kooperativ und arbeitsteilig wissenschaftliche Literatur und Materialien aus dem Gemeinde- und Landesarchiv. Sie befragte zahlreiche Zeitzeugen und stieß im Verlauf der Untersuchung auf nicht wenige private Quellen, wie Tagebü-

---

und Lernen. Schüleraktivierung, Selbsttätigkeit, Projektarbeit, Bad Heilbrunn [6]2001, S. 73-112; Karl FREY: Die Projektmethode, Weinheim/Basel [8]1998, S. 61-181.
[2] John DEWEY (1916), zitiert nach GUDJONS, Projektunterricht (wie Anm. 1), S. 81.
[3] Die Lehrer Rainer Richard und Rüdiger Völkl leiteten dieses Projekt.

cher, oder zog Informationen aus nicht-archivalischen Überresten durch Ortserkundungen.

- *Die Präsentationsphase*
unterstreicht den besonderen Charakter dieses Unterrichtskonzeptes, in dem die allgemeine „Produktorientierung" des Vorhabens mit einer konkreten „Produktfertigung und -präsentation" abschließt. Die Mitglieder der Gruppe in Henstedt-Ulzburg entschieden sich für eine Broschüre sowie für eine Ausstellung. Das „Einbeziehen vieler Sinne" und das „soziale Lernen" prägte auch diese Phase. Um die Projektleistung nicht noch zu schönen: Eisenwinkel, Holzleisten und Gipsplatten mussten nicht zum Erwerb bzw. als Beweis manueller Fertigkeiten zu einem Ensemble zusammengeschraubt werden. Die Leistungskurs- und Oberstufenschüler und -schülerinnen schrieben die Texte, setzten sie in ein entsprechendes Layout und bauten lediglich vorgefertigte Stellwände zu Präsentationstafeln um. Die Fotos wurden am häuslichen PC eingescannt und vergrößert. Der Mitteilungswert der Produkte erschien immerhin so hoch, dass die regional vertretenen Zeitungen in mehreren Artikeln über die Hintergründe der Ausstellung berichteten.[4]

- *Der oft vergessene Schritt – die Bewertungsphase –,*
in der die vergangene Arbeit bilanziert und kritisch reflektiert werden kann, fand nicht mehr im festen Rahmen dieses Projektes statt. Nach vollendeter Arbeit löste sich die Gruppe auf. Eine von den Lehrern des Gymnasiums angebotene Geschichts-Arbeitsgemeinschaft als Folgeeinrichtung ging nach einiger Zeit wegen nachlassenden Interesses seitens der Teilnehmer und Teilnehmerinnen ein.

Das Henstedt-Ulzburger Unternehmen trägt zweifellos die Züge eines „Vorzeige- oder Zitierprojektes", wie es in der pädagogischen Literatur häufig beschrieben, als didaktisches Heilmittel vorgestellt und von zahlreichen Lehrern und Lehrerinnen entweder depressiv bewundert oder neidvoll als unrealistische Unterrichtsform verworfen wird. Gemessen an den hohen Ansprüchen von Projektpädagogen scheint dieses Unterrichtskonzept den Widerspruch zwischen den Forderungen der elaborierten Hochschuldidaktik und der Wirklichkeit der konkreten Schulpraxis aufzuheben. Schließlich

---

[4] Z.B. Hamburger Abendblatt/Norderstedter Zeitung 2.12.1998; Segeberger Zeitung 12.11.1998; Umschau (Zeitung für Kaltenkirchen und Umgebung) 24.9. und 16. 12.1998.

erreichte die Schülerarbeit das von dem Gießener Pädagogen L. Duncker formulierte Ziel des „verändernden Eingreifens in die soziale Wirklichkeit".[5]

2. Chancen – oder: Warum Projektarbeit nicht nur die Krönung des Unterrichts sein darf

Die pädagogische Forschung hat in den letzten Jahren für handlungs- und produktionsorientierte Unterrichtsverfahren zusätzliche Argumente geliefert. Vertreter und Vertreterinnen der konstruktivistischen Didaktik, der neueren neurobiologischen Theorien zum Wissenserwerb oder der kognitiven Lernpsychologie benennen die Organisation von selbsttätigem, selbstgesteuertem und handelndem Lernen als Eckpfeiler und gemeinsamen Nenner einer Schulreform – und dies nicht erst seit Veröffentlichung der PISA-Studie.[6] Diesen Positionen hat sich auch die Geschichtsdidaktik geöffnet, in der eine Schwerpunktverschiebung von den Lehr- zu den Lernmethoden oder von der Stofforientierung zum lernenden Subjekt gefordert wird.[7] Auf den geschichtsdidaktischen Tagungen standen in den letzten zehn Jahren Begriffe wie „Schülerorientierung" und „Erfahrungsunterricht" im Mittelpunkt. Gerade aber Projektlernen eröffnet Chancen, diese beiden zentralen Forderungen einzulösen.

---

[5] Ludwig DUNCKER: Soziale Phantasie und verantwortliches Handeln. Chancen für das Lernen im Projektunterricht. In: Wolfgang EMER/Dorothea LÜBBEKE/Anne WENZEL (Hg.): Projektforum 1994. Projektunterricht und Veränderung von Schule. Diskussionen und Anregungen, Bielefeld 1994, hier als Diskussionsbeitrag, S. 72 (ähnlich auch S. 12).

[6] Kersten REICH: Systemisch-konstruktivistische Pädagogik. Einführung in die Grundlagen einer interaktionistisch-konstruktivistischen Pädagogik, Neuwied [4]2002; Edmund KÖSEL: Die Modellierung von Lernwelten, Bahlingen [4]2002; Wolfgang EINSIEDLER: Wissensstrukturierung im Unterricht. Neuere Forschungen zur Wissensrepräsentation und ihre Anwendung im Unterricht. In: Zeitschrift für Pädagogik 1996, S. 167-191; Dagmar KLOSE: Viele Wege führen zum Geschichtsbewusstsein. Erkundungen und Beobachtungen auf konstruktivistischem Feld. In: Bernd SCHÖNEMANN/Uwe UFFELMANN/Hartmut VOIT (Hg.): Geschichtsbewusstsein und Methoden historischen Lernens, Weinheim 1998, S. 74-94; Hans AEBLI: Denken, das Ordnen des Tuns, Bd. 1, Kognitive Aspekte der Handlungstheorie, Stuttgart 1980, S. 22-26.

[7] Siehe Bernd SCHÖNEMANN: Geschichtsbewusstsein methodisch. Bedingungs- und Entscheidungsfelder historischen Lehrens und Lernens heute. In: SCHÖNEMANN/UFFELMANN/VOIT (Hg.), Geschichtsbewusstsein und Methoden historischen Lernens (wie Anm. 6), S. 39-65, hier S. 42f.

Die Erkenntnis, dass historische Darstellungen nichts objektiv Gegebenes unterschreiben, sondern subjektive Konstruktionsleistungen sind, hat die Geschichtswissenschaft seit den 90er Jahren grundlegend erfasst. Die Schule hat diesen Schritt noch nicht vollzogen. Viele Geschichtslehrwerke vermitteln immer noch im Sinne eines naiven Positivismus den Eindruck, sie stellten Historisches dar, wie es gewesen sei. Der Rahmen eines Leistungskurses Geschichte erlaubt im Besonderen diesen Konstruktionscharakter durch Projektlernen zu reflektieren, weil hier fachwissenschaftliche durch erfahrungsbezogene Konzepte abgelöst werden können. Selbstorganisiertes Quellenstudium wie die fachgerechte Befragung von Zeitzeugen helfen Jugendlichen, die Darstellung in Schulbüchern zu dekonstruieren. Sie helfen Leistungskursschülern und -schülerinnen, individualisierte, differenzierte oder wahrscheinlich sich häufig deckende Bilder zu entwickeln. Diese Erfahrungen von Lernenden, dass die individuelle historische Interpretation gleichwertig neben einer professionellen Darstellung bestehen kann, ist gerade wesentlich für einen demokratischen Geschichtsunterricht.

„Schülerorientierung" bedeutet nicht nur die Integration sog. objektiver Schülerinteressen in die Schule, die im Rahmen demokratischer Abstimmungsprozesse für die zukünftige Lebenssituation der Schüler und Schülerinnen als unabdingbar erachtet werden. Unterrichtsformen müssen auch subjektiven Schülerinteressen Rechnung tragen. Es gilt vorrangig, Schülermeinungen ernst zu nehmen und in die Schulorganisation zu integrieren, ohne hier für eine permissive Methodik zu plädieren, die Forderungen von Schülern und Schülerinnen grundsätzlich positiv wertet. Zahlreiche empirische Untersuchungen von Schülerinteressen bestätigen eine hohe Zustimmung zum Projektlernen und begründen einen Motivationsschub durch diese Unterrichtsform. Die Werte sind in den letzten 20 Jahren erstaunlich konstant geblieben. Eine Umfrage in den 80er Jahren ergab eine Befürwortung zur Projektarbeit von fast 70 %, noch übertroffen von über 90 % nach einer Hamburger Erhebung. Eine jüngste Untersuchung aus Bayern schloss mit ähnlichen Ergebnissen ab: Schüler und Schülerinnen in Nürnberg befürworteten mehrheitlich, aber nicht euphorisch Projektlernen, 84 % der Befragten waren bereit, sich auch in ihrer Freizeit der Projektarbeit zu widmen.[8]

---

[8] Peter KNOCH: Der schwierige Umgang mit Geschichte in Projekten. In: GWU 38 (1987), S. 527-540, hier S. 535; Herbert GUDJONS: Projektunterricht begründen. Lernpsychologische Argumente. In: Pädagogik 1989, H. 7-8, S. 47; Elisabeth ERDMANN/ Elke MAHLER: „Zeitreise von Schülern in die Nürnberger Geschichte" – Bericht über eine

Nicht nur die Berücksichtigung von Schülerinteressen oder die Organisation von selbst gesteuertem bzw. erfahrungsbezogenem Unterricht eröffnen neue Chancen für die Schule. Jugendliche haben wenig Möglichkeiten, im geschlossenen System des Unterrichts Erträge ihrer Arbeit zu präsentieren, Ergebnisse darzustellen und die Grenzen der Einrichtungen zu überschreiten. Partner vor Ort bieten erfahrungsgemäß gerne und nicht ohne Eigeninteresse außerschulische Räume für Projekte an. Der Forderung nach Öffnung von Schule ist hier nicht besonders schwierig nachzukommen. Örtlichkeiten für Produkte eines Leistungskurses Geschichte, z.B. zur Orts- oder Regionalgeschichte, bieten sich in vielfacher Weise an. Warum können nicht Polizeistationen oder Rathäuser bzw. Postämter als öffentliche Räume für Präsentationen dienen, ebenso wie Kundenräume einer Bank, Arzt- oder Rechtsanwaltspraxen? Die wenigen Erfahrungen auf diesem Gebiet, häufig vermittelt oder unterstützt von Schülereltern, sind durchgängig positiv.

Im Paradigmenwechsel von der Lernziel- zur Kompetenzorientierung in der Didaktik[9] besitzt die Produktionsorientierung eine besondere Rolle. Sie schafft Verantwortlichkeiten und Verbindlichkeiten, die zu einem erweiterten Lern- und Leistungsbegriff gehören, der sich nicht nur auf den Erwerb von Fachwissen beschränkt. Zur Projektarbeit gehört auch die Entwicklung einer Sphäre, das heißt von Plätzen, die die Distanz zwischen Schule und Öffentlichkeit verringern. Projektkultur kann in eine belebende Präsentationskultur übergehen und damit neue Lern- und Lehrformen entwickeln.[10]

Projektorientiertes Lernen eröffnet so für Leistungskurse Geschichte zahlreiche neue Möglichkeiten. Sie werden am ehesten genutzt, wenn diese Großform offenen Unterrichts integraler Teil des Schulalltags wird. Singuläre Projekte, die lediglich als Krönung des Oberstufenunterrichts gedacht

---

Ausstellung von Schülern (nicht nur) für Schüler. In: Geschichte, Politik und ihre Didaktik 29 (2001), S. 106ff. Eine noch nicht veröffentlichte Studie an der Universität Flensburg wird auf der Grundlage von ca. 3.000 befragten Jugendlichen und 240 Lehrern diese hohe Attraktivität des Projektlernens bestätigen. Ich danke Birte Claasen (Universität Flensburg) für diese Information. Ihre Dissertation wird im Jahre 2003 erscheinen.

[9] Zu dieser didaktischen Begründung des Projektunterrichtes siehe den Beitrag von Erhard Dorn in diesem Band.

[10] Zu Erfahrungen mit Präsentationen siehe Renate BUSCHMANN: Projektorientiertes Lernen an der IGS Flensburg. In: Bund-Länder-Kommission für Bildungsplanung und Forschungsförderung (Hg.): Erster Kongress des Forums Bildung am 14. und 15. Juli 2000 in Berlin, S. 835ff.

sind, vergeben diese Chancen. Schon eine kurze Internetsuche macht die vielfältigen Möglichkeiten sichtbar, die im Projektlernen liegen. Zahlreiche imponierende Ergebnisse von Oberstufenkursen Geschichte können hier abgerufen werden. Diese Resultate zeigen, zu welchen Leistungen Schüler und Schülerinnen in der Lage sind und welches Potenzial in der Projektmethode zur Entfaltung kommen kann. Eine hervorragende Arbeit unter zahlreichen anderen soll hier stellvertretend für viele hervorgehoben werden:

Oberstufenschüler und -schülerinnen des Ernst-Moritz-Arndt-Gymnasiums in Bonn entwarfen einen Stadtführer zu den römischen Überresten ihrer Stadt (Abbildung 1). Sie präsentierten, dokumentierten und erklärten fächerübergreifend antike Relikte von den ehemaligen Thermen bis hin zu Exponaten des Rheinischen Landesmuseums und stellten ihre Untersuchungen auf einer Website in lateinischer, englischer und deutscher Sprache vor. Ein informativer Stadtplan erlaubt, diese antiken Stätten in der Stadt nacheinander oder ausgewählt zu besichtigen.[11]

3. Grenzen – oder: Warum die Schere manchmal nicht allein im Kopf sitzt

Derartige Vorzeigeprojekte sind allerdings nur ein kleiner Teil der schulischen Wirklichkeit. Der Projektunterricht ist inzwischen in einigen Bundesländern als fächerübergreifende Veranstaltung ministeriell verordnet worden. Häufig hat er sich auch in Projektwochen verlagert, die sich inzwischen zu einer eigenen Einrichtung mit deutlich von der Ursprungskonzeption abweichendem Charakter gewandelt haben. Den Fachunterricht hat die Projektmethode nur in geringem Maße erreicht. Die letzte Untersuchung, die die Projekthäufigkeit an Gymnasien ermittelte, wies einen Durchschnittsanteil von 10% auf.[12] Nicht ohne Grund findet sich auch in dem weit verbreiteten Praxishandbuch zum Projektunterricht von Dagmar Hänsel kein eigenständiger Beitrag für Gymnasien.[13]

---

[11] www.eduvinet.de/tribus./tribus.htm (besucht am 19.1.2002); weitere Projekte siehe unter: www.zum.de.

[12] Gundel SCHÜMER/Michaela WEISSENFELS: Projekte im Fachunterricht. Ergebnisse einer Umfrage unter Grund- und Sekundarschullehrern aus vier Bundesländern, Berlin 1995.

[13] Dagmar HÄNSEL (Hg.): Projektunterricht. Ein praxisorientiertes Handbuch, Weinheim/Basel ²1999.

Geschichtsprojekte im Gymnasium

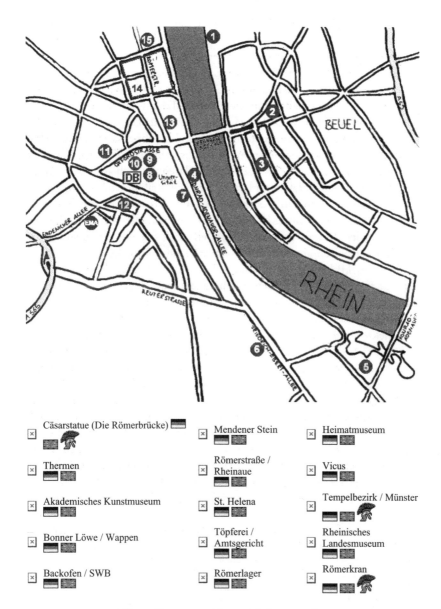

Abb. 1: *Eine ausgezeichnete SchülerInnenabeit:
Der Führer zum römischen Bonn des Ernst-Moritz-Arndt-Gymnasiums.*

Das Zurückbleiben der Realität hinter der Idee mag organisatorische Gründe haben. Projektarbeiten in einem Grundkurs Geschichte in der Oberstufe schließen sich wegen des geringen Stundenvolumens aus. Leistungskurse mit ihren fünf Wochenstunden, teilweise auch Doppelstunden, bieten dagegen auch für den heute an Gymnasien gegebenen Organisationsrahmen von Stundenplänen mit 45-Minuten-Takten eine gute Grundlage. Nach einem flexiblen Modell organisiert ein derartiger Kurs ein Projektkompaktseminar am Wochenende und erhält als Kompensation einen Erlass entsprechender Wochenstunden. Alternativ ist denkbar, für einen Zeitraum von vier bis maximal sechs Wochen alle regulären Stunden als Ersatz für die freie Projektarbeit ausfallen zu lassen. Der Nachteil dieser Lösung liegt in der geringen Möglichkeit, fächerübergreifende Projekte zu verbinden, da sich Leistungskurse grundsätzlich auf mehreren Zeitleisten des Stundenplans befinden. Für ein eher starres Modell bietet sich die Verlängerung der ohnehin periodisch an Gymnasien stattfindenden Projektwochen an. Ein solcher Projektblock könnte zeitlich oder auch nur inhaltlich mit der in vielen Bundesländern vorgesehenen Oberstufenfahrt abgeschlossen werden. Nachteil: In der Unter- bzw. Mittelstufe müssten die entsprechenden Lehrkräfte über längere Zeit vertreten werden.

Projekte stoßen bei einem nicht unbeträchtlichen Teil von Kollegen auf Ablehnung bis Ignoranz. Typisch für diese Haltung ist allerdings nicht die offene Verweigerung, sondern eher eine passive Resistenz bei zahlreichen Lehrkräften: „Projektmuffel" stehen dabei einer Minderheit von „Projektfans" gegenüber.[14] Der abgerissene oder fehlende Dialog setzt sich auch auf anderer Ebene zwischen Vertretern einer Hochschuldidaktik und Schulpraktikern fort. In den letzten zehn Jahren sind zwar viele normative Werke oder praxisnahe Handreichungen[15] zur Projektmethode erschienen. Kritische Veröffentlichungen, die auch Erfahrungen des Schulalltags einbeziehen und von Praktikern verfasst sind, finden sich dagegen selten.[16]

Die naive reformpädagogische Anwendung dieses Unterrichtskonzeptes

---

[14] Siehe auch Bodo VON BORRIES: Historische Projektarbeit – „Größenwahn" oder „Königsweg"? In: Lothar DITTMER / Detlef SIEGFRIED (Hg.): Spurensucher. Ein Praxisbuch für historische Projektarbeit, Weinheim/Basel 1997, S. 243-252.

[15] Aus dem englischsprachigen Raum sehr anregend: Leni DAM: Learner Autonomy: From Theory to Classroom Practise, Dublin 1998.

[16] Jürgen DIEDERICH: Zweifel an Projekten. Eine reformpädagogische Idee und ihr Pferdefuß. In: Ilka GROPENGIESSER / Gunter OTTO / Klaus-Jürgen TILLMANN (Hg.): Schule zwischen Routine und Reform, Seelze 1994, S. 92-96.

lädt tatsächlich schnell zur Skepsis ein. Auch in Leistungskursen stößt die Projektarbeit auf Grenzen. Leistungskurse sind soziologisch klassisch-formelle Gruppen, das heißt bewusst geplante und eingerichtete Verbände, die nach einer Neigungswahl für die Dauer von zwei oder drei Jahren organisiert sind. Im Gegensatz zu den eher informellen Charakter tragenden Arbeitsgemeinschaften, deren Gruppenmitte langfristig meist durch persönliche Beziehungen und Motivation getragen wird, sind Leistungskurse Zwangsgruppen. Zudem entpuppt sich die Neigungswahl in einem nicht unbeträchtlichen Teil auch als Ergebnis einer Negativauslese, weil für einzelne Schüler und Schülerinnen andere Fächer außer Geschichte aus Leistungs- und Interessengründen nicht in Frage kommen. Leistungskurse unterliegen wie alle formellen Gruppen einem Regelwerk: Sie sind in einen Stundenplan eingebunden und einem Lehrplan verpflichtet. Motivationslage und Arbeitsweise in Projekten von Leistungskursen können daher erheblich von Arbeitsgemeinschaften abweichen. Nicht nur die mögliche Orientierung auf ein Durchkommen mit möglichst geringem Aufwand, die Dominanz extrinsischer vor intrinsischer Motivation, sondern auch die geringe organisatorische Disponibilität aufgrund der Oberstufenorganisation verändern den Charakter von Projektlernen. Vorhaben in Leistungskursen können nicht wie Arbeitsgruppen der Schülerwettbewerbe auf lange Dauer angelegt sein. Sie müssen auch die von den Betreuern so oft beschriebenen, als kreativ gekennzeichneten „Auszeiten" oder Stillstandsphasen der Arbeit ausschließen. Formelle Gruppen kennen Grenzen der sozialen Beziehungen: Warum sollten ausgerechnet in Leistungskursen kraft Projektunterricht sich Schüler und Schülerinnen emphatisch verstehen, gruppendynamisch und synergetisch arbeiten? Die Messlatte bei Ergebnissen von Leistungskursen darf folglich nicht zu hoch gesetzt werden.

Das Definitionsmerkmal der „Änderung der sozialen Wirklichkeit" – wie es in der didaktischen Literatur vertreten wird – überschreitet dann den Rahmen der Unterrichtsform, wenn es als allgemein gültiges Ziel gesetzt wird. Das Reformpotenzial des Projektlernens liegt nicht nur im Ergebnis, sondern im Prozess. Gerade wenn Schüler und Schülerinnen sich nicht als Lernobjekte, dagegen als Lernsubjekte verstehen, erfahren sie auf diese Weise den Raum Schule als gestaltbar. Partizipatorisches Engagement als Selbst- und Sozialkompetenz ist kaum delegier- und lehrbar, hauptsächlich nur lebbar, wenn diese Qualifikationen ernsthaft erreicht werden sollen.

Hat sich ein Leistungskurs für ein regionales oder örtliches Projekt entschieden, dann führt kein Weg an der Recherche in Archiven vorbei. Neben den leichter lösbaren Such- und Findproblemen taucht dann ein generelles und schier unüberwindliches Dilemma auf. Selbst hochmotivierten Leistungskursen gelingt es kaum, die bis zur Erfindung der Schreibmaschine handgeschriebenen Quellen zu entziffern. Auch Schnellkurse in Handschriftenlektüre reichen erfahrungsgemäß nicht aus, diese Hürde zu überwinden. Zweifel sind angebracht, wenn Lehrer euphorisch über mehrtägige Aufenthalte von Leistungskursen in Archiven berichten.[17] Um eine erneute Diskussion zu vermeiden und die Überforderung von Leistungskursschülern und -schülerinnen zu verdeutlichen, soll die hier vorgebrachte Skepsis an einem Beispiel konkretisiert werden. Die hier abgedruckte Quelle (Abbildung 2) stammt aus einem Rechnungsbuch einer holsteinischen Stadt aus dem Jahre 1622.[18] Das Originaldokument ist in einer frühneuzeitlicher Courant-Schrift geschrieben und in Mittelniederdeutsch verfasst. Mein Leistungskurs konnte diesen Text trotz meiner Hilfe nicht entschlüsseln, obwohl diese Quelle für das 17. Jahrhundert vergleichsweise sauber und lesbar niedergeschrieben worden war. Auch Historiker und Historikerinnen, die nicht in der frühen Neuzeit zu Hause sind, werden mit der Lektüre derartiger Archivalien Probleme haben. Doch Leistungskurse können sich problemlos für Themen aus dem 16. bis 19. Jahrhundert entscheiden, sobald sie gedrucktes Material als Quellen nutzen: Für diese Zeit lagern in Archiven

---

[17] Siehe Hans WINTER: Studienfahrt ins 18. Jahrhundert – Eine echte Alternative zum Klassenzimmer. In: Thomas LANGE (Hg.): Geschichte selbst erforschen. Schülerarbeit im Archiv, Weinheim 1993, S. 115-127; siehe auch: Gerhard FRITZ: Archivnutzung im Geschichtsunterricht. Möglichkeiten und Grenzen. In: GWU 48 (1997), S. 445-461; kritisch dazu: Thomas LANGE: Zwischen Zimelien und Zensuren. Anmerkungen zu Gerhard Fritz „Archivnutzung im Geschichtsunterricht". In: GWU 50 (1999), S. 43-49; kompakt und an der Praxis orientiert Hartmut WUNDERER: Mehr Frust als Lust? Zur Problematik von Archivstudien. In: Hartmut WUNDERER: Geschichtsunterricht in der Sekundarstufe II, Schwalbach 2000, S. 110-120; ansonsten anregend Wolfgang KERKSEN: Archivpädagogik. In: Pädagogische Führung 6 (1995), S. 36-42; Jürgen SCHEFFLER: Geschichtsunterricht im Archiv. In: Pädagogik und Schulalltag 52 (1997), S. 246-251.

[18] Die Quelle ist ein Dokument der Hexenverfolgung und stammt aus dem Stadtarchiv Glückstadt, R 1 (Stadtrechnungen), vom 19.10.1622. Für Interessierte eine Transkription: „Dem H. Pastern vor de 6 töwererschen biwohnung gegewen [. . .] 8 M. Johan Thoden gegewen vor jede 1 gulden [. . .] 9 M. Dem Richtherrn ehre geböhr . . . 18 M. Dem Stadtschriwer [. . .] 18 M. Claus Francken de saken tho bedehnend [. . .] 18 M. Noch de eine nha dem vuhr vöhren tho laten mit sinen perden und wagen [. . .] 3 M. Summa is 68 M und 6 Schilling."

Geschichtsprojekte im Gymnasium 171

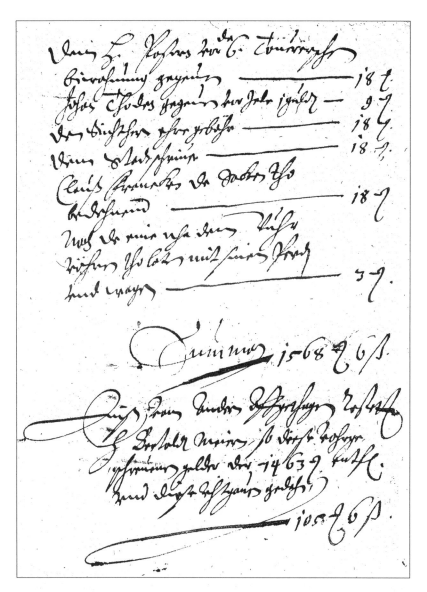

Abb. 2: *Archivarbeit: Solche schwer entzifferbaren Quellen lassen SchülerInnen schnell verzweifeln. Sie sind als Grundlage für Leistungskurse nicht geeignet.*

beispielsweise zahlreiche Mandate oder Erlasse, die hervorragende Grundlagen einer Untersuchung sein können (Abbildung 3). Im Rahmen eines Projektes zum Thema „Obrigkeiten und Untertanen in Holstein in vormoderner Zeit" bearbeiteten Schüler und Schülerinnen solche Verordnungen wie die hier abgedruckte mit hohem Interesse. Archivbesuche erfordern allerdings von der begleitenden Lehrkraft, vorzeitig Materialien auszuwählen. Diese Entscheidung stellt einen dem Projektprinzip widersprechenden Eingriff in die Selbstaktivität der Schülerschaft dar. Planung und Öffnung sind jedoch keine Konterkarierungen, partielle Steuerungen stellen eine Voraussetzung für erfolgreiche Projekte dar. Im Übrigen bieten zahlreiche Archive inzwischen transkribierte Schriften mit Faksimile-Abdrucken des Originals an.[19] Noch Zukunftsmusik, aber bereits im Aufbau befinden sich zahlreiche digitalisierte Archive, in denen Interessierte Quelleneditionen bzw. serielle Quellenbestände abrufen können. Das Staatsarchiv Hamburg zum Beispiel hat demnächst die Namen von 5 Millionen Menschen erfasst, die zwischen 1850 und 1934 über den Hamburger Hafen auswanderten. Wichtige Daten zu diesen Emigranten, wie Herkunftsort, Geburtsjahr, Beruf, Name des Schiffes usw., werden demnächst über Datenfernübertragung abfragbar und auch für Schulprojekte auswertbar sein.[20]

Die Notwendigkeit von Grenzziehungen zeigt sich auch bei der Auswahl von Präsentationsformen. In ansonsten gut verlaufenden Leistungskursprojekten wandelt sich die Lust dann schnell zum Frust, wenn der hohe Anspruch besteht, dass die Projektteilnehmer nicht nur sämtlich und ausnahmslos engagiert teilnehmen, sondern zusätzlich eine wissenschaftliche Dokumentation inklusive einer Ausstellung zu einem historisch relevanten Thema aufbauen, das zudem im Kulturmagazin und Regionalprogramm öffentlicher und privater Fernsehsender vorgestellt wird. Auch die Veranstaltung von „Produkttagen", an denen die Ergebnisse von Projekten einer interessierten Öffentlichkeit präsentiert werden, führt in nicht wenigen Fällen zur Enttäuschung der Schülerschaft. Besucher und Besucherinnen nehmen

---

[19] Siehe Franz-Josef JACOBI: Zur didaktischen Dimension der Archivarbeit. In: Bernd SCHÖNEMANN/Uwe UFFELMANN/Hartmut VOIT (Hg.): Geschichtsbewusstsein und Methoden historischen Lernens, Weinheim 1998, S. 227ff.; auch Günther ROHDENBURG (Hg.): Öffentlichkeit herstellen – Forschen erleichtern! Zehn Jahre Archivpädagogik und historische Bildungsarbeit, Vorträge zur Didaktik, Bremen ²1998; siehe auch die Liste bei LANGE, Zwischen Zimelien (wie Anm. 17), S. 48ff.

[20] Digitale Archive: http://www.hab.de/kataloge/de/fnd oder www.digitales-archiv.net/; Staatsarchiv Hamburg: www.LinkToYourRoots.hamburg.de.

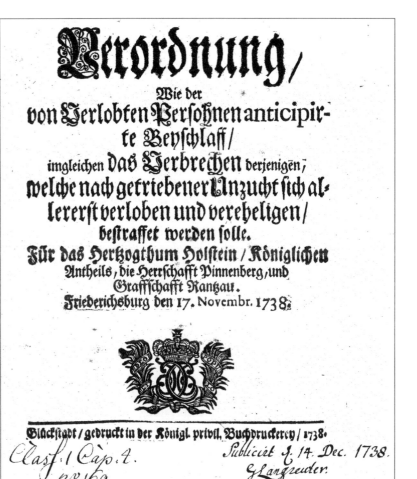

Abb. 3: *Archivarbeit: Derartige, gut lesbare, gedruckte Quellen lassen SchülerInnen hochinteressiert und ohne schnelle Ermüdung in staubigen Folianten blättern und Dokumente aus der Frühen Neuzeit auswerten.*

unter der Vielzahl von Angeboten nur wenige und besonders attraktive Produkte wahr und der größere Teil der Angebote geht folglich in der Masse unter. Um Frustrationen gerade in der Schlussphase dieses Unterrichtskonzeptes zu vermeiden, empfiehlt es sich, Ergebnisvorstellungen im Sinne der Öffnung von Schule nach außen zu verlagern. Viele Leistungskurse entscheiden sich für die drei traditionellen Klassiker innerhalb der großen Vielfalt von möglichen Schaustellungen: die Gestaltung einer Website im Internet oder einer Ausstellung, schließlich die Herausgabe einer Broschüre. Doch es gibt Alternativen, die sogar mit geringerem Arbeitsaufwand verbunden sein können: Warum nicht eine Karikaturenserie oder eine Reihe von Statuen gemeinsam mit einem Leistungskurs Kunst auf einer Vernissage präsentieren? Warum nicht Vorträge über Christentum und Islam mit dem Leistungskurs Religion im kirchlichen Gemeindezentrum oder mit dem Leistungskurs Wirtschaft/Politik im örtlichen Bürgerhaus anbieten? Warum nicht mit dem Leistungskurs Deutsch ein Theaterstück oder einen Zeitungsartikel in der Regionalzeitung veröffentlichen? Die Entwicklung einer kreativen Produktpalette bricht nicht nur das geschlossene System Schule auf, sondern belebt auch die Abschlussphase von Projekten, die laut Projektliteratur bekanntlich zum Höhepunkt dieser Unterrichtsform zählt.

Eine Grenze für die Ausweitung des Projektunterrichts stellt auch die bereits ausgeschöpfte Arbeitskapazität der Lehrer und Lehrerinnen dar. Innovative Methoden sind – eindeutig und nicht zu verleugnend – mit zusätzlicher Arbeitszeit verbunden, wenn das Prinzip der Einmaligkeit von Projektthemen wegen der Kopierbarkeit durch nachfolgende Kurse beibehalten werden soll. Die Arbeitszeit ist in den letzten Jahren auch im Gymnasialbereich nicht nur durch den Anstieg der Wochenarbeitszeit, sondern auch durch zusätzliche, im beruflichen Feld liegende Aufgaben und Herausforderungen gestiegen. Die Unternehmensberatung Mummert und Partner aus Hamburg ermittelte eine um 200 Stunden pro Jahr höhere Arbeitszeit bei Gymnasiallehrern und -lehrerinnen gegenüber dem Durchschnitt des öffentlichen Dienstes, wobei 60% des Arbeitsvolumens für Tätigkeiten außerhalb des unmittelbaren Unterrichts eingesetzt werden.[21] Eine neue Methodik setzt aber gerade Motivation, Belastungsfähigkeit und persönliches Engagement voraus. Für Projektarbeit kann die Perspektive nur heißen,

---

[21] Mummert und Partner: Untersuchung zur Ermittlung, Bewertung und Bemessung der Arbeitszeit der Lehrerinnen und Lehrer im Land Nordrhein-Westfalen, Hamburg 1998, S. 6; Behörde für Schule, Jugend und Berufsbildung des Senats der Freien und Hansestadt Hamburg: Bericht der Lehrerzeitkommission, Hamburg 1999, S. 8. Bei diesen Arbeitszeitberechnungen darf in der Gegenrechnung allerdings nicht vergessen werden, dass Lehrer und Lehrerinnen eine hohe Disponibilität in Bezug auf ihre Arbeit besitzen und ihre Tätigkeit große Gestaltungsspielräume zulässt.

Ressourcen und Partner außerhalb der Schule zu finden. Für einige Fächer eröffnen sich schnell Möglichkeiten der Kooperation: Banken und Sparkassen haben eine breite Palette von Planspielen und Simulationen für den Bereich Wirtschaft/Politik entwickelt. Unternehmen stellen nicht selten auch Materialien oder sogar Personal für Fächer wie Chemie oder Physik ab. Für das Fach Geschichte erweist sich eine solche Suche oft als schwierig. Dennoch lassen sich historische Projekte zumindest teilweise mit Einrichtungen außerhalb der Schule organisieren. Viele Archive haben die Zeichen der Zeit erkannt und öffnen sich gerne einem erweiterten Kreis von Kunden, das heißt auch Jugendlichen – nicht zuletzt um auch eigene Stellen in den Gemeinden bzw. Landeshaushalten begründen zu können. Pädagogisch engagiertes Archivpersonal schätzt den Kontakt zu Schulgruppen und berät gerne in der Untersuchungsphase von Projekten. Bei der Suche nach Interviewpartnern helfen auch bereitwillig karitative Organisationen, die in den letzten Jahren „Zeitzeugen-Börsen" aufgebaut haben.

Ein wesentlicherer Faktor der Resistenz gegenüber Projektlernen an Gymnasien liegt nicht an dem Mangel von Kraft und Zeitressourcen. Die Zurückhaltung erklärt sich vielmehr aus einer bewussten oder auch unbewussten Unsicherheit bis hin zur Weigerung, neue Positionen in Lernprozessen zu übernehmen. Viele Studienrätinnen und Studienräte verstehen sich in einem klar umschriebenen Rollenverständnis als Fachpersonal, das sich an der Geschichtswissenschaft orientiert und Methodik wie Didaktik selektiv zur Kenntnis nimmt bzw. pädagogischen Fragestellungen einen geringeren Stellenwert einräumt. Zwar nicht typisch, aber auch nicht singulär dürfte folgendes Zitat für Teile von gymnasialen Kollegien sein: „Nicht jeder von uns ist Lehrer geworden, um als ‚Moderator' auf gemeinsamen historischen Entdeckungsreisen zu fungieren. Wer als bewusster und engagierter Historiker in den Unterricht geht, möchte fachwissenschaftlich exakt unterrichten und nicht historisch-politisch vage diskutieren lassen, für sein präzises Methodenbewusstsein sind stümperhafte Bemühungen selbst vieler Oberstufenschüler [...] einfach unerträglich."[22]

Lehrkräfte, die einen solchen Instruktionsunterricht vertreten, kommen in innere Bedrängnis, wenn sie begleitende oder nur aktivierende Rollen in Lernprozessen übernehmen sollen. Eine derartige Unterrichtsform verlangt, dass sich das Lehrpersonal aus den gewohnten Wirklichkeits- und So-

---
22 Peter VÖLKER: Eine „neue" Krise des Geschichtsunterrichts. In: GWU 44 (1993), S. 617-626, hier S. 620.

zialbeziehungen herauslöst und sich in graduell neue hineinstellt. Vielen Lehrern und Lehrerinnen an Gymnasien fällt es schwer, sich von der Vorstellung eines Leitbildes der Omnipotenz zu lösen, wie es noch einer der Väter der Pädagogik, Friedrich Adolph Diesterweg, beschrieb. Er forderte für das Schulpersonal „die Gesundheit eines Germanen, den Scharfsinn eines Lessing, das Gemüt eines Hebel, die Begeisterung eines Pestalozzi, die Klarheit eines Tillich, die Beredsamkeit eines Salzmann, die Kenntnisse eines Leibniz, die Weisheit eines Sokrates und die Liebe Jesu Christi".[23]

Die Frage ist, ob Unterricht, der hauptsächlich lehrerkonzentriert abläuft, nicht der unbewussten Ich-Stärkung der Lehrkräfte dient und sich daher so scheinbar alternativlos behauptet. Projektlernen setzt die Abkehr von einem autokratischen Lehrerverhalten voraus und verlangt die Fähigkeit, die geringere Distanz von Lehrenden und Lernenden aushalten zu können. Projekte im Leistungskurs Geschichte sind keine einfachen Spielarten eines Methodenwechsels, die wie Bausteine einer Unterrichtseinheit ausgetauscht werden können. Projektarbeit stellt hohe Ansprüche an das pädagogische Verhalten wie Selbstbewusstsein, an die Fähigkeit zur Rollendistanz oder schlichtweg zur Geduld.[24]

Offenere Unterrichtsformen erfordern entsprechende oder auch neue Berufsidentitäten oder auch -persönlichkeiten. Um den Herausforderungen gerecht zu werden, ist eine Änderung der Lehrerausbildung durch stärkere Verzahnung der ersten und zweiten Ausbildungsphase sowie eine Verschränkung von fachlichem und pädagogischem Studium unabdingbar. Geänderte Berufsrollen verlangen auch, dass Studierende ausreichend Praxiserfahrungen sammeln können und nicht lediglich an schultouristischen Unternehmungen teilnehmen. Spätere Lehrer und Lehrerinnen müssen überprüfen können, ob sie Beziehungen zu Kindern und Jugendlichen finden oder ob sie generell für einen solchen Beruf geeignet sind. Warum gibt es in der Lehrerausbildung nur ein Semesterpraktikum und nicht ein Praktikumssemester? Zukünftige Gymnasiallehrer und -lehrerinnen dürfen nicht

---

[23] Friedrich Adolph DIESTERWEG: Wegweiser zur Bildung für deutsche Lehrer, 1844 und 1850, hg. v. Julius SCHEVELING, Paderborn 1958, S. 11.

[24] Siehe auch Herbert GUDJONS: „Lohn der Angst". Die Lehrer/inrolle in offenen Unterrichtsformen. In: Herbert GUDJONS: Didaktik zum Anfassen. Lehrer/in-Persönlichkeit und lebendiger Unterricht, Bad Heilbrunn 1998, S. 189-195; Johannes BASTIAN: Lehrer im Projektunterricht. Plädoyer für eine profilierte Lehrerrolle in schülerorientierten Lernprozessen. In: Johannes BASTIAN/Herbert GUDJONS (Hg.): Das Projektbuch, Hamburg 1991, S. 28ff.

zu Beginn des Referendariats zum ersten Mal real mit Unterrichtssituationen konfrontiert werden. Supervision, die für zahlreiche Berufsgruppen im pädagogischen Bereich von der Drogentherapie bis zum Kindergarten zur alltäglichen Praxis gehört, hat nicht an bundesdeutschen Schulen, schon gar nicht an Gymnasien, Fuß gefasst. Supervisorische Begleitung stellt nicht nur eine wichtige Hilfe zur Burn-out-Prophylaxe für schon langjährig tätige Lehrer und Lehrerinnen dar. Sie kann auch vielfach Prozesse unterstützen, den Rollenspielraum zu erweitern, nämlich das Verhaltensmuster des Belehrens und Eingreifens zu verändern und den Wert des Begegnens und Entfalten-Lassens zu akzeptieren.[25]

4. Ambivalenzen gehören dazu – oder: Vom Wert der Vielfalt

Projektarbeit ist eine unverzichtbare Grundform schulischer Aktivität. Sie gehört als integraler Bestandteil zu einem Leistungskurs Geschichte, gedacht als Vorstufe für spätere (und vielleicht auch erfolgreichere) Projektarbeit im Sinne lebenslangen Lernens in einer Wissensgesellschaft.

Projektergebnisse stellen keine abschließenden Meisterwerke dar. Sie müssen, da sie auch Einübungen in Methoden sind, den in der didaktischen Literatur hoch gestellten Anforderungen nicht durchgängig genügen. An Projektverläufe wie -ergebnisse von Leistungskursen dürfen nicht die gleichen Maßstäbe wie an die Gruppenarbeiten der Schülerwettbewerbe gelegt werden: Auch die hier vorgestellten Unternehmen aus Henstedt-Ulzburg wie aus Bonn erwiesen sich für die Hauptphase der Tätigkeiten als lang andauernde Unterfangen von motivierten Schüler und Schülerinnen, die nicht nur in ihrer Freizeit recherchierten, sondern auch nicht wenige Eltern in die Arbeit mit einbezogen:[26] Sie zählten zu den Arbeitsgemeinschaften. Es gilt in der Diskussion, auch ernüchterndere Erfahrungen wahrzunehmen und die Theorie der Realität, nicht umgekehrt die Realität der Theorie, anzupassen, vermeintliche didaktische Wunderwelten vielleicht auch zu entzaubern. Totale Selbststeuerung, wie für Projektarbeit angenommen, und

---

[25] Dieter SMOLKA (Hg.): Motivation und Mitarbeiterführung in der Schule. Überwindung von Resignation und Burn-out im Lehrerberuf, Neuwied 2000.
[26] Im Projekt des Ernst-Moritz-Arndt-Gymnasiums fanden sich ca. 40 Eltern, Lehrer/Lehrerinnen und Schüler/Schülerinnen nach Schulschluss an zahlreichen Wochenenden zusammen. Das Projektergebnis in Henstedt-Ulzburg konnte die Gruppe der Oberschülern und -schülerinnen als Arbeitsgemeinschaft erst nach zwei Jahren präsentieren.

völlige Fremdsteuerung, wie dem Instruktionsunterricht zugewiesen, sind Abläufe, die in Lernprozessen in der Wirklichkeit kaum existieren: Jedes Lernen in der heutigen Schule ohne selbstgesteuerte Anteile schließt sich per Definition aus.

Neben der Groß- und Hochform selbstständiger Schülerarbeit existieren pädagogische Möglichkeiten, die eine Vielfalt gradueller Abstufungen zwischen Lehrerzentriertheit und Selbstbildung einschließen. Diese breite Vielfalt erlaubt innovative Möglichkeiten ohne ständige Umorganisationen eines ohnehin komplizierten Stundenplans. Um kein Missverständnis über die Stellung der Projektarbeit aufkommen zu lassen: Sie tritt neben andere Grundformen von Unterricht, wie „Lehrgang" oder „Trainingsunterricht", und ergänzt sie.[27] Hinzuzufügen ist allerdings, dass die Projektmethode am Gymnasium ihre Position als gleichberechtigtes Unterrichtskonzept noch erreichen und festigen muss.

Und: Wie andere Lernformen wird die Projektmethode im Verlauf und im Ergebnis häufig zwiespältig, disparat und widersprüchlich bleiben.

---

[27] Wolfgang KLAFKI: Neuere Studien zur Bildungstheorie und Didaktik, Weinheim/Basel 1985, S. 233 ff.

Außerschulische Projektarbeit im Museum

Die Mitmachausstellung „Was die Welt zusammenhält..."[1]

Von Olaf Hartung

1. Vorbemerkung

Museen sind heute längst nicht mehr „Musentempel" für eine kontemplative Reliquienschau, sondern Lernorte mit einem öffentlichen Bildungsauftrag. Analog zum Begriff der Schülerorientierung im Schulbereich gilt heute in der Regel auch für Museen die Besucher- oder auch Nutzerorientierung. Häuser, die dieses Prinzip ernst nehmen, orientieren ihre ausstellungsdidaktischen Begründungs-, Ziel-, Inhalts- und Methodenentscheidungen ganz selbstverständlich an den möglichen Bedürfnissen und am Bedarf ihrer Besucher. Wie das vom Landschaftsverband Rheinland getragene Rheinische Industriemuseum (RIM)[2] offerieren sich nicht wenige Museen offensiv als außerschulische Lernorte für Schülergruppen. Insofern ist die von Rolf Schulte in diesem Band getroffene Feststellung, dass der Forderung nach Öffnung der Schule aufgrund von Kooperationsangeboten örtlicher Partner nicht besonders schwierig nachzukommen sei, aus Sicht des Museums nur zuzustimmen. Dass auch Eigennutz mit im Spiel ist, wenn diese Institution bei der zur Projektarbeit gehörenden Verringerung der Distanz zwischen Schule und Öffentlichkeit mithelfen möchte, ist sicherlich legitim und entspricht nur ihrem politisch gewollten Auftrag.

Ernüchternd sind hingegen die von von Borries 1994 erhobenen Ergeb-

---

[1] Landschaftsverband Rheinland (LVR), Rheinisches Industriemuseum Engelskirchen: „Was die Welt zusammenhält ... – Zur Entwicklung der Versorgungsnetze im Aggertal". Ein Veranstaltungs- und Ausstellungsprojekt vom 19.11.2000 bis 4.11.2001, unterstützt mit Mitteln der regionalen Kulturförderung des Landes NRW, des Umweltamtes und der Gleichstellungsstelle des LVR.
[2] Markus Krause u.a.: Industriegeschichte erleben. Das Rheinische Industriemuseum als außerschulischer Lernort. In: Geschichte, Politik und ihre Didaktik 29 (2001), S. 206-214.

nisse, dass bei einer Befragung lediglich 2% der Schülerinnen und Schüler bekundeten, für sie seien offene Lernformen wie Rollenspiele, lokale Projekte oder auch nur Besuche von Museen oder historischen Stätten häufiger oder sehr häufiger Bestandteil ihres Geschichtsunterrichts.[3] Auch wenn hier noch gar nicht nach Projektarbeit im engeren Sinn gefragt wurde, zeigt dies doch, was Detlef Siegfried bereits erwähnte: Die fachliche Debatte über die Potentiale der – auch außerschulische Lernorte einbeziehenden – Projektarbeit kontrastiert mit der Realität des Unterrichts. Die vielfältigen Ursachen für diesen Sachverhalt werden an anderen Stellen in diesem Band erörtert.

Ein Motiv des Rheinischen Industriemuseums am Standort Engelskirchen (Bergisches Land), ein großes Mitmachprojekt für – aber nicht nur für – Schulen ins Leben zu rufen, bestand in der Absicht, den vielfältigen Schwierigkeiten der Schulen bei der Realisierung von Projekten zu begegnen. Der Leiter des Rheinischen Industriemuseums Engelskirchen, Dr. Thomas Schleper, dachte dabei an ein Sonderausstellungs- und Veranstaltungsprojekt zum Mitmachen, das noch viele weitere Projektarbeiten integrieren sollte. Diese Konzeption ging nicht von dem eng gefassten pädagogischen Projektbegriff aus, nach dem das Projektthema als ein „generatives Thema"[4] aus den unmittelbaren lebensweltlichen Bedürfnissen der Schülerinnen und Schüler heraus geboren werden sollte; das Projekt sollte aber doch so offen angelegt werden, dass die Schülerinnen und Schüler jederzeit eigene zum großen Thema passende Unterthemen beisteuern konnten und auch sollten.

Welches waren nun die Überlegungen bzw. Annahmen, die das Rheinische Industriemuseum in Engelskirchen dazu veranlasste, ein Kooperationsprojekt mit ungesichertem Ausgang zu initiieren?

1. Die Einbindung des außerschulischen Lernortes Museum in die Arbeit der Schule kann einen bedeutenden Beitrag zur Bewältigung der sich aus dem Strukturwandel ergebenden neuen Lehr-/Lernanforderungen leisten. Es zeichnet sich bereits seit mehreren Jahren ab, dass ein breites Verständnis technischer, wirtschaftlicher und organisatorischer Zusammenhänge zu-

---

[3] Bodo VON BORRIES: Historische Projektarbeit im Vergleich der Methodenkonzepte. Empirische Befunde und normative Überlegungen. In: Lothar DITTMER (Hg.): Historische Projektarbeit im Schülerwettbewerb Deutsche Geschichte. Eine Bestandsaufnahme, Hamburg 1999, S. 50-79.

[4] Paolo FREIRE: Pädagogik der Unterdrückten. Bildung als Praxis der Freiheit, Hamburg 1973, S. 79-90.

nehmend notwendiger wird, während die engen curricularen Festschreibungen, frühe fachwissenschaftliche Spezialisierungen und hierarchische Strukturen relativ dazu an Bedeutung verlieren. Diesem Anspruch genügen am ehesten fachübergreifende, problemorientierte und projektförmige Unterrichtsformen, die bewusst die Angebote außerschulischer Lernorte mit einbeziehen. Eine Einrichtung wie das Rheinische Industriemuseum, das sowohl die historische, technische und gesellschaftliche Dimension der Entwicklungen in den letzten 200 Jahren beleuchtet und dessen originale Ausstellungsstücke, Dokumente und Medien den Schülerinnen und Schülern das selbstständige Erkunden und Arbeiten erlauben, ermöglicht in besonders geeigneter Weise ein Lernen, das ein „vernetztes" Denken in Zusammenhängen befördert.

2. Für eine moderne Schule sind in einer Zeit des Strukturwandels solche Inhalte bzw. Themen attraktiv, die sich mit der wirtschaftlichen, ökologischen und sozialen Erneuerung – in diesem Fall – des Landes Nordrhein-Westfalen auseinandersetzen und sogar unterstützen. Wichtige Themen für ein „vernetztes" Arbeiten von Schulen und Museen ergeben sich z. B. aus den Bereichen Umweltbildung und Umweltgeschichte. Hierbei ist die Bedeutung für den Lebensalltag der Schülerinnen und Schüler zu berücksichtigen; denn viele Umweltprobleme können nur durch eine aktive Einbeziehung der Konsumenten gelöst werden. „Lösungen von Umweltproblemen erfordern beispielsweise ein ökologisch orientiertes Markt- und Verbrauchsverhalten oder eine aktive Mitwirkung an recyclingorientierten Entsorgungssystemen."[5] Der Agenda-Prozess bietet hierbei den geeigneten Politik- und Verständigungsrahmen, der die Zusammenarbeit und Vernetzung der beiden Bildungseinrichtungen Schule und Museum aber auch mit weiteren gesellschaftlich relevanten Institutionen und Gruppen (Wirtschaft, Administration, Bürgerinitiativen) zum Ziel einer nachhaltigen Entwicklung befördern kann.

3. Zwischen Anspruch und Wirklichkeit, das heißt zwischen den Vorstellungen vieler Pädagogen über eine ideale Unterrichtspraxis, die schlagwortartig mit den Begriffen Schüler- und Projektorientierung sowie mit fachübergreifend und außerschulische Lernorte aufsuchend beschrieben werden kann, und dem tatsächlich realisierten Unterricht klafft nicht selten eine erhebliche Lücke. Wenn Lehrer und Lehrerinnen die außerschulischen Ange-

---

5 Franz LEHNER/Ulrich WIDMAIER: Eine Schule für eine moderne Industriegesellschaft in NRW, hg. v. GEW NRW, Essen 1992, S. 6f.

bote für ihre Klassen nicht oder nur selten nutzen[6], liegen die Gründe dafür zum Teil auch in einer veralteten Schulorganisation, die eher der Arbeits- und Lebenswelt von Gestern als von Heute geschuldet ist. Diese betont z. B. die fachwissenschaftliche Spezialisierung in der Ausbildung der Lehrkräfte, nimmt eine zu starre curriculare Festschreibung von Unterricht vor und setzt zu sehr auf hierarchische Strukturen und eine starke formale Regulierung bei Entscheidungsprozessen.[7]

4. Die Qualität der Bedingungen des Schulalltags von Lehrkräften, Schulleitungen, Schülerinnen und Schülern werden deren Inanspruchnahme von Angeboten außerschulischer Lernorte nicht weniger beeinflussen als die Inhalte bzw. Themen oder Qualität solcher Angebote. Es ist zu vermuten, dass insbesondere der fast zehnjährige Einstellungsstopp für Lehrerinnen und Lehrer, der als Alterslücke, als Motivationslücke und als Innovationslücke Konsequenzen für die Qualität und die Entwicklungsperspektiven der Schulen hatte,[8] ein beträchtliches Hemmnis für die Weiterentwicklung der Zusammenarbeit von Schulen und Museen bedeutete. Das Rheinische Industriemuseum hat bei der Entwicklung seiner außerschulischen Angebote eine zum Teil defizitäre Situation des Schulalltags zur Kenntnis zu nehmen und die Angebote nach Möglichkeit so zu gestalten, dass strukturell bedingten Hemmnissen entgegen gewirkt wird. Auch muss auf die Probleme und Schwierigkeiten der Lehrkräfte im Schulalltag eingegangen werden und ist deren Arbeit in einem positiv gemeinten dienstleistenden Sinne zu unterstützen. Schließlich sind es die Pädagogen an den Schulen, die über einen viel längeren Zeitraum als die Dauer des Projekts mit ihren Schülerinnen und Schülern zusammenarbeiten und im Wesentlichen die Verantwortung für ihr Lernen und ihre Entwicklung tragen. Denn eines sollte nicht vergessen werden: Letztlich stehen immer die Schülerinnen und Schüler und die Erweiterung ihrer Bildungs-, Entwicklungs- und Lebenschancen im Zentrum der Bemühungen, denn auch Projektlernen ist nicht Selbstzweck.

---

[6] Vgl. VON BORRIES, Historische Projektarbeit (wie Anm. 3).
[7] Vgl. LEHNER/WIDMAIER, Eine Schule für eine moderne Industriegesellschaft in NRW (wie Anm. 5), S. 3.
[8] Vgl. das Vorwort von HOPPE in: LEHNER/WIDMAIER, Eine Schule für eine moderne Industriegesellschaft in NRW (wie Anm. 5), S. 1.

Projektarbeit im Museum 183

2. Projektmethode – von Anfang an?

Das „Herzstück" eines ernstzunehmenden Projektunterrichts ist die freie, selbstbestimmte und nicht hierarchische Problemerarbeitung.[9] Auch wenn dieser Grundsatz für die Zusammenarbeit von Schule und Museum gelten sollte, fand er (auch) bei diesem Projekt nur eingeschränkt Berücksichtigung. Begonnen hatte das Rheinische Industriemuseum Engelskirchen mit einer Einladung an Lehrkräfte der umliegenden Schulen und AGENDA-Aktivisten aus Kreis und Gemeinden, um gemeinsam mit ihnen Ziele, Methoden und Thema des Projektes zu umreißen.

Nachdem sich die Arbeitsgruppe konstituiert hatte, erarbeitete sie folgende Leitgedanken für die Konzeption des Projektes:

1. Das Projekt sollte fachübergreifend angelegt werden.
2. Es sollte sich am AGENDA-Gedanken der lokalen und regionalen Vernetzung orientieren, wie er vor nunmehr 10 Jahren in Rio formuliert wurde.[10]
3. Es sollte an den Bedürfnissen der Schulen ausgerichtet und die Projektinhalte an die schulischen Lehrpläne rückgebunden werden.

Das gewählte Projektthema mag auf den ersten Blick etwas spröde anmuten – erwies sich jedoch bei genauerer Betrachtung als durchaus wertvoll: die Entwicklung der modernen Ver- und Entsorgungsnetze in der Region (südliches Bergisches Land) und unser Umgang mit eben diesen. Die Unterthemen Energie- und Wasserversorgung, Verkehr und Medien sowie Abfallentsorgung haben schließlich direkt etwas mit dem gesellschaftlichen

---

[9] Vgl. Johannes BASTIAN/Herbert GUDJONS (Hg.): Das Projektbuch II. Über die Projektwoche hinaus – Projektlernen im Fachunterricht, Hamburg 1990, S. 15.

[10] Im Juni 1992 beschlossen mehr als 170 Staaten auf der Konferenz der Vereinten Nationen für Umwelt und Entwicklung in Rio de Janeiro mit der sog. Agenda 21 ein Aktionsprogramm für das 21. Jahrhundert, das in seinen 40 Kapiteln alle wesentlichen Politikbereiche einer umweltverträglichen, nachhaltigen Entwicklung anspricht. Es sollten lokale und regionale Agenda 21-Projekte initiiert werden, die einen nachhaltigen Lebensstil in den Bereichen Umwelt, Soziales und Wirtschaft fördern. Die Ziele der Agenda 21 sind: 1. der Schutz der Ressourcen, 2. die soziale Gerechtigkeit zwischen den Völkern und Generationen sowie zwischen Frauen und Männern, 3. eine nachhaltige Wirtschaftsweise und 4. nicht nur die Übernahme der nationalen, sondern auch der globalen Verantwortung.

Schlüsselproblem eines zu hohen Naturverbrauchs und der Zerstörung der natürlichen Lebensgrundlagen zu tun.

Im Rahmen dieser Vorgaben erarbeitete die Projektgruppe zudem konkrete Vorschläge für einzelne Mitmachprojekte für die Schülerinnen und Schüler, die in einer Broschüre zusammengestellt wurden. Schulklassen wurden aufgefordert, unter der thematischen Vorgabe Unterprojektgruppen zu bilden, in denen sie je nach Interessen und Fähigkeiten ihren Gegenstand selbstständig bearbeiten konnten. Die Arbeit in den Unterprojektgruppen sollte dabei die Kombination der unterschiedlichsten Fachbezüge (Geschichte, Kunst, Geographie, Physik und Technik sowie Sach- bzw. Gemeinschaftskunde) und Tätigkeiten ermöglichen, wie beispielsweise malen, basteln bzw. werken, sammeln, schreiben, schneidern, fotografieren usw. Als mögliche Produkte kamen Texte, Fotos, Bilder, Skulpturen, Wandzeitungen, Modenschauen, Modelle, Rechercheergebnisse zu Sachthemen und vieles mehr in Frage. Als zentraler Beitrag des Museums zum Projekt nahm das RIM die Realisierung der Sonderausstellung in Angriff, die natürlich auch Raum für die Präsentation der in den AGs entstandenen Schülerarbeiten bot. Weiterhin wurde angeregt, an Stelle des sonst üblichen Ausstellungskatalogs ein Kinder- und Jugendbuch herauszugeben. An der Erstellung des Buchs sollten ebenfalls Schülerinnen und Schüler mitarbeiten können. Schließlich einigte man sich noch auf den Arbeitstitel „Moderne Zeiten" für das Projekt; der schlussendliche Titel „Was die Welt zusammenhält... – Zur Entwicklung der Versorgungsnetze in der Aggerregion" wurde erst während der Durchführungsphase des Projektes gewählt.

Zur Zielgruppe des Projekts wurden alle gezählt, die ein Interesse am Gegenstand bzw. Thema besitzen, denn nicht nur die Schülerinnen und Schüler, sondern sämtliche am Projekt beteiligte Personen lernen durch die gemeinsame Arbeit am Projektgegenstand, selbst wenn es sich dabei nur um die Sichtweisen der jeweils anderen handeln sollte. Vor allem sollte aber ein außerschulischer Lernort für fachübergreifenden Unterricht in Geschichte, Kunst, Geographie Physik und Technik sowie Sach- bzw. Gemeinschaftskunde geschaffen werden. Angesprochen wurden sowohl Schülerinnen und Schüler des fortgeschrittenen Primarbereichs als auch die der Stufen SEK I und SEK II. Im Sinne des Agenda-21-Gedankens wurden aber auch Personen und Institutionen aus anderen gesellschaftlichen Bereichen am Konsultations- und Diskussionsprozess beteiligt. Für das Thema „Geschichte der Ver- und Entsorgungsnetze" boten sich die regionalen Versorgungsunternehmen der Bereiche Energie- und Wasserversorgung, Abfallentsorgung,

Verkehr und Medien als „quasinatürliche" Kooperationspartner an, die bis auf eine Ausnahme alle bereit waren, am Projekt mitzuwirken.

3. *Das Projektziel: Eine bessere Umwelt durch Umweltbildung? oder: „Umweltbildung in der Krise"?*

Die Relevanz der schulischen Bildungsarbeit für Umweltbewusstseinsprozesse beginnt sicherlich nicht erst 1980, als die Konferenz der Kultusminister „Umwelterziehung" als generelles Unterrichtsprinzip proklamierte, das in allen Schulfächern des allgemein bildenden Schulsystems seine Berücksichtigung finden sollte. Wer heute die Absicht formuliert, durch Umweltbildung ein Bewusstsein über die Gefährdung der Umwelt zu schaffen, um zu einem verantwortungsbewussten Umweltverhalten zu animieren, kann in der Regel mit wohlwollendem Zuspruch rechnen. Der bildungspolitische Konsens wird zumeist erst dann brüchig, wenn das, was mit dem Begriff Umweltbewusstsein gemeint ist, genauer ausgefüllt werden soll.

Lehmann überschreibt das erste Kapitel seiner Einführung in die „Befunde empirischer Forschung zu Umweltbildung und Umweltbewusstsein" mit den Worten „Umweltbildung in der Krise"[11] und belegt das mit den Aussagen mehrerer Wissenschaftler. Mit postmoderner Begrifflichkeit gibt de Haan zu bedenken, dass die großen „Erzählungen" über die Gefährdung des Überlebens der Menschheit oder die Hervorrufung von Umweltbewusstsein durch Umweltbildung nichts weiter als unbelegte Behauptungen seien.[12] Schließlich steige die Lebenserwartung und Gesundheit der meisten Menschen immer noch an und zudem zeichnen sich große Teile der Umweltbildung sogar noch durch „indoktrinäre Tendenzen" aus: „Wo nämlich Wirkungen erzielt werden sollen, da sind normative Vorentscheidungen gefallen hinsichtlich dessen, was Pädagogik soll."[13] Doch de Haan setzt noch

---

[11] Jürgen LEHMAN: Befunde empirischer Forschung zu Umweltbildung und Umweltbewusstsein. In: Schriftenreihe „Ökologie und Erziehungswissenschaft" der Arbeitsgruppe „Umweltbildung" der Deutschen Gesellschaft für Erziehungswissenschaft, Bd. 4, Opladen 1999, S. 9.

[12] Gerhard DE HAAN: Die Reflexion und Kommunikation im Ökologischen. In: H. APEL (Hg.): Orientierungen zur Umweltbildung, Bad Heilbronn 1993, S. 119-172. Gerhard DE HAAN: Umweltbewusstsein als Schmerzsurrogat? Die ökologische Produktion von Gesundheit, Freie Universität Berlin 1994.

[13] DE HAAN, Die Reflexion und Kommunikation im Ökologischen (wie Anm. 12), S. 131.

tiefer an, wenn er „mit aller Vorsicht" als motivationalen Hintergrund der Entstehung von Umweltbewusstsein in der Bundesrepublik ein „Surrogat" für Schmerzen identifiziert; für Schmerzen, welche von anderen Kulturen noch empfunden werden, die bei uns aber bis auf ein Minimum geschwunden seien.

Andere beanstanden im Wesentlichen die falsche Adresse von Umweltbildung:[14] „Hauptadressaten umweltpädagogischer Empfehlungen und Forderungen" seien nämlich fälschlicherweise häufig „die von Schädigungen besonders Betroffenen, darunter auch jene, die in ihrem bisherigen Leben noch keinerlei Möglichkeiten hatten, die Umwelt zu schädigen." An deren Stelle gelte es vielmehr, die „technischen Mittel" und „gesellschaftlichen Organisationsformen" zu behandeln, „ohne die es Umweltprobleme bekannten Ausmaßes nicht gäbe".[15]

Bölts kritisiert, dass in der Umweltpädagogik die Umweltkrise als „wachsender Widerspruch zwischen Umweltbewusstsein und Umweltverhalten" begriffen werde, „dem mit vorgeblich handlungsorientierten Programmen und mehr Wissen begegnet werden soll". Da nun aber der Widerspruch nicht in seinen sozialen und gesellschaftlichen Ursachen und Zusammenhängen bearbeitet würde, seien die langfristigen Folgen „Resignation" und „Ohnmacht" auf Seiten der Lernenden.[16] Und schließlich beklagt Thiel die zunehmende Verlagerung für die Verantwortung von „Umweltschäden" von der Seite der eigentlichen Verschmutzer in Wirtschaft und Industrie auf die der einzelnen Bürger. Diese Konzeption sei, so Thiels Vorwurf, vom „pädagogischen Establishment" voll aufgenommen worden.[17] Alles in allem handelt es sich hier letztlich um eine „Verlagerung der Umweltkrise aus dem politischen Raum in den pädagogischen, also auf eine pädagogische Individualisierung der Umweltkrise".[18]

Zusammenfassend ist festzustellen, dass die zitierten Wissenschaftler – mit Ausnahme von de Haan – Umweltbildung nicht an sich in Frage stellen,

---

14 Helmut HEID: Ökologie als Bildungsfrage. In: Zeitschrift für Pädagogik 38 (1992), S. 113-138, hier S. 125.

15 Ebd., S. 133.

16 Hartmut BÖLTS: Umwelterziehung: Grundlagen, Kritik und Modelle für die Praxis, Darmstadt 1995, S. 29.

17 Felicitas THIEL: Ökologie als Thema: Überlegungen zur Pädagogisierung einer gesellschaftlichen Krisenerfahrung, Weinheim 1996, S. 201 ff.

18 LEHMAN, Befunde empirischer Forschung zu Umweltbildung und Umweltbewusstsein (wie Anm. 11), S. 9.

sondern mögliche Fehlentwicklungen aufzeigen. Insofern zielen sie auf eine Konsolidierung oder Verbesserung der Praxis von Umweltbildung und nicht auf deren Abschaffung.

In einer Untersuchung über den Zusammenhang zwischen der wahrgenommenen Dringlichkeit von Umweltproblemen und den tatsächlichen ökologischen Aktivitäten der Menschen kommt Lehmann zu folgendem Ergebnis: Das Wissen über weit entfernte Probleme (Ozonloch-Klimaveränderung, tropischer Regenwald, Meeresverschmutzung) sei sehr viel besser als über regionale (Waldsterben, Lärm), „aber die Vorstellungen darüber, wo es eigentlich notwendig oder sinnvoll wäre zu handeln [...] betreffen sehr konkrete und nahe liegende Probleme".[19] Sollte es folglich gelingen, das Bewusstsein über den Zusammenhang zwischen lokaler und regionaler Verursachung (z.B. Verkehr, Konsum von Versorgungsleistungen wie Energie und Wasser) und globalen Auswirkungen zu vertiefen, könnte dies weitere konkrete ökologische Handlungsabsichten hervorrufen.

4. Rückbindung der Projektinhalte an die schulischen Lehrpläne

Am Beispiel der industrialisierten Ver- und Entsorgungsnetze wird deutlich, was für ein aufwändiger Einsatz an Technik zur Deckung der Grundbedürfnisse betrieben wird und wie die natürlichen Ressourcen an Rohstoffen, Energien und Informationen für Individuen und Gesellschaft durch Wandlung, Transport und Speicherung nutzbar gemacht werden. Die Entwicklung der Ver- und Entsorgungsnetze in modernen industrialisierten Staaten ist dabei sowohl unter historischem Aspekt von Bedeutung wie auch als elementarer Faktor der Gegenwart und mit größter Wahrscheinlichkeit auch der Zukunft der Schülerinnen und Schüler. Der Bereich der Infrastrukturentwicklung steht exemplarisch für eine einschneidende Veränderung unserer Lebenswelt, die zunächst nur in Gestalt des technischen Fortschritts auftrat, dabei als rein mechanisch-materiell und wenig einschneidend empfunden wurde und deren gesellschaftliche, wirtschaftliche und/oder kulturelle Konsequenzen erst wesentlich später sichtbar werden.

Das unter historischer Perspektive akzentuierte Thema der Entstehung und Ausbreitung der industrialisierten Versorgungsnetze versteht sich als konkreter Beitrag zur Bearbeitung des Fachinhalts 9.3 „Industrialisierung" für das Gymnasium bzw. der Thematischen Einheiten (TE) 4 „Umweltge-

---

[19] Ebd., S. 63-70.

schichte" und 12 „Industrialisierung" für die Realschule im Fach Geschichte. Entsprechend den Anforderungen der Lehrpläne bietet das Projekt den Schülerinnen und Schülern die Auseinandersetzung mit den „Folgen der Industrialisierung für die Umwelt" und die „Analyse der Rolle der Technik als Aspekt menschlicher Zukunft".[20]

„Was die Welt zusammenhält..." sollte zur – durchaus kontrovers gemeinten – Auseinandersetzung mit folgenden Thesen anregen:

- Die Ver- und Entsorgungsnetze sind sowohl Bestandteil als auch Ergebnis menschlichen Denkens und Handelns zur ziel- und zweckorientierten Veränderung naturgegebener, individueller und gesellschaftlicher Lebensbedingungen.
- Der Alltag der meisten Menschen im Zeitalter vor der Verbreitung industrialisierter Versorgungsnetze bedeutete nicht ein Leben in naturbelassener Idylle, sondern bestand darin, Werkzeugen und Maschinen ihre Körperkraft zu leihen und schwere und schwerste körperliche Arbeit zu verrichten. Erst mit der allgemeinen Verbreitung der Versorgungsnetze scheint die vorher scheinbar naturgesetzliche Instrumentalisierung des Menschen als Energie- und Stofflieferant überwunden.
- Die quasi „auf Knopfdruck" funktionierende Versorgung mit Stoffen, Energie und Informationen bewirkt eine Veränderung der menschlichen Umweltwahrnehmung. Diese ist zunehmend technisch vermittelt und abstrakt. Nicht nur Informationen und Unterhaltung erreichen uns medial, sondern auch das Trinkwasser und der elektrische Strom. Auch wenn wir mit der Bahn oder dem PKW von A nach B fahren, „rauscht" die Landschaft an uns vorüber wie ein Film.
- Die für die Versorgung vorgenommenen menschlichen Eingriffe in die Natur haben nicht mehr nur lokale, sondern weltweite Auswirkungen. Die Emissionen von Industrie und Versorgungswirtschaft haben in solchen Ausmaßen zugenommen, dass erstmalig in der Geschichte der Menschheit die globalen Stoffkreisläufe signifikant beeinflusst werden.
- Wegen des medialen Charakters der Versorgungsnetze und des Verschwindens der Netze unter bzw. hinter „glatten und schönen Oberflächen" werden wir von den negativen Folgen des Ressourcenverbrauchs psychisch entlastet. Wir „entsorgen" uns sozusagen von der Versorgung.

---

20 Die Schule in NRW, Richtlinien und Lehrpläne Geschichte für Gymnasium, Sek. I, S. 97.

Das heutige Verhältnis der Nutzer von Versorgungsinfrastrukturen ist vornehmlich ein oberflächliches, das heißt, sie sehen nur noch die schönen Oberflächen am Ende der Netze (end of pipe): den Schalter, den Wasserhahn, das Telefon, das Autolenkrad oder – für den Bereich der Abfallentsorgung – ein farbig gestaltetes Mülltrennsystem. Die dahinter liegenden Strukturen, ihre geschichtliche Entstehung, eigentlich der gesamte Aufwand, der für die Entwicklung und den Betrieb der Netze geleistet werden muss, nimmt dabei kaum noch jemand wahr. Dies ist ein Grund für den häufig zu sorglosen bzw. verschwenderischen Umgang mit den natürlichen Ressourcen unserer Umwelt.

Die Arbeit am Projekt könnte den Beteiligten die besondere Verantwortung des Menschen für die Gestaltung der Lebensumwelt bewusst machen. Wenn dadurch eine im Vergleich zur Ausgangssituation rationalere und verantwortungsbewusstere Urteils-, Entscheidungs- und Handlungsfähigkeit im Umgang mit der eigenen Versorgung entwickelt werden konnte, sollte das wesentliche Ziel des Projekts erreicht sein.

5. Die Projektarbeitsergebnisse: Die Ausstellung „Was die Welt zusammenhält..."

Die Leitidee der „Entsorgung von der Versorgung" hat auch bei der Gestaltung der Museums-Ausstellung ihre Entsprechung gefunden. Die Infrastrukturnetze wurden in der Ausstellung als Systeme verstanden, die in ihren verschiedenen Dimensionen (Geschichte, Technik, soziokulturelle Folgen) mit Hilfe von Objekten, Installationen, Inszenierungen und Dokumenten darzustellen waren. Am Beispiel der Region südliches Bergisches Land befasste sich die Ausstellung mit folgenden fünf Ver- bzw. Entsorgungssystemen: 1. Energie, 2. Trink- und Brauchwasserversorgung, 3. Abwasser-, Abgas- und Abfallentsorgung, 4. Verkehr und 5. Medien. Diese fünf Abteilungen zeigten die sonst kaum sichtbaren Netzstrukturen hinter den so genannten „Benutzeroberflächen". Als „Benutzeroberflächen" wurden die Gegenstände verstanden, die sich am Ende der Leitungen in den Haushalten befinden (z.B. Schalter, Wasserhahn und WC, Mülltonne, PKW und Telefon).

Um auch die Veränderungen unserer häuslichen Lebenswelt durch die modernen Versorgungsnetze im Laufe der letzten hundert Jahre zu verdeutlichen, wurden die fünf Abteilungen zu den Versorgungsnetzen durch vier „Haushalts-Stationen" ergänzt. Diese zeigten in vier historischen Zeitschnitten jeweils die Objekte zur Versorgung in den Haushalten: 1. Station: ein Haushalt vor der Netzzeit (vor bzw. um 1900) mit Kohlenschütte und -ofen, Petroleumlampe, Waschschüssel und Wasserkrug usw., 2. Station: ein Haushalt mit ersten Anschlüssen (zwischen 1900 und 1940) mit elektrischen Schaltern aus Porzellan bzw. Bakelit, erste Fernsprechapparate, Gasbadeofen, Wasserarmaturen dieser Zeit usw., 3. Station: ein Haushalt mit einer ersten „Rundum"-Versorgung (zwischen 1950 und 1970) mit den vielen zu dieser Zeit auf dem Markt befindlichen elektrischen Haushaltsgeräten, Warmwasserbereiter, Fernsehgerät, Mülltonne usw., und schließlich als 4. Station: Ein („post")-moderner Haushalt mit elektrischen Sensoren, Monitoren und Überwachungskamera („Haushalt 2000").

Den Abschluss der Ausstellung bildeten zwei zu den genannten Stationen quer liegende bzw. themenübergreifende Abteilungen. Die erste der beiden widmete sich in kritischer Absicht sowohl den globalen als auch regionalen Folgen einer intensiven Nutzung der Versorgungsnetze. Dabei spielte der mit der verbesserten Versorgung einhergehende steigende Naturverbrauch eine zentrale Rolle. Die zweite Abteilung schließlich reflektierte die eigenen Verhaltensweisen der „User" und suchte nach Handlungsmöglichkeiten für einen nachhaltigen Umgang mit den natürlichen Lebensgrundlagen.

– *Die Ausstellungseröffnung:*

Der wichtigste „Meilenstein" des Projekts war die große und feierliche Eröffnung der Ausstellung. Hier konnten alle bis dahin fertig gestellten Projektarbeiten einer breiten Öffentlichkeit präsentiert werden. Die Anwesenheit von politischen Repräsentanten der Landesregierung und des Landschaftsverbandes sowie der Presse und des regionalen Radiosenders waren hierbei nicht ohne Bedeutung für die Beteiligten. Die Schülerinnen und Schüler spürten sehr deutlich den „Ernstcharakter", als sie ihre Arbeiten – häufig in Anwesenheit der Eltern – dem dicht gedrängten Publikum und den Vertretern der Medien vorstellten. Mit der Eröffnungsfeier war das Projekt jedoch noch nicht beendet, sondern begann eine neue Projektphase, die die Übernahme neuer Aufgaben durch die Schülerinnen und Schüler nötig bzw. möglich machte.

– *Öffentliche Führungen durch einen Schüler:*

Leider konnte nur ein Schüler für eine themenorientierte öffentliche Führung durch die Ausstellung gewonnen werden. Ein Hauptschüler der neunten Klasse hatte sich in das Thema „erneuerbare Energie-Nutzung" eingear-

Projektarbeit im Museum 191

beitet und führte interessierte Besucher durch die entsprechenden Abteilungen der Ausstellung. Zur Verdeutlichung setzte er selbst hergestellte Schaubilder ein.

– *Der Weg des Trinkwassers:*

Eine Grundschulklasse nahm ihre Beteiligung am Projekt zum Anlass, den Weg des Trinkwassers vom Regen bis in den häuslichen Wasserhahn zu erkunden. Mit Fotos und einer Wandzeitung dokumentierten sie ihre Reise von einer Quelle und einer Trinkwassertalsperre über Wasserwerk, Pumpstation und Hochbehälter, bis sie schließlich beim häuslichen Wasserhahn ankamen. Ihre Dokumentation war Bestandteil der Ausstellung.

– *Abwasserreinigung:*

Auszubildende des regionalen Trinkwasserversorgungsunternehmens bereicherten die Ausstellung mit einem Modell einer in der Nähe des Museums stehenden Klärwerksanlage. Das Modell hatten sie selber angefertigt und mit Hilfe ihres Ausbildungsleiters in der Ausstellung montiert.

– *Stromabgleich und Quecksilberdampfgleichrichter:*

Schüler eines Düsseldorfer Berufskollegs verhalfen dem Museum im Rahmen des Projekts zu zwei neuen, funktionsfähigen Exponaten. Unter Anleitung ihrer Fachlehrer übernahmen sie die Installation zweier komplizierter elektrotechnischer Anlagen. Einerseits handelt es sich dabei um eine Schaltwarte zum Abgleichen der Spannung, Phasen und Schwingungsfrequenz des elektrischen Stroms bei zusammengeschaltetem Betrieb von hauseigenem und öffentlichem Kraftwerk. Andererseits installierten sie einen Gleichrichter, der auf Basis von Quecksilberdampf arbeitet.

– *Computergesteuerter „Pfennigfuchser":*

Ein High-Tech-Produkt der besonderen Art war der computergesteuerte Roboter, den Schüler einer neunten Hauptschulklasse in mühevoller Kleinarbeit selbst hergestellt und programmiert haben. Die umfangreichen Bewegungsabläufe des Automaten zum Transport einer Geldmünze (deshalb „Pfennigfuchser") konnten ebenfalls im Museum bewundert werden.

– *Müllmodenschau und Müllskulpturen:*

Schülerinnen und Schüler eines Gymnasiums in Engelskirchen und einer Gesamtschule in Gummersbach bearbeiteten in künstlerischer Weise das

Thema Abfall. Ergebnisse ihrer Arbeiten sind zum einen eine ganze Reihe von „Müllskulpturen" aus Konservendosen und anderem Metall- und Elektroschrott und zum anderen sehenswerte Modeartikel aus weggeworfenen Materialien, die die Schülerinnen in einer „Müllmodenschau" auf dem großen Museumsfest im Sommer 2000 präsentierten. Kleinere Skulpturen wurden im Museum ausgestellt, die größeren auf einer das Ausstellungsgebäude umgebenden Rasenfläche.

– *Die Präsentation des Projekts im Internet:*

Die komplexe Internetseite zum Projekt gestaltete die Informatik-AG einer Hauptschule. Der Förderverein des Rheinischen Industriemuseums unterstützte diese Arbeit durch die Übernahme der Kosten für die Veröffentlichung der Website auf einem Web-Server. Die Seite ist als http-Dokument unter der URL www.unter-spannung.de aufzurufen.

– *Das „Exponat des Monats" in der Zeitung – vorgestellt von einem Schüler:*

Ein Schüler eines Gymnasiums arbeitete journalistisch und wählte ein besonderes Exponat der Ausstellung, zu dem er weitere Recherchen unternahm und einen Artikel verfasste. Sein Artikel über ein Ölgemälde aus dem Jahre 1878, das die Verlegung des Telegrafenkabels Berlin-Köln bei Mülheim/Rhein zeigt, wurde am 23.2.2001 im Kölner-Stadt-Anzeiger Oberberg abgedruckt.

– *Das Kinderbuch:*

Ein wichtiges Teilstück des Projekts war die Herausgabe des Kinder- und Jugendbuchs „Wenn Engel surfen ... – eine abenteuerliche Reise im Internet und auf der Agger"[21] zum Thema des Projektes. Hierfür konnte der nicht nur im Oberbergischen bekannte Kinder- und Jugendbuchautor Harry Böseke gewonnen werden. Zum Inhalt des Buches sei gesagt, dass sich in der Geschichte alles um eine erlebnisreiche Reise auf dem Fluss Agger und um ein virtuelles „Surfing" entlang der Agger dreht. Die Illustrationen im Buch haben Schülerinnen und Schüler einer Gesamtschule im Rahmen ihres Projektunterrichts angefertigt. Sie zeigen in ihren Bildern, wie wir ressourcenschonend mit der Umwelt umgehen sollten.

---

[21] Harry BÖSEKE u.a.: Wenn Engel surfen ... Eine abenteuerliche Reise im Internet und auf der Agger, hg. v. Landschaftsverband Rheinland, Rheinisches Industriemuseum Engelskirchen, Essen 2000.

– *Weitere „Mitmacher":*
Die regionalen Versorgungsunternehmen Aggerstrom, die Gasgesellschaft Aggertal und der Bergische Abfallwirtschaftsverband sowie die beiden regionalen Zeitungen Kölner Stadt-Anzeiger Oberberg und die Oberbergische Volkszeitung stellten auf ihre Arbeitsgebiete bezogene Zukunftsvisionen in der Ausstellung im sogenannten „Kabinett der Perspektiven" vor. Folgende Themen wurden mit Objekten und Informationstafeln gestalterisch umgesetzt: 1. Datenübertragung via Stromnetz („Powerline"), 2. Verstromung von Erdgas durch Brennstoffzellentechnik, 3. Verstromung von Deponiegas und 4. die elektronische Produktion einer Zeitung und computergestützte Spracherkennung.

Zur Methode des Ausstellungsbesuchs: selbstständige Gruppenarbeit
Anhand von im Museum erarbeiteten Arbeitsaufträgen für Kleingruppen konnten Schulklassen in der Ausstellung elementare Zusammenhänge über ihre Beziehungen zur Umwelt mittels der modernen Versorgungsnetze in den genannten Bereichen selbst bearbeiten. Die Ergebnisse ihrer Gruppenarbeit berichteten sie anschließend dem Plenum. Wichtig ist in diesem Zusammenhang, dass die Abteilungen bzw. Stationen über Installationen verfügten, die die Schülerinnen und Schüler aktiv bedienen konnten (z.B. Handpumpe, mit der der durchschnittliche tägliche Wasserverbrauch einer Person in Deutschland von Hand gepumpt werden konnte). Diese Installationen ermöglichten eine körperlich spürbare Auseinandersetzung mit den zentralen Themen der jeweiligen Abteilung.

6. Schlussbemerkung

Eigentlich war geplant, dass die Sonderausstellung nach guten fünf Monaten Laufzeit am 29. April 2001 enden sollte. Da aber seit dem Frühjahr die Zahl der Anfragen von Seiten der Schulen zunahmen, haben wir die Ausstellungsdauer bis November 2001 verlängert. Uns schien, dass die Schulen zwischen der Zurkenntnisnahme des Angebotes und dem tatsächlichen Besuch eine gewisse Zeit benötigten. Vergleicht man die schulische Resonanz auf das Projekt mit der auf frühere Museumsausstellungen des RIM Engelskirchen, kann zumindest von einem relativen Mitmach- und Besuchererfolg gesprochen werden. Jedoch erfüllten sich die Erwartungen der Projektinitiatoren hinsichtlich der Zahl der Besuche von Schulklassen nicht gänzlich, obwohl das Museum eine intensive Öffentlichkeitsarbeit und offensive

Ansprache der Lehrerkollegien betrieben hat. Fragten wir die Lehrkräfte nach den Ursachen für ihr Nichtkommen, nannten sie fast immer solche Gründe, die nichts mit dem Museum, sondern mit dem Arbeitsalltag in der Schule zu tun hatten – wir hoffen nicht allein aus Höflichkeit.

Fast ausnahmslos alle Lehrkräfte, die mit ihren Klassen dieses spezielle außerschulische Lernangebot nutzten, haben uns bestätigt, dass die Qualität des Angebotes in Bezug auf Konzept und Umsetzung hervorragend sei. Und auch die Schülerinnen und Schüler, insbesondere von Grundschulen, aber auch der SEK I bis Klasse 7, nahmen die Interaktionsstationen mit Begeisterung an. Und mit nicht wenigen Schülerinnen und Schülern der älteren Jahrgänge konnten wir interessante Diskussionen über die Problematik unseres Naturverbrauches führen.

7. Ausblick: Auswertung des Mitmach-Projektes

Mit einer systematischen Untersuchung möchte das Rheinische Industriemuseum die Erfahrungen sichern und auswerten, die bei der Durchführung des Mitmach-Projektes für und mit Schulen gesammelt wurden. Zum einen geht es um die Beurteilung der im Projektverlauf erzielten Ergebnisse gemessen an den vorab gesetzten Zielen, zum anderen sollen anhand der konkreten Erfahrungen verallgemeinerbare bzw. auch für andere Museen und Schulen verwertbare Schlussfolgerungen gezogen werden. Im Mittelpunkt stehen hierbei insbesondere die Fragen nach den spezifischen Schwierigkeiten bei der Kooperation von Museum und Schule und nach den Möglichkeiten zur Verbesserung dieser Zusammenarbeit, um den Schülerinnen und Schülern möglichst fruchtbare und interessante Lernumfelder zu bieten. Die konkreten Fragen könnten hierbei lauten: Welche bisher noch nicht ausgeschöpften pädagogischen Potenziale können Museen als außerschulische Lernorte nutzbar machen und wie lassen sich diese erschließen? Welche Chancen eröffnet hierbei die Agenda 21 und eine in ihrem Sinne fachübergreifende und an einer nachhaltigen Entwicklung orientierte Umweltbildung? Wie kann sich das Museum als Bildungspartner für Schulen möglichst attraktiv machen und auf welche besonderen Schwierigkeiten im Alltagsgeschäft der Schulen sollte dabei Rücksicht genommen werden? Auch die im Interesse von Museen häufig gestellte Frage nach den Möglichkeiten, den Anteil der Schülerinnen und Schüler unter den Besuchern ihres Hauses weiter auszubauen, soll in diesem Zusammenhang diskutiert werden. Und schließlich geht es auch um eine Verbesserung der strukturellen und bildungspolitischen Rahmenbedingungen für eine möglichst effiziente Bildungsarbeit, das heißt eine Bildungsarbeit, die die jeweiligen Stärken der verschiedenen Bildungsinstitutionen synergetisch zusammenführt.

Zurzeit arbeitet das Rheinische Industriemuseum an den Vorbereitungen zu einem Verbundprojekt aller seiner sechs Museumsstandorte im Rheinland mit dem Titel „Für Leib und Seele. Ernährung in der Konsumgesellschaft". Wie bei „Was die Welt zusammenhält..." gibt es auch bei diesem Projekt umfangreiche Kooperationsmöglichkeiten für Schulen und andere interessierte Institutionen. Die mit „Was die Welt zusammenhält..." gesammelten Erfahrungen lassen hoffen, dass die gemeinsame Projektarbeit von Museum und Schule zu einem Erfolgsmodell der Zukunft wird.

Projekte zwischen Reformanspruch und Alltagsrealität

Von UWE HORST

Die Breite und Vielfalt der in diesem Band vorgestellten Projekte führt wieder einmal zu der Frage, was denn nun ein „richtiges" Projekt sei. Und die verschiedenen Beiträge haben wiederum auch gezeigt, dass diese Frage wohl kaum mit einer präzisen Definition zu beantworten ist. Denn es kommt ganz offensichtlich darauf an, in welchem Rahmen bzw. Zusammenhang und mit welchen Zielvorstellungen die jeweilige Projektarbeit veranstaltet wird. Dies lehrt übrigens auch ein kurzer Blick in die Literatur zum Projektunterricht.[1] Ich werde deshalb im Folgenden auch nicht den Versuch machen, eine neue Projektdefinition vorzustellen, sondern die unterschiedlichen Projektformen und Ansätze als Schulpraktiker befragen.

Dabei fällt als erstes auf, dass es sich um eine ausgeglichene Auswahl von zwei schulischen und zwei universitären Projekten handelt. Das ist deshalb bemerkenswert, weil Projekte als Unterrichts- bzw. Lernform meist mit Schule in Verbindung gebracht werden und hier besonders mit der Grundschule und der Sekundarstufe I. Die gymnasiale Oberstufe und erst recht das Studium galten lange Zeit als Tabuzone für Projekte. Dass sich hier mittlerweile ein nachhaltiger Wandel vollzogen hat, lässt sich erfreulicherweise bereits an den Richtlinien verschiedener Bundesländer erkennen.[2] Und dieser Tagungsband ist ein lebendiger Beleg, dass auch im universitären Raum (wieder) über Projekte nachgedacht wird.

---

[1] Vgl. dazu stellvertretend für zahlreiche Definitionsversuche Dagmar HÄNSEL: Projektmethode und Projektunterricht. In: Dagmar HÄNSEL (Hg.): Projektunterricht. Ein praxisorientiertes Handbuch, Weinheim/Basel ²1999, S. 54-92.

[2] Vgl. dazu die von Wolfgang Emer und Hans Kroeger durchgeführte Umfrage bei den Kultusministern der Bundesländer; die Ergebnisse können über den Verein für Projektdidaktik nachgefragt werden: Karlheinz GOETSCH: Projektarbeit – auch ein Ausbildungsziel im Referendariat? Bundesweite Umfrage bei den Kultusministerien. In: Lernwelten 2 (2000), S. 57.

Wenn die vier hier vorgestellten Projekte jeweils mit einer knappen Charakterisierung vorsehen werden sollten, dann könnten dies die Kurzbeschreibungen sein:

1. Wolfgang Emer stellt das Projekt als eine der zukünftigen Wissensgesellschaft angemessene Unterrichtsform vor, in der besonders günstige Bedingungen für selbstständiges Lernen und Wissenschaftspropädeutik bestehen.
2. Thomas Hill und Juliet Ingram verstehen HIP und seine Projekte als Bindeglied zwischen (universitärer) Theorie und (berufsorientierter) Praxis mit dem Ziel der Chancenmaximierung von Hochschulabsolventen auf dem Arbeitsmarkt; zugleich stellt HIP eine Initiative zur Hochschulreform dar.
3. Bei Uwe Danker geht es um Projekte als Auftragsarbeit in der Form von „Forschung im Team" unter Ernstfall-Bedingungen – im Gegensatz zur Simulation in schulischen Projekten.
4. Rolf Schulte plädiert angesichts der Arbeitsbelastung und Rollenverunsicherung von Lehrern und Schülern für ein pragmatisches Projektkonzept, das mit angemessenen Erwartungen hantiert.

Bereits aus dieser knappen Charakterisierung wird deutlich, dass unter dem Begriff „Projekt" doch sehr unterschiedliche Veranstaltungen subsummiert sind. Die Gemeinsamkeiten und Unterschiede der vorgestellten Projekte sollen deshalb zunächst etwas näher betrachtet werden.

1. Projekte in Schule, Universität und Wirtschaft

Die deutlichste Grenzziehung zwischen schulischen und universitären Projekten findet sich bei Uwe Danker, der in den Mittelpunkt seiner Darstellung das IZRG-Projekt eines Gutachtens zur Zwangsarbeit für die Schleswig-Holsteinische Landesregierung stellt.[3] In ähnlicher Weise betont auch Thomas Hill eine Unterscheidung zwischen Schule und den HIP-Projekten. Das wichtigste Differenzkriterium für beide ist die Kontrastierung von Ernstfall hier und Simulation dort (nämlich im schulischen Rahmen). Dies stellt eine Provokation insofern dar, als zur gängigen Projektbeschreibung in Schulen – so auch im Kriterienkatalog am Oberstufen-Kolleg, wie ihn

---
[3] Inzwischen als Buch erschienen: Uwe DANKER u.a. (Hg.): „Ausländereinsatz in der Nordmark". Zwangsarbeitende in Schleswig-Holstein 1939-1945, Bielefeld 2001.

Wolfgang Emer auf dieser Tagung vorgestellt hat – gerade der Ernstcharakter gehört.

Zunächst zum IZRG-Projekt: Folgt man diesem aus den Überlegungen J. Deweys und der eigenen Praxiserfahrung abgeleiteten Katalog von sieben Kriterien, dann lässt sich die Frage von U. Danker, inwieweit das IZRG-Vorhaben als Projekt bezeichnet werden kann, in folgender Weise beantworten: Der eigentliche Produktprozess, also der Arbeitsablauf, stimmt in hohem Maße mit diesen Kriterien überein. Es gab

– eine gemeinsame Planung,
– eine heterogen zusammengesetzte Arbeitsgruppe,
– eine arbeitsteilige und abgestimmte Vorgehensweise,
– Formen der Kooperation,
– Produktorientierung,
– vielfältige Kommunikation,
– eine gemeinsame Evaluation und
– die Konfrontation mit einer kritischen Öffentlichkeit.

Auf der anderen Seite waren aber die Rahmenbedingungen so gestaltet, dass wesentliche Kriterien der Projektarbeit – immer gemessen an dem genannten Katalog des Oberstufen-Kollegs – nicht erfüllt werden konnten und dies auch gar nicht beabsichtigt war. Dies gilt insbesondere für die Tatsache, dass ein externer Auftraggeber, die Landesregierung Schleswig-Holstein, existierte, der das Projekt finanzierte und sowohl das Projektthema als auch das Produkt von vornherein sehr präzise definierte, ohne dass die Teilnehmenden darauf Einfluss nehmen konnten. Damit ist dieses Projekt der Sphäre des „non-profit"-Bereichs, in dem sich Schule/Ausbildung und Erziehung bewegen, entzogen und gehört eindeutig dem ökonomischen Sektor an, der nach Marktgesetzen funktioniert. Es ist deshalb auch nur konsequent, wenn die Teilnehmenden an diesem Projekt nach bestimmten Kriterien von dem verantwortlichen Leiter ausgewählt wurden und das Produkt in einer Art Endkontrolle vom ihm abgesegnet wurde. Es stellt sich die Frage, wie sich bei diesen Rahmenbedingungen die oben angeführten prozessorientierten Kriterien tatsächlich realisieren lassen. Zwar gibt es beispielsweise eine gemeinsame Planung zwecks Arbeitsteilung, aber die eigentliche Zielbestimmung steht dabei nicht zur Debatte.

Diese Überlegungen führen zu der allgemeinen Frage nach den Gemeinsamkeiten und Unterschieden von Projekten in Schule und Wirtschaft. In den vergangenen Jahren konnte man immer häufiger aus der Wirtschaft die

Forderung hören, dass Schule die so genannten Schlüsselqualifikationen wie Teamfähigkeit, vernetztes Denken, Kooperationskompetenz usw. mehr fördern möge, weil diese in der modernen Betriebs- und Produktionsstruktur von großer Bedeutung seien. Andererseits ist zu bemerken, dass auch für die Schule die Forderung nach eben diesen Qualifikationen gestellt wird und meist Projekte als ideale Unterrichtsform für ihren Erwerb reklamiert werden. Wenn diese vorsichtige Annäherung von Schule und Wirtschaft im Sinne lebenspraktischer Bezüge auch durchaus zu begrüßen ist, sollte man doch fragen, ob beide Seiten eigentlich dasselbe meinen, wenn sie von Projekten und Schlüsselqualifikationen sprechen.

Als Beispiel für eine deutliche Befürwortung des engen Zusammenhangs von Projekten in Schule und Wirtschaft sei ein Aufsatz von Anne Sliwka[4] herangezogen, der sich überblicksartig mit der Literatur zum Projektmanagment beschäftigt: Sie konstatiert eine große Übereinstimmung an Methoden und Terminologie von Projekten im schulischen und wirtschaftlichen Kontext. Dies trifft sicherlich für eine Reihe von Aspekten zu, die zu den so genannten Schlüsselqualifikationen zählen. So wird in der Managementliteratur etwa die Teamarbeit, die gemeinsame Planung unter Berücksichtigung begrenzter Zeit- und Mittelressourcen, das Problemlösungspotential, die heterogene Zusammensetzung von Teams und Ähnliches hervorgehoben. Es fällt aber auf, dass – ähnlich wie in dem IZRG-Projekt – vor allem Elemente des Arbeitsprozesses genannt werden, die Rahmenbedingungen, also die eigentliche Ziel- und Auftragsebene, auch hier weitgehend ausgespart bleiben: „Der Projektleiter muss seine Aufgaben entsprechend den vorgegebenen Zielen der Geschäftsleitung durchführen und stellt gewissermaßen deren verlängerten Arm dar",[5] heißt es in einem einschlägigen Handbuch. Wie in den Überlegungen zur Veränderung von Schule durch Projektarbeit sind auch von den Autoren zum Projektmanagement die innovativen und kreativen Potentiale der Projektarbeit erkannt. Sie werden wie in der Schule zur Motivation und Kompetenzentfaltung eingesetzt. So entsteht der Eindruck, dass Projektarbeit in der Wirtschaft besonders bei

---

[4] Anne SLIWKA: Lernen und Arbeiten in der offenen Gesellschaft. Die Wiederentdeckung der Projektarbeit. In: Lernwelten 1 (1999), S. 3-9.
[5] Bernd J. MADAUSS: Handbuch Projektmanagement, Stuttgart [5]1994, S. 11. Ähnliches findet sich auch in anderen Publikationen zum Projektmanagement, vgl. Bernhard KURPICZ/Dirk RICHARTZ: Ganzheitliches Projektmanagement als Mittel zur Organisationsgestaltung, Bergisch Gladbach 2000, S. 59.

der Planung, der Entfaltung von Innovationspotentialen und bei der Lösung komplexer Probleme eine wichtige Rolle spielt. Dabei sind diese Prozesse – das legen jedenfalls die genannten Beispiele nahe – stark auf die Leitungsebene fokussiert: Es geht beispielsweise um die Planung und Durchführung von Bauprojekten, an denen Architekten, Ingenieure und Designer beteiligt sind.

Im schulischen Rahmen geht es vor allem um eine pädagogische Begründung dessen, was gelernt werden soll, es geht primär um die Entwicklung und Entfaltung von Fähigkeiten und Kenntnissen, letztlich also um die „Bedürfnisse der Subjekte".[6] Dies kann in einem Betrieb, dessen vorrangiges Ziel eine effektive Produktion ist, allenfalls ein nachgeordnetes Ziel sein im Sinne optimaler Funktionsabläufe. Es fällt darüber hinaus auf, dass viele der Schlüsselqualifikationen inhaltlich unbestimmt sind und – wie die Sekundärtugenden – für ganz unterschiedliche Ziele funktionalisiert werden können. Wenn beispielsweise von Teamfähigkeit die Rede ist, dann bedeutet dies im pädagogischen Kontext, möglichst gleichberechtigte und rücksichtsvolle Abstimmung eines gemeinsamen Arbeitsprozesses mit dem Ziel, unterschiedliche Interessen zu einem von allen getragenen Konsens zu führen, letztlich also demokratische Verhaltensweisen einzuüben. Dagegen bedeutet Teamarbeit in einem Automobilwerk wohl eher, Arbeitsabläufe effektiver zu gestalten und damit die Produktion zu optimieren.

Es handelt sich also in beiden Systemen bei dem formal selben Begriff um durchaus materiell unterschiedliche „Füllung" bzw. Inhalte. Dies zu konstatieren bedeutet keine Diskreditierung des einen oder anderen Systems: Beide erfüllen gesellschaftlich notwendige Funktionen, gehorchen allerdings je eigenen Prinzipien, die auf das andere System nur begrenzt übertragbar sind. Für unsere Frage bedeutet dies, dass Projekte im pädagogischen Kontext eine andere Funktion besitzen als im ökonomischen Bereich, deshalb auch nur zum Teil denselben Kriterien genügen können.

Bei dem IZRG-Projekt besteht nun das Problem, dass es sicherlich nicht allein unter Marktgesichtspunkten betrachtet werden kann: Es ist innerhalb einer Ausbildungseinrichtung angesiedelt und es geht für die Teilnehmer um eigene Weiterqualifizierung. Andererseits herrschen Rahmenbedingungen, wie wir sie aus der Wirtschaft kennen. Insofern kann man sagen, dass es sich

---

6 Klaus Jürgen TILLMANN: Gibt es eine ökonomische Begründung für Projektunterricht?. In: Johannes BASTIAN u.a. (Hg.): Theorie des Projektunterrichts, Hamburg 1997, S. 151-164, hier S. 15.

um ein Projekt handelt, dass im Grenzbereich zwischen beiden Systemen angesiedelt ist. Daher ist es auch kaum möglich, dieses Projekt allein an schulischen Kriterien zu messen. Diese sind insbesondere im Prozess erkennbar und ihre Umsetzung sorgt für einen effektiven Arbeitsablauf; es bleibt aber die Frage, in welchem Maße dabei auch die „Bedürfnisse der Subjekte" Berücksichtigung finden. Der Bericht über das IZRG-Projekt lässt erkennen, dass dies jedenfalls im Sinne einer Qualifizierung geschehen ist.

Betrachtet man nun vor dem Hintergrund dieser Überlegungen die Ausführungen von Th. Hill, dann wird schnell deutlich, dass auch bei den HIP-Projekten ökonomische Aspekte eine Rolle spielen. Dass diese Projekte nicht nur mit schulisch-pädagogischen Maßstäben gemessen werden können, betont Hill selbst, wenn er schreibt, dass der „schulische Projektbegriff den universitären Anforderungen und den Zielsetzungen von HIP im Besonderen angepasst werden" und damit eine „Projektvariante" darstellen müsste.

Interessant ist nun zu sehen, wie diese Anpassung geschieht. Ähnlich wie bei U. Danker spielen für den Prozess der HIP-Projekte Kriterien eine Rolle, die auch in der Schule gelten, so z.b. die Theorie-Praxis-Verbindung (also die Anwendung von Wissenschaft), Kooperation und Teamarbeit. Über den schulischen (Kriterien-) Rahmen hinaus gehen die HIP-Projekte nach Hill zum einen, weil sie mit Partnern außerhalb der eigentlichen Ausbildungsstätte zusammenarbeiten. Dies wäre auch in schulischen Projekten möglich, ja sogar erwünscht. Den Rahmen schulischer Projekte überschreiten sie dann allerdings genau an dem Punkt, der auch schon bei der Analyse des IZRG-Projekts festgestellt wurde: Es geht nicht nur um die partnerschaftliche Zusammenarbeit mit anderen Institutionen, sondern um Arbeitsaufträge, für die – jedenfalls in einigen der vorgestellten Projekte – auch eine finanzielle Vergütung gewährt wird. Die Konsequenz eines solchen Auftrags ist dann auch, dass ein solches Projekt nicht an den Erfahrungen der Studierenden ansetzt und die Zielvorgaben von außen kommen. Dass ein solches Projekt den bisherigen Erfahrungshorizont der Beteiligten überschreitet, ist sicherlich ein entscheidendes Qualifikationsmoment, trifft allerdings auch auf manches schulische Projekt zu.

Zum anderen sieht Hill in der „wissenschaftliche(n) Grundlage" der HIP-Projekte ein Spezifikum im Vergleich zu schulischen Projekten. Dies ist in den meisten Fällen (besonders in der Sekundarstufe I) sicherlich eine zutreffende Unterscheidung, die allein schon mit der Dauer der Projekte zusammenhängt. Denkt man allerdings an manche Projekte aus dem Sek.-II-

Bereich oder solche, die im Rahmen des Schülerwettbewerbs Deutsche Geschichte um den Preis des Bundespräsidenten (Körber-Stiftung) entstanden sind, dann lässt sich diese Grenze sicherlich nicht ziehen.[7]
Ein Wort noch zum Thema „Ernstfall" und „Simulation" – darin sehen U. Danker und auch Th. Hill den wichtigsten Unterschied zwischen schulischen und den von ihnen vorgestellten universitären Projekten. Nach allem bisher Gesagten dürfte klar sein, dass ein Projekt mit starken ökonomischen Anteilen selbstverständlich ganz anderen Zwängen ausgeliefert ist, einem „Mehr an Verbindlichkeit" gehorchen muss und dass es diesen Ernstfall-Charakter im Sinne ökonomischer Zwänge in Schulen nicht geben kann. Der „Ernstcharakter" von schulischen Projekten ist dagegen anders zu definieren: Hier geht es (im Idealfall!) um handlungsorientiertes Eingreifen in soziale Wirklichkeit – und dies ist im Vergleich zum übrigen stark abbildhaften und modellorientierten Unterricht konkrete Auseinandersetzung mit der Lebenswirklichkeit, die nicht pädagogisch abgefedert ist.

2. Projekt – Fachunterricht – Lehrgang: Gegensätze oder Ergänzung?

In der Literatur zum Projektunterricht wird häufig der Fachunterricht, der üblicherweise in der Form des Lehrgangs organisiert ist, als Gegenpol schulischen Lernens und Lehrens gesehen.[8] In der Tat gibt es grundlegende Unterschiede zwischen diesen beiden Unterrichtsformen: So ist der Fachunterricht immer an der Struktur der ihm zugrunde liegenden Disziplin orientiert – das bedeutet z.B. für den Geschichtsunterricht in der Sekundarstufe I, dass er am chronologischen Prinzip ausgerichtet ist und die Inhalte von der Antike bis zur Gegenwart in den Curricula entsprechend angeordnet sind. Dage-

---

[7] Bodo VON BORRIES: Historische Projektarbeit im Vergleich der Methodenkonzepte. In: Bernd SCHÖNEMANN/Uwe UFFELMANN/Hartmut VOIT (Hg.): Geschichtsbewusstsein und Methoden historischen Lernens, Weinheim/Basel 1998, S. 276-306, hier S. 277.

[8] Wolfgang KLAFKI: Neue Studien zur Bildungstheorie und Didaktik. Beiträge zur kritisch-konstruktiven Didaktik, Weinheim/Basel 1985, S. 233 f. unterscheidet vier Formen von Unterricht, zu denen neben Projekt und Lehrgang noch Trainingskurse und fächerübergreifender Unterricht gehören. Bei Hilbert L. MEYER: Unterrichtsmethoden, Bd. 1, Frankfurt/M. ²1987, S. 145 findet sich ein Schema von Unterrichtsformen, in dem Projekt und Lehrgang in Opposition stehen. Ludwig DUNKER/Bernd GÖTZ: Projektunterricht als Beitrag zur inneren Schulreform, Langenau-Ulm ²1984, S. 18ff. unterscheiden zwischen den beiden Formen von Erfahrungs- und methodischem Lernen.

gen gehen Geschichtsprojekte von einer Problemsituation aus, die im Zusammenhang mit der Lebenswelt der Lernenden steht und für diese bedeutsam ist, wie dies beispielsweise der Fall ist bei einem Projekt zur Zwangsarbeit am Ort der Lernenden. Die Struktur des Projektes, seine Inhalte und Methoden orientieren sich also an dem zu bearbeitenden Problem und an den Lösungsperspektiven; die jeweils notwendigen Inhalte des Faches werden unter dem Blickwinkel der aktuellen Bedürfnisse herangezogen. Die Vorgehensweise bzw. die Methoden sind geprägt von forschendem Lernen, von selbstständiger Arbeitsweise, von Arbeit im Team und von eigener Planungskompetenz.

Würde nun der gesamte (Geschichts-)Unterricht nach diesem Prinzip organisiert sein, gäbe es vielleicht kompetente Schülerinnen und Schüler in Bezug auf Schlüsselqualifikationen, das Sach- und Fachwissen sowie fachspezifische Methoden wären aber vermutlich zufällig und von aktuellen Gegebenheiten abhängig. Eine systematische Fach- und Methodenorientierung wäre nicht gegeben. Dieses Beispiel zeigt, dass schulische Ausbildung von der gegenseitigen Ergänzung beider Unterrichtsformen profitieren würde. Dies ist denn auch nach Jahren projekteuphorischer Maximalforderungen die Tendenz in der gegenwärtigen pädagogischen Diskussion. So plädieren z.B. Ludwig Duncker und Bernd Götz[9] sowie Gerd Heursen[10] für ein komplementäres Modell, in dem sich Projekt- und methodisches Lernen ergänzen. Auch D. Siegfried spricht sich in seinem Beitrag aufgrund eigener Erfahrungen mit dem Schülerwettbewerb Deutsche Geschichte und der Forschungsergebnisse von Bodo von Borries für eine „richtige Mischung"[11] von Projekt und Lehrgang aus. Auf dieser Linie liegen auch die Ausführungen von W. Emer, der betont, dass der Projektunterricht angesichts der Anforderungen der Wissensgesellschaft einen spezifischen Beitrag leisten könne – nämlich die zentralen Lernziele von Wissenschaftspropädeutik und selbstständigem Lernen weitreichender und besser zu realisieren, als dies im Lehrgang möglich sei.

Dieses Konsensmodell muss allerdings ein wenig in Frage gestellt werden. Zum einen von theoretischer Seite aus: Dagmar Hänsel betont nämlich unter Rückgriff auf John Dewey zur Frage des Verhältnisses von Projektun-

---

[9] DUNCKER/GÖTZ, Projektunterricht (wie Anm. 8).
[10] Gerd HEURSEN: Projektunterricht und Fachdidaktik. In: Johannes BASTIAN u.a. (Hg.): Theorie des Projektunterrichts, Hamburg 1997, S. 199-212.
[11] VON BORRIES, Historische Projektarbeit (wie Anm. 7), S. 303.

terricht „zum übrigen Unterricht", dass der Projektunterricht als „Grenzform von Unterricht" den normalen Unterricht „nicht nur ergänzt, sondern [...] tendenziell zerstört, indem er Unterricht in Frage stellt und [...] zu überwinden sucht".[12] Aber auch die Empiriker melden Bedenken gegen allzu überzogene Erwartungen an den Projektunterricht an: B. von Borries beispielsweise sieht aufgrund seiner Untersuchungen keine prinzipielle Überlegenheit offener Unterrichtsformen wie Projektunterricht und konstatiert, dass sie weniger Wissen und historisches Verständnis vermitteln.[13] Und D. Siegfried berichtet, dass von den freien Arbeitsformen vor allem die Schüler profitieren, die bereits entsprechende Grundlagen mitbringen.

Auch diese Befunde sprechen dafür, mit der „richtigen Mischung" von Unterrichtsformen zu arbeiten. Dabei bleibt allerdings ein praktisches Problem bestehen, das von W. Emer angesprochen wird: Projektunterricht erfordert bestimmte methodische Kompetenz im Bereich der Schlüsselqualifikationen, die im normalen Lehrgang nur wenig oder auch gar nicht geübt oder erworben werden: Wo lernen Schüler beispielsweise selbstständige Arbeitsweisen und Teamarbeit? Wenn Projektarbeit gelingen soll, dann müssen diese Kompetenzen langfristig auch im dominierenden Lehrgang ihren Übungsort finden. Solche projektorientierten Arbeitsformen lassen sich ohne Probleme in den normalen Unterricht einfügen. Duncker nennt sie „Etüden" und macht damit deutlich, dass es hier um die Einübung von Fertigkeiten geht.[14] Im Beitrag von W. Emer finden sich darüber hinaus eine Reihe von Beispielen, wie eine solche Verzahnung auch noch auf andere Weise gestaltet sein kann, indem der Lehrgang als inhaltliche Voraussetzung historischer Projektarbeit fungiert.

Derartige Kombinationen nutzen die spezifischen Vorteile unterschiedlicher Unterrichtsformen und tragen durch den Wechsel überdies zu einem lebendigeren Schulalltag bei. Das kann allerdings nur gelingen, wenn dichotomische Vorstellungen von der einzig „richtigen" und effektiven Unterrichtsform aufgebrochen werden. Dass das nicht immer einfach ist, hängt auch mit der Ausbildung und Sozialisation von Lehrern zusammen, die ihre

---

12 HÄNSEL, Projektmethode (wie Anm. 1), S. 79.
13 VON BORRIES, Historische Projektarbeit (wie Anm. 7), S. 300f. resümiert, dass Schülerorientierung und -partizipation „eindeutig leistungsbremsende Momente" seien.
14 Ludwig DUNCKER: Projekte im Sachunterricht. Didaktische Etüden für Schüler und Lehrer. In: Ludwig DUNCKER/Wolfgang POPP (Hg.): Kind und Sache. Zur pädagogischen Grundlegung des Sachunterrichts, Weinheim/München ²1996, S. 145-160.

eigene Schulzeit als Fächerkanon, das Studium als Fachdisziplin und die Referendarsausbildung als fachdidaktische Veranstaltung erleben.

3. Welche Themen eignen sich besonders für historische Projektarbeit?

Sichtet man die in den verschiedenen Beiträgen vorgestellten Beispiele, dann fällt zunächst auf, dass es sich überwiegend um regionale oder lokale Themen handelt. Dies gilt für die Straßenbenennung (R. Schulte) genau so wie für die HIP-Projekte und die von W. Emer beigebrachten Beispiele. Das hängt natürlich damit zusammen, dass so typische Projektmerkmale wie Schülerorientierung und Lebenspraxisbezug sich vor allem im Nahbereich realisieren lassen. Einige der Vorteile solcher regionalgeschichtlichen Projekte werden denn auch bei W. Emer angeführt.[15] Systematisiert man diese Argumente insgesamt, dann lassen sich drei Ebenen erkennen:

1. Die Zugänglichkeit bzw. Erreichbarkeit der zu untersuchenden Objekte: Sie sind in den meisten Fällen leicht verfügbar, ohne dass erst große Hürden überwunden werden müssen oder aufwändige Anfahrten notwendig werden. Das gilt sowohl für Gegenstände (bestimmte Gebäude, Orte oder Denkmäler) als auch für Personen (Zeitzeugen, Interviewpartner) oder schließlich für Institutionen, wie beispielsweise Archive oder Verwaltungen und Betriebe.
2. Die Chancen, projektspezifische Methoden anzuwenden: In lokalen und regionalen Projekten können Schülerinnen und Schüler entdeckendes bzw. forschendes Lernen vor Ort umsetzen; sie können in hohem Maße selbstständig arbeiten, indem sie beispielsweise Interviews oder Behördentermine verabreden und durchführen, eigenständig Ortsbesichtigungen planen usw.
3. Die Handlungs- und Gestaltungsmöglichkeiten: Der Aspekt der Handlungsorientierung im Sinne einer tätigen Auseinandersetzung mit der sozialen Umwelt ist bereits bei den projektspezifischen Methoden angeklungen. Die Begegnungen in der außerschulischen Lebenswelt sind oft nicht pädagogisch vorbereitet oder abgefedert und erfordern deshalb ein

---

15 Vgl. grundsätzlich zur besonderen Eignung regionalgeschichtlicher Themen für den Projektunterricht Wolfgang EMER/Uwe HORST: Zukunftsweisende Perspektiven regionaler Projektarbeit für einen demokratischen Geschichtsunterricht. In: Karl Heinrich POHL (Hg.): Regionalgeschichte heute. Das Flüchtlingsproblem in Schleswig-Holstein nach 1945, Bielefeld 1997, S. 47-59.

situationsangemessenes, selbstständiges Verhalten. Gestaltungsmöglichkeiten und veränderndes Eingreifen in die Lebenswelt konkretisieren die Handlungsorientierung und gehören unter dem Gesichtspunkt der Problemlösung zu den zentralen Gedanken Deweys.[16] Dies gelingt in vielen Projekten höchstens ansatzweise. Dennoch bieten gerade ortsbezogene Projekte dazu eine besondere Chance etwa durch eine Ausstellung, einen Antrag auf die (Um)Benennung einer Straße oder Ähnliches. Ein weiterer Aspekt kommt hier ins Spiel: Die Beschäftigung mit Problemen der unmittelbaren Lebenswelt kann auch zu einem engeren Verhältnis Jugendlicher zu ihrem Umfeld führen, kann im besten Falle identitätsstiftend wirken und damit einen Beitrag zur demokratischen Kultur des Sich-Einmischens leisten.

Doch muss auch hier ein Wermutstropfen in den Wein gegossen werden: Denn Nähe zum Objekt bedeutet nicht immer leichte Zugangsmöglichkeit und Erschließbarkeit. Darauf verweist Karl-Hermann Beeck,[17] der hier vor einer allzu großen Euphorie warnt. Denn regionalgeschichtliche Quellen sind oft sehr fremd, Verwaltungen oder Archive arbeiten nach eigenen, nicht unmittelbar erschließbaren oder erkennbaren Prinzipien, Zeitzeugen haben ganz andere Vorstellungen von bestimmten Ereignissen oder berichten Dinge, die für die Interviewer kaum von Interesse sind. Fremdartiges, Unzugängliches und Unverständliches trifft man also auch im Nahbereich. Umso wichtiger ist es deshalb, dass solche Projekte präzise vorbereitet werden – etwa durch eine genaue Vorbesprechung im Archiv über tatsächlich vorhandene und ergiebige Materialien bzw. Quellen.

Ein weiterer kritischer Punkt bei regional- oder lokalgeschichtlichen Projekten ist die Gefahr einer allzu idyllischen, vielleicht sogar glorifizierenden Nabelschau, die den eigenen Ort, das lokale Geschehen oder eine lokalhistorische Größe überdimensioniert wahrnimmt und darstellt. Wenn auch ein solcher „Lokalpatriotismus" nach den Erfahrungen mit einer ideologisierten Heimatkunde[18] heute wohl kaum noch anzutreffen ist, so kann es durch

---

[16] Vgl. zusammenfassend HÄNSEL, Projektmethode (wie Anm. 1), S. 72f.

[17] Karl-Hermann BEECK: Landesgeschichte im Unterricht, Ratingen/Düsseldorf 1973, S. 10ff. Ebenso Wilhelm KOPPE: Stadtgeschichte im Unterricht, Dortmund 1982, S. XVff.

[18] Vgl. die bereits 1923 erschiene Schrift von Eduard SPRANGER: Der Bildungswert der Heimatkunde, Stuttgart 1949 u. ö.; dazu kritisch Hartmut VOIT: Geschichte und „kleiner Raum". In: Bernd MÜTTER/Uwe UFFELMANN (Hg.): Regionale Identität im

die Konzentration auf den Nahbereich doch leicht zu einer Verengung des Blicks kommen. Die Besonderheit und das Charakteristische eines lokalen oder regionalen Ereignisses lässt sich aber erst richtig beurteilen und in seiner Bedeutung abschätzen, wenn es den Vergleich gibt. Jürgen Hanning[19] verweist deshalb auch darauf, dass als Auswahlkriterien für regionalgeschichtliche Themen deren „Exemplarität" und zugleich deren „regionale Individualität" ausschlaggebend seien. Nur so kann – das betont auch W. Emer – die Perspektive des „kleinen Raums" (Hartmut Voit) in einen Gesamtzusammenhang gestellt werden, der die Lebenswelt der Schülerinnen und Schüler mit der Makroebene verbindet. Eine solche Verknüpfung ist angesichts der Globalisierungstendenzen zur Orientierung unerlässlich.

Als geeignete Themen historischer Projektarbeit sind zum anderen aktuelle Ereignisse und Probleme zu nennen; auch sie tauchen deshalb bei den vorgestellten Projekten häufig auf und auch hier spielt das Element der – in diesem Fall zeitlichen – Nähe eine besondere Rolle. Sie bedeutet vielfach unmittelbare Betroffenheit und erzeugt Neugier und Bereitschaft, sich auf ein Problem einzulassen. W. Emer verweist zu Recht darauf, dass hier Projekte dem Lehrgang gegenüber eine besondere Chance besitzen: Sie können anders als der Fachunterricht flexibel auf aktuelle Diskussionen und unmittelbar auf Interessen und Fragen der Schülerinnen und Schüler reagieren. Dies ist auch der Ausgangspunkt der Kritik von K. Bergmann[20] am chronologischen Prinzip der Curricula in den Geschichtslehrplänen, nach denen unabhängig von Schülerbedürfnissen der jeweils anstehende Stoff durchgenommen wird. Als Gegenargument wird neben dem Problem, dass nicht alle Schülerinnen und Schüler die gleichen Fragen haben, oft ins Feld geführt, dass damit eine Beliebigkeit der Inhalte regieren würde. In bestimmter Hinsicht ist diese Kritik auch nicht von der Hand zu weisen, wenn auch bedacht

---

vereinten Deutschland, Weinheim 1996, S. 32-53 und Herwart VORLÄNDER: Heimat und Heimaterziehung im Nationalsozialismus. In: Peter KNOCH (Hg.): Heimat oder Region?, Frankfurt/M. 1984, S. 30-44.

[19] Jürgen HANNING: Regionalgeschichte und Auswahlproblematik. In: Geschichtsdidaktik 2 (1984), S. 131-141.

[20] Außer in den Ausführungen auf dieser Tagung hat sich Klaus Bergmann verschiedentlich gegen die „Fragwürdigkeit der Chronologisierung" zugunsten einer „Gegenwarts- und Zukunftbezogenheit von Geschichte" ausgesprochen; vgl. Klaus BERGMANN: Geschichtsunterricht für eine demokratische Gesellschaft. In: Ulrich MAYER u.a. (Hg.): Geschichtsdidaktik. Beiträge zu einer Theorie historischen Lernens. Klaus Bergmann zum 60. Geburtstag, Schwalbach 1998, S. 100-109, hier S. 106.

werden muss, dass jede Epoche ihre eigenen Fragen an die Geschichte stellt, also prinzipiell die Auseinandersetzung mit der Vergangenheit stets von aktuellen Problemen und dem gegenwärtigen Fragehorizont ausgeht. Das spiegelt sich auch in den Themenschwerpunkten wider, wenn man die Liste der Projekte, die am Oberstufen-Kolleg in Bielefeld stattgefunden haben, durchmustert: Waren in den siebziger Jahren politische Themen aktuell, so folgten in den achtziger Jahren friedenspolitische Projekte, die in den Neunzigern durch Umwelt- und esoterische Themen abgelöst wurden.[21] Projektthemen haben also ihre Konjunkturen – und die jeweiligen Fragen an die Geschichte wechseln mit ihnen.

Unter den aktuellen bzw. gegenwartsbezogenen Themen fallen durch ihre Anzahl und Kontinuität besonders die Projekte auf, die sich mit dem „Dritten Reich" oder bestimmten Aspekten des Nationalsozialismus beschäftigen. Neben der fortdauernden Bedeutung dieses Themas im Bewusstsein unserer Gesellschaft hat die Aufgabenstellung des Wettbewerbs der Körber-Stiftung sicherlich auch zu diesem Befund beigetragen. Die Hinweise von D. Siegfried zu den Erfahrungen mit diesem Themenbereich sind daher von besonderer Bedeutung; sie machen die Chancen, aber auch die Schwierigkeiten im Umgang mit diesem Komplex deutlich: So ist das Interesse, ja fast die Sensationslust, Licht in das Dunkel einer verschwiegenen, verdrängten und oft tabuisierten Epoche zu bringen, ein starkes Motiv für Schülerinnen und Schüler. Die konkrete Auseinandersetzung führt dann aber weniger zu Pauschalisierungen als zu differenzierenden Grautönen. Die intensive und persönliche Beschäftigung mit einem kontroversen Thema, wie sie Projekte in besonderer Weise ermöglichen, können also zu einer ausgewogenen und eigenständigen Meinungsbildung führen, die eine wichtige Voraussetzung für eine kompetente Teilhabe am politischen Diskurs ist.

4. Perspektiven

Auf dieser Tagung ging es um eine Bestandsaufnahme, aber auch um den Blick nach vorne: Welche Perspektiven eröffnen sich für Projekte an Schule und Hochschule? In welchem Umfang ist eine Verankerung in diesen Bildungseinrichtungen gelungen und wo zeigen sich Schwierigkeiten der Implementation? Diese Fragen sollen im Folgenden für den schulischen und

---

[21] Wolfgang EMER/Hans KRÖGER: 25 Jahre Projektunterricht am Oberstufen-Kolleg, Bielefeld 1999 enthält eine Liste der über 1000 Projekte.

Zwischen Reformanspruch und Alltagsrealität 209

für den universitären Bereich auf der Grundlage der Tagungsbeiträge angesprochen werden.

Für die Schulen wird dabei vor allem der Bereich der gymnasialen Oberstufe (Sekundarstufe II) in den Blick genommen. Dabei zeigt sich ein etwas widersprüchliches Bild, wenn man die Beobachtungen von W. Emer und R. Schulte mit den Äußerungen von Didaktikern und Bildungspolitikern vergleicht: Auf der einen Seite lässt sich beobachten, dass im Bereich der Sekundarstufe II im Zusammenhang mit oder gar im Fachunterricht Geschichte selbst Projekte eine geringe Rolle spielen oder eine deutliche Abwehrhaltung besteht, die Lehrer also im Schulalltag der gymnasialen Oberstufe deutlich Abstand halten von Projekten, wenn sie den Fachunterricht „gefährden".[22] Andererseits sprechen sich neben einer ganzen Reihe von Lehrern viele Bildungspolitiker und auch Didaktiker vehement für den Projektunterricht aus: So kann man beispielsweise in der Denkschrift der NRW-Kommission „Zukunft der Bildung"[23] lesen, dass der „Projektunterricht [. . .] eine notwendige, nicht ersetzbare, aber auch keineswegs zu verabsolutierende Lehr- und Lernmethode" sei, die das „Nichtzustandekommen sinnvoller Lernzusammenhänge als Folge der traditionellen Fächerstruktur" durch ihre Integrationsleistung jedenfalls ansatzweise zu überwinden helfe. Projekten wird hier also eine wichtige Funktion im Rahmen des gesamten Ausbildungssystems zuerkannt.

Inzwischen hat sich die Erkenntnis, dass Projektarbeit eine angemessene Form der Vorbereitung auf die Anforderungen der künftigen Wissensgesellschaft ist, auch bis in die Lehrpläne durchgesetzt.[24] Und auf dieser Tagung hat E. Dorn als Vertreter des Kultusministeriums von Schleswig-Holstein Erfreuliches berichtet: Projektlernen wird künftig in den Klassen 11 bis 13 eine notwendige Ergänzung zum Fächerkanon darstellen und sich wie ein roter Faden durch die gymnasiale Oberstufe ziehen. Im 12. Jahrgang ist jeweils ein Thema als Projekt mit entsprechender Leistungsbewertung durch-

---

[22] Vgl. die niederschmetternden Ergebnisse bei VON BORRIES, Historische Projektarbeit (wie Anm. 7), S. 278: „Historische Projektarbeit wird nur in einer winzigen Minderheit von Klassen (im Prozentbereich) ernsthaft realisiert."

[23] Denkschrift der Kommission „Zukunft der Bildung – Schule der Zukunft" beim Ministerpräsidenten des Landes Nordrhein-Westfalen, Neuwied 1995, S. 96, 103.

[24] Zum Überblick vgl. EMER/KROEGER, 25 Jahre Projektunterricht (wie Anm. 20); ein ermutigendes Beispiel für Projektarbeit in der Oberstufe bietet jetzt Johannes BASTIAN u.a. (Hg.): Profile in der Oberstufe. Fächerübergreifender Projektunterricht in der Max-Brauer-Schule Hamburg, Hamburg 2000.

zuführen. Woher kommt diese Diskrepanz zwischen – salopp gesagt – Praxis und Theorie?

Die Ursachen der Abwehrhaltung in der gymnasialen Oberstufe haben W. Emer und R. Schulte vorgestellt, sie reichen von grundsätzlicher Skepsis und Unkenntnis einer ungewohnten Unterrichtsform bis zum befürchteten Arbeitsaufwand und zu schulorganisatorischen Gründen. Vielleicht am häufigsten ist das Argument des Stoffdrucks und der Klausurentermine zu hören. Alle diese Ursachen sind vielfach beklagt oder als Ernst zu nehmende Gründe einer Ablehnung des Projektunterrichts insbesondere in der Sekundarstufe II häufig verwendet worden. Hier soll nun ein zentrales Problem aus dem gesamten Komplex herausgegriffen werden, das W. Emer, R. Schulte und (für die Hochschule) U. Danker kurz streifen, und es soll auch ein Lösungsvorschlag vorgestellt werden. Es geht um den Rollenkonflikt. Gemeint ist damit die mit dem Projektunterricht einhergehende Rollenveränderung bei Lehrern und Schülern.

Durch Studium und Lehrerausbildung geprägt, verstehen sich Lehrer insbesondere in der gymnasialen Oberstufe als kompetente Fachvertreter, die ihr Wissen den Schülern vermitteln. Wenn nun in Projekten Schülerinteressen und -beteiligung als grundlegende Strukturmerkmale ernst genommen werden, dann lässt sich das Unterrichtsgeschehen nicht mehr allein durch das „Herrschaftswissen" des Fachlehrers steuern, seine Rolle verändert sich in Richtung eines Moderators, Koordinators oder auch eines Coachs.[25] Dafür sind Lehrer in aller Regel nicht ausgebildet – diese neue Rolle, bei der sie nicht mehr den festen Boden des Fachwissens unter sich spüren, führt leicht zur Verunsicherung oder gar zum Rückzug auf vertrautes Terrain. Wie soll er sich hier konkret verhalten? Die wirkliche Beteiligung von Schülerinnen und Schülern an der Projektgestaltung entlässt den Lehrer ja keineswegs aus seinen eigenen Ansprüchen und aus seiner institutionellen Verantwortung.[26]

Johannes Bastian und Arno Combe machen dazu – ausgehend von Dewey – für die entscheidende Planungsphase in einem Projekt den Vorschlag eines „Arbeitsbündnisses",[27] bei dem „die Planung des Lehrenden [...] ver-

---

[25] SLIWKA, Lernen und Arbeiten (wie Anm. 4), S. 8.
[26] Das betont bereits J. Dewey; vgl. zusammenfassend HÄNSEL, Projektmethode (wie Anm. 1), S. 71.
[27] Johannes BASTIAN/Arno COMBE: Lehrer und Schüler im Projektunterricht. Zur Theorie einer neuen Balance zwischen der Verantwortung des Lehrenden und der Selbstverantwortung der Lernenden. In: Johannes BASTIAN u.a. (Hg.): Theorie des Projektunterrichts, Hamburg 1997, S. 245-257, die Zitate: S. 250, 251 und S. 253.

antwortlich [ist] für die Selbstplanung der Lernenden". Dies sieht konkret so aus, dass sich der Lehrende in der Phase der „vorausgehenden Planung" über seine eigenen Fragen und Interessen an dem Thema vergewissert und Rahmenbedingungen für die Formulierung der Fragen und Interessen der Lernenden schafft, so dass unterschiedliche Perspektiven und Zugänge zum Thema artikuliert werden können. Lehrende planen also „nicht für die Schüler(innen), sondern mit ihnen." In der Phase der „kooperativen Planung" werden dann gemeinsam Fragen, Methoden, Zeitplan und Produkt abgestimmt. Dieses Verfahren mag auf den ersten Blick sehr elaboriert und noch weit von der Schulwirklichkeit entfernt erscheinen, denn – so betont auch U. Danker – der Dialog findet eben doch nicht unter gleichrangigen Partnern statt. Dennoch zeigt es konkrete Wege einer ernsthaften Umsetzung der Schülerbeteiligung auf.

Im universitären Bereich ist nach dem Beitrag von Th. Hill nach den euphorischen siebziger Jahren, als an verschiedenen Universitäten das Projektstudium eingeführt wurde, von Projekten nur noch sehr vereinzelt die Rede. Zwar ist in Schleswig-Holstein per neuer Prüfungsordnung vorgesehen, dass alle Lehramtsstudierenden mindestens ein Projekt absolvieren sollen, aber U. Danker fragt zu Recht mit großer Skepsis, welche Hochschullehrer denn diese Veranstaltungen kompetent betreuen sollen. Denn an den Universitäten gilt in noch weit stärkerem Maße als an der gymnasialen Oberstufe, dass sich die Lehrenden vor allem als Fachwissenschaftler definieren. Außerdem zählt Lehre bekanntlich in der scientific community, wenn es um Reputation und Karriere geht, recht wenig.

Sind hier also die Ausgangsbedingungen für Projekte und Projektlernen sicherlich schwieriger als an der gymnasialen Oberstufe, so verweisen die von Th. Hill genannten Beispiele in Berlin, Bielefeld und vor allem in Kiel darauf, dass aufgrund der veränderten Arbeitsmarktlage, also durch einen außeruniversitären Anstoß, Projekte an den Hochschulen eine ganz neue Funktion erlangen. Sie haben nach wie vor wenig Einfluss auf die Lehre, aber ergänzen die praxisferne Ausbildung durch Veranstaltungen, die Theorie und Praxis verbinden. Hier spielt vor allem das zentrale Projektkriterium der Anwendung – in diesem Fall – von Wissenschaft eine wichtige Rolle. Die Brückenfunktion, die HIP oder auch die Bielefelder Berufswerkstatt erfüllen, könnte Modellcharakter für die vielfach geforderte Reform eines Studiums mit größeren Praxisanteilen haben. Die Fortführung solcher Projekte wäre also auch dann sinnvoll, wenn der momentane Anlass der Arbeitsmarktlage nicht mehr gelten würde. HIP versteht sich genau als ein solcher

Anstoß zur Studienreform und hat deshalb vielleicht gute Chancen, auch auf die universitäre Lehre insgesamt verändernd einzuwirken.

5. Offene Fragen

Auch diese Tagung hat – wie könnte es anders sein – viele Fragen zum Projektunterricht offen gelassen. Drei von ihnen, ganz subjektiv ausgewählt und aus der Perspektive des Schulpraktikers gesehen, sollen gleichsam als Ausblick am Schluss des Kommentars stehen:

1. Wie kann man mit dem Scheitern von Projekten umgehen?

Natürlich scheitert auch ganz normaler Lehrgangsunterricht – und dies wohl nicht ganz selten, wenn man den Aussagen von Schülern glauben will. Aber Projekte sind im ganz anderen Maße öffentliche Veranstaltungen, als dies der Fall ist bei einem Unterricht, der üblicherweise hinter verschlossenen Türen stattfindet. Bei Projekten fällt es eben auf, wenn am Schluss kein vorzeigbares Produkt zu sehen ist. Und die häufig zu beobachtende Begeisterung am Anfang eines Projektes kann bei seinem Scheitern in deutliche Enttäuschung umschlagen. Aber die Frage nach dem Scheitern stellt sich auf einer viel grundsätzlicheren Ebene: Hartmut von Hentig spricht im Zusammenhang mit Deweys Vorstellung von der gesellschaftsverändernden Kraft des Projektunterrichts von einem „vorausgeworfene[n] Wagnis".[28] Und D. Hänsel betont, dass nach Dewey Projektunterricht ein „pädagogisches Experiment" sei, das „zugleich die Grenzen von Unterricht überschreitet".[29] Selbst wenn wir anders als Dewey heute nicht mehr die Veränderung der Gesellschaft durch die Schule für möglich halten, dann zeigen diese beiden Zitate doch eindringlich, dass Projekte von ihrer Grundidee her größere Risiken eingehen als herkömmlicher Unterricht. Offene Unterrichtsformen sind nicht im gleichen Maße didaktisiert und durchplanbar wie ein Lehrgang.

Der Frage nachzugehen, ist auch deshalb von Interesse, weil in der Projektliteratur zwar jede Menge Tipps zur Planung und Durchführung gegeben werden, aber zum Problem, wie man mit einem gescheiterten Projekt umgeht, ist dort nichts zu finden. Nun lässt sich natürlich Risikominimierung betreiben, wie sie etwa U. Danker beschreibt, wenn er von den Aus-

---

[28] Hartmut VON HENTIG: Schule als Erfahrungsraum. Eine Übung im Konkretisieren einer pädagogischen Idee, Stuttgart 1973, S. 28.
[29] HÄNSEL, Projektmethode (wie Anm. 1), S. 76.

wahlkriterien für die Teilnehmer spricht – aber das ist in der Schule nicht möglich. Oder man sieht nicht so sehr auf das Ergebnis, sondern wertet den – vielleicht schwierigen – Prozess aus und interpretiert ihn als Lernerfolg im Sinne des Erwerbs sozialer Kompetenz.[30] All das sind höchstens Teilantworten auf die schwierige Frage, wie man sinnvoll und pädagogisch verantwortlich mit einem gescheiterten Projekt umgehen kann. In jedem Fall gehört eine gemeinsame Ursachenanalyse dazu.

2. Wie kann man in Projekten sinnvoll bewerten?

Die Bewertung in der Schule geschieht im Regelfall allein durch den Lehrenden. Da die Schülerbeteiligung in Projekten ein konstitutives Element ist, gilt sie nicht nur für Planung und Durchführung, sondern umfasst konsequenterweise auch die abschließende Bewertung. Es sind aber nicht nur mehr und andere Personen an der Bewertung beteiligt, sondern es geht zum Teil auch um die Bewertung von anderen Leistungen wie Kompetenzerwerb in Schlüsselqualifikationen (z.B. Teamarbeit, Kooperationsfähigkeit usw.) oder Prozesswissen (wie Planungs- oder Konfliktlösungskompetenz). Bewertung in Projekten ist also wesentlich komplexer als im Lehrgang.

Zu dieser Frage gibt es mittlerweile eine Reihe von Vorschlägen in der Literatur. Manche der vorgestellten Instrumente sind zwar flächendeckend, allerdings so differenziert, dass sie kaum noch praktikabel erscheinen.[31] In anderen Fällen gibt es angemessene Formen für die Bewertung der Lernleistungen durch die Schüler[32] (Lerntagebuch, Arbeitsprozessbericht) oder durch die Lehrer[33] (Zertifikat). Was eigentlich fehlt, ist ein Instrument, das über die mündliche Rückmeldungsrunde hinaus ein gemeinsames Verfahren von Lehrern und Schülern fixiert. Vielleicht ist der sog. Reflexionsbogen ein

---

[30] Zum Unterschied von Prozess- und Produktorientierung vgl. DUNCKER/GÖTZ, Projektunterricht (wie Anm. 8), S. 131 ff.

[31] So enthält die Liste mit „Beobachtungs- und Bewertungskriterien zum Lernverhalten im Projektunterricht" ungefähr 50 Positionen: Vgl. Hamburg macht Schule 2 (1999) S. 11.

[32] Karlheinz GOETSCH: Projektunterricht bewerten. In: Johannes BASTIAN/Herbert GUDJONS (Hg.): Das Projektbuch II. Über die Projektwoche hinaus – Projektlernen im Fachunterricht, Hamburg 1990, S. 257-266; Reinhard GOLECKI: Selbständigkeit – ein Leitbegriff für die gymnasiale Oberstufe. In: Freie und Hansestadt Hamburg BSJB Amt für Schule (Hg.): Selbständig Lernen und Arbeiten, Hamburg 1999, S. 75-100, hier S. 96 f.

[33] Wolfgang EMER: Zertifikat für Projektarbeit. In: Lernwelten 2 (2000), S. 57.

solches Instrument, in dem zunächst die Schüler ihre eigene und die Gruppenleistung beschreiben und dann der Lehrende kommentierend antwortet.[34] Es bleibt das Problem für die komplexen Lernprozesse des Projektunterrichts ein Verfahren zu entwickeln, das Lehrer und Schüler gleichermaßen in die Lage versetzt in einem gemeinsamen Verfahren zu präzisen, eventuell auch als Noten ausweisbaren Bewertungen zu gelangen.

3. Wie lassen sich die Frustrationen in der Projektarbeit erklären?

Nach der euphorischen Aufbruchstimmung in den siebziger Jahren und einer gewissen Konsolidierung des Projektunterrichts in den folgenden Jahrzehnten gab es immer wieder auch Phasen der Enttäuschung und Frustration, die zu der weiter oben konstatierten Abwehrhaltung vor allem in der gymnasialen Oberstufe führte. Dieses Muster lässt sich auch in der Projektgeschichte einzelner Schulen erkennen.[35] Erklärungen für dieses Phänomen gibt es zahlreiche: Neben den schon erwähnten einer gegensätzlichen Struktur zum vorherrschenden Lehrgang, eines erhöhten Arbeitsaufwandes, der Rollenverunsicherung und der schulorganisatorischen Probleme muss man vielleicht auch an Ermüdungs- oder Verschleißerscheinungen denken. Bekanntlich trifft das burn-out-Syndrom[36] vor allem engagierte Lehrende; viele von ihnen haben in den siebziger Jahren den Projektunterricht als Hebel zur Veränderung der Schule verstanden, Projektwochen durchgesetzt und andere offene Unterrichtsformen erprobt. Aus heutiger Sicht hat das natürlich auch zu Frustrationen geführt, weil manche hochgemute Erwartung sich nicht erfüllt hat. Über diese sozialbiografische Ebene hinaus zeigen auch die empirischen Untersuchungen von von Borries, dass angesichts der Diskrepanzen zwischen theoretischen Projektpotentialen und der Projektpraxis unter den bestehenden schulischen Rahmenbedingungen eine grundsätzliche Überlegenheit von Projektarbeit sich nicht feststellen lässt.[37] Eine

---

[34] Wolfgang EMER/Uwe HORST: Projektarbeit: Möglichkeiten und Formen alternativer Leistungsbewertung. In: F. WINTER u.a. (Hg.): Leistung sehen, fördern, werten – neue Wege für die Schule, Bad Heilbrunn 2002 (im Druck).

[35] Jürgen OELKERS: Geschichte und Nutzen der Projektmethode. In: Dagmar HÄNSEL (Hg.): Handbuch Projektunterricht, Weinheim/Basel 1997, S. 13-30, hier S. 26.

[36] Vgl. das Themenheft von Pädagogik, H. 6 (1989) und Jerry EDELWICH/Archie BRODSKY: Ausgebrannt. Das BURN-OUT-Syndrom in den Sozialberufen, Salzburg 1984.

[37] VON BORRIES, Historische Projektarbeit (wie Anm. 7), S. 300 ff.

ehrliche Bestandsaufnahme könnte hier vielleicht zu hoch gespannte Erwartungen „erden".[38]

Auf der Mikroebene des einzelnen Projekts ist das Phänomen ebenfalls bekannt: Projekte können wie eine Fahrt auf der „Achterbahn"[39] erfahren werden: Sie bewegen sich zwischen begeisterten Momenten der Euphorie (in der Anfangsphase oder angesichts des fertiggestellten Produkts) und verzweifelten Ausstiegsphantasien, weil die Teamarbeit nicht klappt oder die Lebenswelt sich quer gestellt hat. Wenn man sich aus dem didaktisch gesicherten Rahmen des Lehrgangs herauswagt, dann geht es eben „wie im richtigen Leben"[40] zu. Zu fragen wäre, ob der kompetente Umgang mit Emotionen auch zum Programm der Selbstständigkeit gehört? Vielleicht hängt die Frustration manchmal auch mit der Unsitte zusammen, eine Projektwoche als Lückenbüßer unmittelbar vor den Ferien anzusiedeln und damit der Assoziation von Spiel und Freizeit Vorschub zu leisten. Vermutlich spielt noch ein anderes Moment eine wichtige Rolle, dass nämlich Schülerinnen und Schüler – etwa durch „Etüden" (Duncker) – nicht hinreichend auf selbstständige Arbeitsformen vorbereitet sind und die ungewohnten Freiräume nicht angemessen, das heißt selbstständig gestalten können.

Zum Schluss noch ein kurzes persönliches Fazit: Der vorausgehende Kommentar ist nicht ohne kritische Töne zu einigen Aspekten des Projektunterrichts, vor allem seiner schulischen Praxis. Eine ehrliche Bestandsaufnahme kann dieser immer noch umkämpften Unterrichtsform nur nützen. Dazu zählt in meinen Augen insbesondere eine genauere Bestimmung des Verhältnisses von Lehrgang und Projekt, denn in ihrer gegenseitigen Ergänzung liegt ein bisher nicht ausgeschöpftes Potential.

---

[38] Dazu ein Ansatz auf der Basis Wiener Schulverhältnisse: Bernd HACKL/Helene BABEL: Projektunterricht in der Praxis. Utopien, Frustrationen, Lösungswege, Innsbruck 1994.

[39] SLIWKA, Lernen und Arbeiten (wie Anm. 4), S. 6 verwendet diesen Ausdruck für Projektarbeit in der Wirtschaft.

[40] So der Titel einer Veröffentlichung zum Projektunterricht am Oberstufen-Kolleg Bielefeld: Wolfgang EMER/Uwe HORST/Karl Peter OHLY (Hg.): „Wie im richtigen Leben...", Bielefeld ²1994.

Auswahlbibliographie

Hans Jürgen APEL/Michael KNOLL: Aus Projekten lernen. Grundlegung und Anregungen, München 2001.

Johannes BASTIAN/Herbert GUDJONS (Hg.): Das Projektbuch. Theorie – Praxisbeispiele – Erfahrungen, Hamburg ⁴1994.

Johannes BASTIAN/Herbert GUDJONS (Hg.): Das Projektbuch II. Über die Projektwoche hinaus – Projektlernen im Fachunterricht, Hamburg ³1998.

Johannes BASTIAN u. a. (Hg.): Theorie des Projektunterrichts, Hamburg 1997.

Johannes BASTIAN u. a. (Hg.): Profile in der Oberstufe. Fächerübergreifender Projektunterricht in der Max-Brauer-Schule Hamburg, Hamburg 2000.

Claus Heinrich BILL: Der Weg ist das Ziel! Erfahrungsbericht über Verlauf und Organisation des Gutachtenprojektes aus der Sicht eines Mitarbeitenden. In: Gutachtenversion und Internet-Fassung (www.izrg.de) des IZRG-Projektes „Zwangsarbeitende in Schleswig-Holstein 1939-1945".

Stefan BITTNER: Learning by Dewey? John Dewey und die Deutsche Pädagogik, Heilbronn 2001.

Werner BOLDT: Projektarbeit. In: Annette KUHN/Jörn RÜSEN/Gerhard SCHNEIDER (Hg.): Handbuch der Geschichtsdidaktik, Düsseldorf ³1985, S. 436-438.

Werner BOLDT: Projektstudium. In: Annette KUHN/Jörn RÜSEN/Gerhard SCHNEIDER (Hg.): Handbuch der Geschichtsdidaktik, Düsseldorf ³1985, S. 694-696.

Bodo VON BORRIES: Deutsche Geschichte. Spuren suchen vor Ort im Schülerwettbewerb um den Preis des Bundespräsidenten, Frankfurt/M. 1990.

Bodo VON BORRIES: Historische Projektarbeit – „Größenwahn" oder „Königsweg"? In: Lothar DITTMER/Detlef SIEGFRIED (Hg.): Spurensucher. Ein Praxisbuch für historische Projektarbeit, Weinheim/Basel 1997, S. 243-254.

Bodo VON BORRIES: Historische Projektarbeit im Vergleich der Methodenkonzepte. In: Bernd SCHÖNEMANN/Uwe UFFELMANN/Hartmut VOIT (Hg.): Geschichtsbewusstsein und Methoden historischen Lernens, Weinheim/Basel 1998, S. 276-306.

Bodo VON BORRIES: Historische Projektarbeit im Vergleich der Methodenkonzepte. Empirische Befunde und normative Überlegungen. In: Lothar DITTMER (Hg.): Historische Projektarbeit im Schülerwettbewerb Deutsche Geschichte. Eine Bestandsaufnahme, Hamburg 1999, S. 50-79.

Jörg BÜRMANN: Projektstudium im Wandel vom revolutionären Lernprozess zur problemorientierten Lehrveranstaltung. In: Sabine HERING/Harry HERMANNS (Hg.): Lernen und Verändern. Zur Theorie und Praxis des Projektstudiums, Hamburg 1978, S. 21-39.

Renate BUSCHMANN: Projektorientiertes Lernen an der IGS Flensburg. In: Bund-Länder-Kommission für Bildungsplanung und Forschungsförderung (Hg.): Erster Kongress des Forums Bildung am 14. und 15. Juli 2000 in Berlin, S. 835 ff.

Jürgen DIEDRICH: Zweifel an Projekten. Eine reformpädagogische Idee und ihr Pferdefuß. In: Ilka GROPENGIESSER/Gunter OTTO/Klaus-Jürgen TILLMANN (Hg.): Schule zwischen Routine und Reform, Seelze 1994, S. 92-96.

Lothar DITTMER (Hg.): Historische Projektarbeit im Schülerwettbewerb Deutsche Geschichte. Eine Bestandsaufnahme, Hamburg 1999.

Ludwig DUNCKER: Projektlernen kultivieren. Eine schultheoretische Ortsbestimmung. In: Pädagogik 41 (1989), H. 7-8, S. 54-59.

Ludwig DUNCKER: Soziale Phantasie und verantwortliches Handeln. Chancen für das Lernen im Projektunterricht. In: Wolfgang EMER u.a. (Hg.): Projektforum 1994. Projektunterricht und Veränderung von Schule. Diskussionen und Anregungen, Bielefeld 1994, S. 72.

Ludwig DUNCKER: Projekte im Sachunterricht. Didaktische Etüden für Schüler und Lehrer. In: Ludwig DUNCKER/Walter POPP (Hg.): Kind und Sache. Zur pädagogischen Grundlegung des Sachunterrichts, Weinheim/München ²1996, S. 145-160.

Ludwig DUNCKER/Bernd GÖTZ: Projektunterricht als Beitrag zur inneren Schulreform, Langenau-Ulm ²1984.

Wolfgang EMER: Zertifikat für Projektarbeit. In: Lernwelten 2 (2000), S. 57.

Wolfgang EMER/Uwe HORST (Hg.): Praxis eines demokratischen Geschichtsunterrichts, Bielefeld 1995.

Wolfgang EMER/Uwe HORST: Zukunftsweisende Perspektiven regionaler Projektarbeit für einen demokratischen Geschichtsunterricht. In: Karl Heinrich POHL (Hg.): Regionalgeschichte heute. Das Flüchtlingsproblem in Schleswig-Holstein nach 1945, Bielefeld 1997, S. 47-59.

Wolfgang EMER/Uwe HORST: Projektarbeit reflektieren und zertifizieren. In: Felix WINTER/Klaus Dieter LENZEN (Hg.): Alternative Leistungsformen, 2002 (im Druck).

Wolfgang EMER/Uwe HORST: Projektarbeit: Möglichkeiten und Formen alternativer Leistungsbewertung. In: Frank WINTER u.a. (Hg.): Leistung sehen, fördern, werten – neue Wege für die Schule, Bad Heilbrunn 2002, S. 195-201.

Wolfgang EMER/Uwe HORST/Karl Peter OHLY (Hg.): Wie im richtigen Leben...
– Projektunterricht für die Sekundarstufe II., Bielefeld ²1994.

Wolfgang EMER/Hans KRÖGER: 25 Jahre Projektunterricht am Oberstufen-Kolleg, Bielefeld 1999.

Wolfgang EMER/Klaus Dieter LENZEN: Methoden des Projektunterrichts. In: Johannes BASTIAN u. a (Hg.): Theorie des Projektunterrichts, Hamburg 1997, S. 213-230.

Wolfgang EMER/Klaus-Dieter LENZEN: Projektunterricht gestalten – Schule verändern. Projektunterricht als Beitrag zur Schulentwicklung, 2002 (im Druck).

Karl FREY: Die Projektmethode, Weinheim/Basel ^{8}1998.

Karlheinz GOETSCH: Projektarbeit – auch ein Ausbildungsziel im Referendariat? Bundesweite Umfrage bei den Kultusministerien. In: Lernwelten 2 (2000), S. 57.

Herbert GUDJONS: „Was ist Projektunterricht?" In: Westermanns pädagogische Beiträge 36 (1984), S. 260-266.

Herbert GUDJONS: Projektunterricht begründen. Lernpsychologische Argumente. In: Pädagogik 41 (1989), H. 7-8, S. 47-52.

Herbert GUDJONS: „Lohn der Angst". Die Lehrer/inrolle in offenen Unterrichtsformen. In: Herbert GUDJONS: Didaktik zum Anfassen. Lehrer/in-Persönlichkeit und lebendiger Unterricht, Bad Heilbrunn 1998, S. 189-179.

Herbert GUDJONS: Projektunterricht – Ein umfassendes Konzept handlungsorientierten Lehrens und Lernens. In: Herbert GUDJONS: Handlungsorientiertes Lehren und Lernen. Schüleraktivierung, Selbsttätigkeit, Projektarbeit, Bad Heilbrunn ^{6}2001, S. 61 f.

Bernd HACKL/Helene BABEL: Projektunterricht in der Praxis. Utopien, Frustrationen, Lösungswege, Innsbruck 1994.

Michaela HÄNKE-PORTSCHELLER: Berufswerkstatt Geschichte. Berufsorientiertes Studium der Geschichte an der Universität Bielefeld. In: Handbuch Hochschullehre, 17. El., Bonn 1998, Beitrag GS C 2.3, S. 1-15.

Dagmar HÄNSEL (Hg.): Projektunterricht. Ein praxisorientiertes Handbuch, Weinheim/Basel ^{2}1999.

Harry HERMANNS: Projektstudium – Ergebnis und Instrument der Studienreform. Erfahrungen eines Soziologen mit Projektarbeit in den integrierten Technikstudiengängen der Gesamthochschule Kassel. In: Sabine HERING/ Harry HERMANNS (Hg.): Lernen und Verändern. Zur Theorie und Praxis des Projektstudiums, Hamburg 1978, S. 66-102.

Gerd HEURSEN: Projektunterricht und Fachdidaktik. In: Johannes BASTIAN u.a (Hg.): Theorie des Projektunterrichts, Hamburg 1997, S. 199-212.

Hochschulgruppe „Pro-Jetzt" (Hg.): Universität an der Schwelle zum 3. Jahrtausend. Zukunftsorientierte Lehr- und Lernformen an der Universität Flensburg – Einführung in die Idee des Projektstudiums, Flensburg 1999.

Angela HOFFMANN: Schülerforschungen zum „Arbeitseinsatz" sowjetischer

Auswahlbibliographie 219

Kriegsgefangener im Dritten Reich. Eine Analyse preisgekrönter Arbeiten des „Schülerwettbewerbs Deutsche Geschichte um den Preis des Bundespräsidenten" von 1982 bis 1993, Staatsexamensarbeit Münster 1998.

Alfons KENKMANN (Hg.): Jugendliche erforschen die Vergangenheit. Annotierte Bibliographie zum Schülerwettbewerb Deutsche Geschichte um den Preis des Bundespräsidenten, Hamburg 1997.

Wolfgang KLAFKI: Neue Studien zur Bildungstheorie und Didaktik. Beiträge zur kritisch-konstruktiven Didaktik, Weinheim/Basel 1985.

Peter KNOCH: Der schwierige Umgang mit Geschichte in Projekten. In: GWU 38 (1987), S. 527-540.

Michael KNOLL: Die Projektmethode in der Pädagogik von 1700 bis 1940. Ein Beitrag zur Entstehung und Verbreitung reformpädagogischer Konzepte, Kiel 1991 (maschinenschriftliche Diss.).

Hans KRATZ: Verantwortung für den eigenen Lernprozess übernehmen. Projektunterricht in der gymnasialen Oberstufe. In: Pädagogik 47 (1995), H. 7-8, S. 30-34.

Georg KRAUS/Reinhold WESTERMANN: Projektmanagement mit System. Methoden, Organisation, Steuerung, Wiesbaden 1998.

Bernhard KURPICZ/Dirk RICHARTZ: Ganzheitliches Projektmanagement als Mittel zur Organisationsgestaltung, Bergisch Gladbach 2000.

Bernd J. MADAUSS: Handbuch Projektmanagement, Stuttgart ^{5}1994.

Ulrich MAYER: Projektunterricht – der Königsweg des zukünftigen Geschichtsunterrichts? In: Hans-Jürgen PANDEL/Gerhard SCHNEIDER (Hg.): Wie weiter? Zur Zukunft des Geschichtsunterrichts, Schwalbach/Ts. 2001, S. 125-135.

Karl Heinrich POHL: „HIP" – Historiker in der Praxis. Ein Studienreformprojekt an der Christian-Albrechts-Universität zu Kiel. In: Demokratische Geschichte 13 (2000), S. 345-358.

Projektkoordination (Hg.): Projektstudium in der Lehrerbildung der Gesamthochschule Kassel aus Sicht der Betroffenen, Kassel 1981.

Dietmar VON REEKEN: Wer hat Angst vor Wolfgang Klafki? Der Geschichtsunterricht und die „Schlüsselprobleme". In: GWU 50 (1999), S. 292-304.

Ulrich SCHÄFER: Internationale Bibliographie zur Projektmethode in der Erziehung. 1895-1982, 2 Bde., Berlin 1988.

Gundel SCHÜMER/Michaela WIESSENFELS: Projekte im Fachunterricht. Ergebnisse einer Umfrage unter Grund- und Sekundarschullehrern aus vier Bundesländern, Berlin 1995.

Detlef SIEGFRIED: Der Reiz des Unmittelbaren. Oral-History-Erfahrungen im Schülerwettbewerb Deutsche Geschichte. In: BIOS. Zeitschrift für Biographieforschung und Oral History 8 (1995), S. 107-128.

Detlef SIEGFRIED: Bismarckturm oder KZ-Gedenkstätte? Ost-West-Identitäts-

konstruktionen im Schülerwettbewerb 1992/93. In: sowi – Sozialwissenschaftliche Informationen 26 (1997), S. 69-73.
Anne SLIWKA: Lernen und Arbeiten in der offenen Gesellschaft. Die Wiederentdeckung der Projektarbeit. In: Lernwelten 1 (1999), S. 3-9.
Rudolf TIPPELT u.a.: Projektstudium. Exemplarisches und handlungsorientiertes Lernen an der Hochschule, München 1979.
Stephanie VOSS/Jörg ZIEGENSPECK: Das Projekt: eine hochschuldidaktische Herausforderung – historische Wurzeln, schulpädagogische Reflexion und hochschuldidaktische Anregungen, Lüneburg 1999.
Thomas WERDERMANN: Westfälische Schülerarbeiten zu Themen der Zwangsarbeiter, Kriegsgefangenen und „Displaced Persons". Untersuchungen zum „Schülerwettbewerb Deutsche Geschichte um den Preis des Bundespräsidenten", Staatsexamensarbeit Münster 1994.

Abkürzung

GWU   Geschichte in Wissenschaft und Unterricht

Autorin und Autoren

Klaus Bergmann, Dr. phil., geboren 1938, Professor für Didaktik der Geschichte an der Justus Liebig-Universität Gießen. Forschungsschwerpunkte: Geschichtsdidaktik, Geschichtstheorie, Historisches Lernen. Veröffentlichungen u.a.: Personalisierung im Geschichtsunterricht – Erziehung zu Demokratie? (1977), Geschichte – Nutzen oder Nachteil für das Leben? (1986, Hg. mit Ursula Becher), Handbuch der Geschichtsdidaktik (1997, Hg. mit Annette Kuhn u.a.), Geschichtsdidaktik. Beiträge zu einer Theorie historischen Lernens (1998).

Uwe Danker, Dr. phil., geboren 1956, Professor für Geschichte und ihre Didaktik an der Universität Flensburg, Direktor am IZRG (Schleswig); Forschungsschwerpunkte: Regionale Zeitgeschichte, Kriminalitätsgeschichte der Frühen Neuzeit. Veröffentlichungen u.a.: „Ausländereinsatz in der Nordmark". Zwangsarbeitende in Schleswig-Holstein 1939-1945 (2001, Hg. mit Robert Bohn u.a.), Zwischen Hoffnung, Anpassung und Bedrängnis. Minderheiten im deutsch-dänischen Grenzraum in der NS-Zeit (2001, Hg. mit Robert Bohn und Jørgen Kühl), Geschichte der Räuber und Gauner (2001).

Erhard Dorn, Dr. phil., geboren 1937, Ministerialrat. Seit 1993 als Referatsleiter im Ministerium für Bildung, Wissenschaft, Forschung und Kultur in Kiel für die Entwicklung von Lehrplänen in allen Schularten zuständig. Forschungsschwerpunkt: Curriculare Grundsatzfragen. Veröffentlichungen u.a.: Lernkompetenz im europäischen Kontext (2001, in: A. Hoppe/H. Hoßfeld [Hg.]: Bewerten als Prozeß. Dialog zwischen Selbst- und Fremdeinschätzung).

Wolfgang Emer, geboren 1945, Akademischer Oberrat am Oberstufen-Kolleg in Bielefeld für das Fach Geschichte. Forschungsschwerpunkte: Geschichtsdidaktik, Regionalgeschichte, Projektunterricht. Veröffentlichungen u.a.: Provinz unterm Hakenkreuz. Diktatur und Widerstand in Ostwestfalen-Lippe (1984, Hg. mit Uwe Horst u.a.), Wie im richtigen Leben... Projektunterricht für die Sekundarstufe II (1994, Hg. mit Uwe Horst), Praxis eines demokratischen Geschichtsunterrichts (1995, Hg. mit Uwe Horst), Projektunterricht entwickeln – Schule gestalten (2002, mit Klaus-Dieter Lenzen).

Autorin und Autoren

Olaf Hartung, M. A., Dipl.-Päd., geboren 1966, Wissenschaftlicher Mitarbeiter am Historischen Seminar der Christian-Albrechts-Universität zu Kiel, vorher Wissenschaftlicher Volontär in der Kulturpflege beim Landschaftsverband Rheinland, Rheinisches Industriemuseum, Standort Engelskirchen. Interessen: Geschichtsdidaktik, Museums- und Ausstellungsdidaktik und Geschichtsdidaktik des Reisens. Veröffentlichungen u. a.: Pädagogische Überlegungen zu einer Geschichtsdidaktik des Reisens (1999).

Thomas Hill, Dr. phil., geboren 1959, Privatdozent am Historischen Seminar der Christian-Albrechts-Universität zu Kiel, Leiter des Studienreformprojektes „Historiker in der Praxis" (HIP). Forschungsschwerpunkte: Mittelalterliche Geschichte, Geschichte Schleswig-Holsteins und des Ostseeraums, neue Formen der Geschichtsvermittlung. Veröffentlichungen u. a.: Könige, Fürsten und Klöster. Studien zu den dänischen Klostergründungen des 12. Jahrhunderts (1992), Die „neue Hanse": Rückblick eines Historikers auf einen Mythos (1996, in: Mare Balticum), Gemeinschaft und Geschichtsbilder im Hanseraum (2000, Hg. mit Dietrich Poeck).

Uwe Horst, Dr. phil., geboren 1940, Akademischer Direktor am Oberstufen-Kolleg Bielefeld für das Fach Geschichte. Forschungsschwerpunkte: Mittelalterliche Geschichte, 20. Jahrhundert, Methodentraining und Projektunterricht. Veröffentlichungen u. a.: Europäische Agrargesellschaften (1991), Wie im richtigen Leben ... Projektunterricht für die Sekundarstufe II (1994, Hg. mit Wolfgang Emer), Praxis eines demokratischen Geschichtsunterrichts (1995, Hg. mit Wolfgang Emer), Lernbox. Lernmethoden, Arbeitstechniken (2000, Hg. mit Karl Peter Ohly).

Juliet Ingram, geboren 1972, Projektassistentin bei einer Unternehmensberatung, Forschungsschwerpunkte: Arbeitsmarktorientierte Studienreform, Erwachsenenbildung und Projektmanagement.

Karl Heinrich Pohl, Dr. phil., geboren 1943, Professor für Geschichte und ihre Didaktik am Historischen Seminar der Christian-Albrechts-Universität zu Kiel und Direktor am IZRG (Schleswig). Forschungsschwerpunkte: Deutsche Geschichte im 19. und 20. Jahrhundert, Geschichtsdidaktik. Veröffentlichungen u. a.: Adolf Müller. Geheimagent und Gesandter in Kaiserreich und Weimarer Republik (1995), Historiker in der DDR (1997, Hg.), Wehrmacht und Vernichtungskrieg (1999, Hg.), Politiker und Bürger. Gustav Stresemann und seine Zeit (2002, Hg.).

Autorin und Autoren 223

Dietmar von Reeken, Dr. phil., geboren 1959, Professor für Didaktik des Sachunterrichts an der Universität Bielefeld. Forschungsschwerpunkte: Regionalgeschichte, Didaktik der Geschichte. Veröffentlichungen u.a.: Kirchen im Umbruch zur Moderne. Milieubildungsprozesse im nordwestdeutschen Protestantismus 1849-1914 (1999), Historisches Lernen im Sachunterricht (1999), Die Weimarer Republik. Politik und Gesellschaft in Zeiten des Umbruchs (2002).

Rolf Schulte, Dr. phil., geboren 1950. Oberstudienrat an einem Gymnasium in Schleswig-Holstein, Lehrbeauftragter für Geschichtsdidaktik am Historischen Seminar der Christian-Albrechts-Universität zu Kiel. Forschungsschwerpunkte: Mittelalter, Regionalgeschichte, Geschichtsdidaktik. Veröffentlichungen u.a.: Hexenmeister: die Verfolgung von Männern im Rahmen der Hexenverfolgung (2000), Hexenverfolgung in Schleswig-Holstein vom 16. bis 18. Jahrhundert (2001).

Detlef Siegfried, Dr. phil., geboren 1958, Associate Professor für Neuere Deutsche Geschichte und Kulturgeschichte an der Universität Kopenhagen. Forschungsschwerpunkte: Geschichte des 20. Jahrhunderts, Kulturgeschichte, Geschichtsdidaktik. Veröffentlichungen u.a.: Zwischen Einheitspartei und „Bruderkampf". SPD und KPD in Schleswig-Holstein 1945/46 (1992), Spurensucher. Ein Praxisbuch für historische Projektarbeit (1997, Hg. mit Lothar Dittmer), Dynamische Zeiten. Die 60er Jahre in den beiden deutschen Gesellschaften (2000, Hg. mit Axel Schildt und Karl C. Lammers), Der Fliegerblick (2001).

Ausgewählte Neuerscheinungen

Ingrid Ahrendt-Schulte u.a. (Hg.)
Geschlecht, Magie und Hexenverfolgung
ISBN 3-89534-407-9. Gb. 24×16 cm. 280 S. 18 Abb. 24,00 €

Robert Bohn / Uwe Danker / Nils Köhler (Hg.)
Der „Ausländereinsatz" in Flensburg 1939-1945
ISBN 3-89534-469-9. Gb. 24×16 cm. 248 S. 50 Abb. 19,00 €

Uta Halle
„Die Externsteine sind bis auf weiteres germanisch!"
Prähistorische Archäologie im Dritten Reich
3-89534-446-X. Gb. 25×17 cm. 624 S. 120 Abb. 49,00 €

Hans-Jörg Kühne
Kriegsbeute Arbeit
Der „Fremdarbeitereinsatz" in der Bielefelder Wirtschaft 1939-1945
ISBN 3-89534-444-3. Gb. 24×16 cm. 228 S. 60 Abb. 14,90 €

Bernd-Wilhelm Linnemeier
Jüdisches Leben im Alten Reich
Stadt und Fürstentum Minden in der Frühen Neuzeit
ISBN 3-89534-360-9. Gb. 25×17 cm. 832 S. 49,00 €

Hans-Gerd Schmidt / Bernd Wiesener (Hg.)
Werbefilme
Spiegel der Zeiten – Chronik des Alltags
ISBN 3-89534-432-X. Br. 24×17 cm. 200 S. 202 Abb. 19,00 €

Verlag für Regionalgeschichte
Windelsbleicher Straße 13, 33335 Gütersloh
Tel. 05209 / 980266, Fax 05209 / 980277
regionalgeschichte@t-online.de
www.regionalgeschichte.de